JN321083

学校現場に内心の
自由を求め、
「君が代」強制を憲法に
問う裁判のあゆみ

「君が代」にココロはわたさない

北九州ココロ裁判原告団 編

社会評論社

「君が代」にココロはわたさない＊目次

はじめに——終わりのない旅へ

あっという間の道のりだった。ここまで走り続けたことは奇跡でもあり、必然でもある。本をつくることになって、この二十数年を駆け足で振り返っているとき、仲間と共に走っていたときの明るくはつらつとした笑顔ばかりが思い出された。しかし、私たちの歩んだ道のりは、「処分撤回」という国家（行政）相手のもので、どうひいき目に見てもマイナスをゼロに引き上げる抗いでしかない。「一寸の虫にも五分の魂」と気負いながらも、蟻が象を倒そうとするような抗いだった。それでも、ココロ裁判原告らは、高度経済成長期のまっただ中に生まれ、戦後民主主義を信じ込み、抗えば自由を獲得できると確信しながら歩むことができた。が、果たして今、マイナスをゼロに引き上げることができたのだろうか。

二〇一一年三・一一という日、戦後の「豊かさ」と「平和」が幻であったことを、改めて日の当たりさせられた。そのような今、ココロ裁判原告たちが歩んできた道のりを一冊の本として出版することは、「奇跡」を「必然」として歴史に残すことの意味であり、一人の人間が生きていく上でなさねばならない「責任の取り方」なのだろう。

私たちは、校長を含む教育委員会をはじめ、人事委員会、裁判所、ひいては警察署という公務を司る人達と数々の場面で、数多く向き合ってきた。彼らは私たちと同様、公務員としてその職に就き、各々の良心に基づいて職務を全うしなければならない人々である。だからこそ、この本に「ご登場」願っている。一五年の裁判係争において未だ悔やまれることがあるとすれば、北九州市教育委員会職責の一人の証言も得られなかったことである。裏を返せば、誰も責任を取るものがいなかったということである。

最高裁判決後のニュースレターで私たちは、「ココロ裁判は、新たな戦後を生み出す営みであり、月並みなようだが、日常の生活、現場、人との関わりにおいて、自らを問いつつ、日々積み重ねるという最も困難な営みへの挑戦だった」と書いたが、原告たちはその責任の取り方として、学校という職場で、自分の生活を守りながら、公教育を問い、国家と抗うという作業を継続したのである。

ここに文字としてあるのはその一端に過ぎない。以下、簡単に紹介する。

第1章は、共に最高裁まで歩んだ原告たちの紹介である。病気退職を余儀なくさせられた原告、自ら職を退いた原告などもいて、現実は決して平たんとは言い難いが、最高裁判決に対する思いにはそれぞれの道のりが込められ、熱く深い。

第2章は、ココロ裁判「前史」。今思えば必然であった原告たちをはじめ、学校から外へ飛び出したところでつながった同志の数々、その出会いが燃やし繰り広げる行動の数々と自力自闘の精神を育んだ時と空間、この八年という長い「前史」なくしてココロ裁判はあり得なかった。

第3章は、福岡地裁提訴から三三回、九年に及ばんとする弁論に次ぐ弁論の記録である。たった四〇秒の不起立という一つの事実を巡って、これほどの書面や口頭弁論による攻防がなされることになったのか。それは、シナリオのない、一回、そして一回と積み重ねていく物語なのだ。

第4章は、その長きにわたった一審の成果としての画期的な一部勝訴判決と、それを背負ってさらにだめ押した控訴審弁論の記録である。決してあきらめず、補助参加申立をはじめあらゆる手法を駆使して裁判所を追い込み進んだ一一回の弁論である。

第5章、時はすでに二〇〇八年冬。振り出しに戻す冷たい控訴審判決を突きつけられ、ココロ裁判のステージは法廷のない最高裁へと移された。二年半後に最高裁から下りてきた判決はまさにただのコピー判決であったが、この判決に怒り、共にするものたちは、もう原告らだけではなかった。

以上のとおり、四半世紀という歳月を後づけ的に章立てし、物語へと構成した。

原告らとともにこれらの場面を共有してくださった方は、改めて一緒に振り返って欲しい。前史を知らずに裁判傍聴してくださった方もあれば、控訴審から応援してくださった方などさまざまあるだろう。ぜひ、その隙間を埋めながら読んでいただけたら幸いである。そして、もちろんココロ裁判などという名前も姿も知らない未来に生きる人達が、この本を手にして感じることがあるとすればこれ以上の幸せはない。

良心＝ココロの自由を求めるという最も困難でやっかいだが、人間らしい営みとは、この本に綴られたような、じたばたとした「終わりのない旅」なんだということを。

北九州ココロ裁判原告団

第1章○最高裁まで歩んだ原告たち

自分史に誇りの一ページ

学校から外へ出たからこそ、最高裁まで届くことができた

県警の任意聴取をはねのけ戻ってくる佐藤さん

ココロ裁判（学校現場に内心の自由を求め、「君が代」強制を憲法に問う裁判）の原告たちは、最高裁判決の日が来ることなど思い浮かべることもない日常と、二、三か月に一度法廷へ向かうという非日常を、行きつ戻りつしながら一五年を経てその日を迎えました。その判決を目の当たりにして綴った言葉を、原告の自己紹介として、はじめにご紹介します。ココロ裁判という愛称で呼ばれ続けた「君が代」強制を国家（行政）を相手に憲法に問うたこの裁判は、つまるところ自分自身（個人）の自由を問うてきたのです。原告（教職員一七名と北九州がっこうユニオン・うい）は北九州市の公立学校で働く教職員であり、それぞれの働く現場において「国歌斉唱時には起立して斉唱すること」との校長の職務命令に違反したとして処分され、それを違憲として訴え、最高裁まで争ってきたのです。

冒頭に原告佐藤光昭さんの言葉をおきました。「ただのおっちゃん」が最高裁まで闘ったことを「誇り」と思えるまでに、自分の頭と心でどれほど悩み考え抜いたことか。そんなちっぽけな一人一人が集まったのがこのココロ裁判の原告たちだからです。彼は、一九九三年の戒告処分を受けた年に、市教委への申し入れ行動の際、暴行事件をでっち上げられ警察署からの「呼び出し」を受け事情聴取までなされました。紙一重のところで不起訴となって免職は免れましたが、減給六か月の行政処分まで被ったのです。この弾圧を越え、私たちは北九州がっこうユニオン・ういという独立組合を結成し、ココロ裁判提訴となったのです。彼はその後も「君が代」処分を受けながら教職に就いていましたが、病には勝てず若年退職を余儀なくされました。その年に最高裁の判決となったのです。

一九九六年提訴、その一審の途中で二名の仲間を迎え、最高裁まで共に闘った仲間が一八名。その一人一人の背中には家族との生活や、その糧を得るために働く職場があり、その大半を「君が代」強制と向き合うこととなった仲間たちです。この物語は、ちっぽけな私たちが「君が代」と抗ったおかしくも哀しくもあるほんの一場面をそのまま綴っているだけです。でも、そんな一人一人にこれまたちっぽけな人生があることを想像しながら読んでいただけたら幸いです。

■自分史に誇りの一ページ

原告　佐藤光昭

ここ数年体調を崩し、病気休暇・休職と復職を繰り返した末、二〇一一年三月で退職した。「勤められなくなったと感じるのではなく、学校現場の現状を体が拒否したことを機に、己の信念を守るために辞める」と、退職理由を前向きに捉えるように、心の落ち着け場所を決めることで心療内科の医師と話し合った。しかし、やはり片方で己は何をしてきたのだろうかと自問することも。それなりの自負はあっても、辞めれば「ただのおっちゃん」で何も残っていない。そこへ最高裁からの判決。

うれしかったねえ、すっきりしたねえ。一つは最高裁の決着の付け方。行政側の処分を認めながらも、原告側にも一定の理解を示す意見書付きの判決。判事同士で意見が分かれるのならば、処分の行き過ぎぐらいで原告側にも華を持たせろよ。とはいえ行政側の片棒を担ぐ最高裁をして反対意見を付加させたのだから実質勝訴じゃないか。

もう一つは「ココロ原告団」として闘えたこと。「日の丸・君が代」の強制が処分で威圧して行われたときに、少なくとも私（たち）は処分されてでも容認できないと、はっきり意思表示できたこと。何も残せていないのではと思いつついたおっちゃんに、最高裁まで闘って信念を貫いたという己の誇りを自分史の一ページに輝かすことができた。「ココロ裁判は私の誇りです」。

（一九五四年生まれ・元小学校教員）

処分歴　八七年・厳重注意　九〇年・厳重注意　九一年・厳重注意　九二年・厳重注意　九三年・戒告（暴行デッチ上げによる減給六か月処分）　九七年・戒告

■僕はかわらない

原告　**油谷芳弘**

この一五年間、時代は流れ僕の周りにいる人たちはずいぶん「かわった」。一番身近な学校現場を見渡しただけでも、教職員が大きく「かわった」。妙に大人しく、従順で何を考えているのかよく分からない。保護者も「かわった」。どんな理不尽な要求でもまかり通ると思っている。これも管理職を中心とした責任を自分だけは取りたくない体質がそうさせているのかもしれない。子どもも「かわった」。対象喪失（思考錯誤）経験をさせられていないため、体力・知力もなくなってきた。自分が欲するものが手に入らないことで、精神的折り合いをつけることからの人間的成長が妨げられてきたのだろうか。

僕がこの一五年間、変わらず・代わらず・替わらず・換わらずいられたのは、この裁判に関わる友人たちのおかげだったのだと改めて感じている。

（一九五七年生まれ・現小学校教員）

処分歴　九〇年・不当配転　〇六年・文書訓告

■ドイツの人々に学びつつ

原告　石尾勝彦

日本の裁判所は公正で公平な判断を放棄し、私の信教の自由を踏みにじりました（補足意見という彼らにとっての動揺を露出させつつ）。

第二次世界大戦後、国旗・国歌を全面的に変えたドイツは、今回の福島原発事故の後も再びドイツ全土で熟議を重ねた上、これまでの原発政策を止め二〇二二年までには原発を全廃することにしました。そこで私の「もっととおくへ」は「過去に目を閉ざす者は結局のところ現在にも盲目となります」というドイツに住む人々の生き方にならって生きていくことです。すなわち、福島原発事故という地球規模の危機へと向かうかも知れない局面において、日本という国に住む人々がこの危機を熟議できるように生活していきたいと思います。

（一九四四年生まれ・元特別支援学校教員）

処分歴　九二年・文書訓告　九三年・戒告　九四年・戒告　九五年・戒告　九六年・戒告　九七年・減給一か月　九八年・減給三か月

■最高裁は、やっぱりかっこ悪すぎ

原告　稲田純

ぼくらの裁判は素人裁判で多様な原告がかかわり、また、裁判の過程で多くの人と出会い多くを学び、たくさんの争点を抱え込んだ混沌としたもので、ぼくはそれをこそよしと思って来ました。しかしぼくは、この裁判の核心はやはり、学校〈公教育〉における自由と強制の問題だったし、公教育を根底から問うものだったと思います。裁判の進行は、それがより明白になっていく過程でした。この情けない〈くに〉の裁判所ではついていけないのは明白でした。そういった意味では、この裁判はこんな〈くに〉が変わっていく始まりに過ぎないと思っています。フクシマ原発問題に象徴されるごとく、今の日本が今のままでは崩壊する時期が近づいてきているように、今の学校が今のままでは崩壊するときがくると思います。その過程で、ぼくらの裁判の意味も問い直されるときがきっとくるでしょう。裁判、やってよかったと思っています。

（一九五八年生まれ・元小学校教員）

処分歴　八七年・厳重注意　八九年・戒告　九〇年・厳重注意　九一年・厳重注意　九二年・厳重注意　九三年・厳重注意　九四年・戒告　九九年・減給一か月

■新たな仕事の中でも

原告　稲葉とし子

教師を辞めるとき、最後の迷いが振っ切れ心が定まったのは、先輩教師がくれた「迷ったときは原点に返ればいい。なぜ教師になりたいと思ったか」という言葉だった。「君が代」斉唱時着席の原点は「学校現場の管理化が進み、このままでは戦前戦中の過ちをまた繰り返してしまう」という危機感だった。組合加入決意も「教え子を再び戦場に送らない」というスローガンがあったからだ。平和教育や人権教育を通して、戦争は最大の人権侵害という思いを強くした。もう二度と教育が戦争に利用されることがあってはならない、その一念で、戦争につながっていくことに異議を唱え、教育公務員として闘ってきたように思う。だから、戦時中「思想・良心の自由」が強制的に奪われていったことを思えば、最高裁の憲法判断がどうであろうと、「思想・良心の自由」を守るために闘い続けなければと思う。そして今、直接戦争を意識しにくい葬儀の司会という仕事を通して、どのように理解を広げていけるか……現在模索中である。

（一九五七年生まれ・元中学校教員）

処分歴　九五年・厳重注意　九六年・文書訓告　九七年・戒告　九八年・戒告　九九年・減給一か月

■「もうひとりじゃない」から

原告　井上友晃

原告になって「もうひとりじゃない」という表題で意見陳述を書いた。公判日に裁判所で原告団や傍聴支援の人たちと出会うたびに、タイトル通りの気持ちになった。教員をしながら、学校に「日の丸」や「君が代」は要らないと率直に主張し始めたあの頃。市教委・校長は、公務員として尊重するのが当然だとして処分をちらつかせ管理を強めてきた。そして、「日の丸」や「君が代」を問答無用で押しつけた。しっかりと抗えないでいる自分への無力感と、何が起こるか得体の知れぬ不安を抱えていた。そんな時、ココロ裁判に加わった。仲間が増え、自分なりに抗うことに少し見通しが持てたようで心強かった。

あれから一五年たった。判決はどうあれ、自分の思いを自分の言葉で裁判官に訴え、学校での思想・良心の自由の重要性を裁判に問うことができてよかった。昨年、教員を辞め佐賀の山村で暮らすようになった。

学校とはすっかり縁遠くなった。でも、自分の中に「もうひとりじゃない」という思いはしっかり生きている。

（一九五四年生まれ・元小学校教員）

処分歴　九二年・文書訓告　九三年・厳重注意　九四年・厳重注意　九五年・戒告　九六年・戒告

■それでも私は進んでいく

原告　**梶川珠姫**

一九八八年、北九州市教育委員会から「君が代」斉唱時に着席したとして、厳重注意処分を受けてから二三年が経った。その間私は、教員として、ただ単に行政の一歯車として普通に生きてきた。今も、教育改革の大きなうねりの中で、ただ普通に生きている。戦後から第三の戦争に向かって緩やかな坂を転がり落ちている日本の中で、おかしいことをおかしいと感じられるまま今に至っているのは、この運動に出会えたからだと思う。戦争中のように「日の丸」も「君が代」も国益の名の下に、大いに猛威をふるい、誘導された国民意識がマスコミから流される。学校社会も同様、上意下達で意味のない教育改革を、経済界のために現場に押しつけ、子どもはほったらかし状態。結果の見えていた判決も、日本の国に抗う視線の闘いだと思っている。だから、これからも、普通にまっすぐに、教員として働ける。

（一九五五年生まれ・現中学校教員）

処分歴　八八年・厳重注意　八九年・文書訓告　九四年・戒告　九七年・戒告

■腰抜け最高裁

原告　永井悦子

私は卒業式の「君が代」斉唱時に二度着席した。その後、学校現場では子どもたちを守れなかった失意の私も、せめてわが子くらいは守りたいと思った。仲間と共に毎年市教委に申し入れをしてきたが聞き入れられず、教育長に訴えの手紙を出し返事が来ないので、入学する学校の校長にも「お願い」した。でも、何も変わらなかった。そして、弁論があるたびに、卒入学式で心おきなく着席できる何かがないかと期待していたが、無駄だった。裁判係争中に、私の子どもが小学校高学年となり、担任は校長に絶対服従で、もちろん市教委の言いなりだった。この子は「先生は卒業式のときといつもは違う。いつもの先生は好きだよ。よくしてくれた。でも卒業式のときは校長先生と一緒になって圧力をかけてくる」と言った。校長をはじめ教師たちが、小学生に対して寄ってたかって「君が代」を歌うことの強制をする行為が、違憲でないわけがない。そもそもこの指示を出す市教委の行為が違憲なのである。従順な子どもたちには、先生たちの指導は絶対なのだ。歌わない私の子どもは、隣の子に「口パクでいいから歌い」と何度となく歌うことを促された。こうしてまた、子どもたちを考えない人間にしようとする意図が

裁判所へ通い続けた坂道

見える。同じ方向にみな連れて行こうとしているのだ。「最高裁の腰抜け」とココロから叫びたい。

（一九六〇年生まれ・現小学校教員）

処分歴　九九年・厳重注意　〇一年・戒告

■判決は真実にあらず

原告　導寺孝暁

ココロ裁判一審での意見陳述で、私の出身は広島の浄土真宗のお寺であると述べました。その経典に「正信念仏偈」があり、その中のある一節を分かりやすい言葉で表すと「一つの真実の教えを理解し、信じることにより、浄土に生まれることができる」になります。その内容をよく考えれば真実は一つであることと説いていると思います。今回の最高裁の判決には反対意見や補足意見が多数あり、一つにまとまっていません。つまり、真実ではないということです。行政の顔色を窺い卒業式を乱さない（実際には、静かに座っているだけで乱してはいないが）ようにするために「君が代」起立斉唱合憲の判断をしただけだと思います。真実でない判決なので、これからも学校現場で「思想・良心の自由」を堂々と主張していきたいと思います。

（一九五六年生まれ・現小学校教員）

処分歴　九一年・文書訓告　九八年・戒告

■入廷の起立は慣例に過ぎず

原告　藤堂均

棄却判決は予想していたものの、古参のココロ裁判を後回しにしているということは、理由くらいは一味違うものを出すのかもしれないと淡い期待を持っていたのだが、あに図らんや、判決は「棄却」、理由は六月六日に出した別件と同じ。順番通りにココロ裁判の判決を先に出すと、判例として残ってしまうのを最高裁は恐れたのだ。なにしろ、シロートたちが本人訴訟でやっているのだ。こんなもの判例にしてしまったら、法曹界のメンツ丸つぶれとでも思ったのか？　ココロ裁判をここまで嫌うのは、「君が代」処分に泣き寝入りせず裁判で闘うという先鞭をつけ、さらに代理人弁護士を頼らず本人訴訟を起こしてしまったことがたまらなく不快なのであろう。判事ら入廷の折、我々上告人らはこれまで同様起立しなかったが、なんら咎めなかった。最高裁は、起立の職務命令を是認する判例を出した一方で、副産物ながら裁判官入廷の際の不起立も是認するという事例を残したのである。裁判官入廷に際し起立して迎えるという「儀礼的な所作」は慣例にすぎず、強制できないということである。

（一九五一年生まれ・現校務員）

処分歴　九四年・厳重注意　九七年・文書訓告　〇〇年・戒告

■最高裁判決を終えて、これまでと変わらず

原告　友延博子

教員になった最初の年、心臓が飛び出すほどの緊張感の中、「君が代」が流れる卒業式で着席したあの時のドキドキ感は三〇年たった今でも忘れない。学生時代に関わっていた部落解放子供会で、卒業式の「君が代」斉唱で着席すると宣言していた女の子が当日プレッシャーで座れなかった。式後、そんな自分の弱さを責めて流した涙を見た時、私は教員になったら強制反対を訴え、絶対に「君が代」を立って歌わないと心に決めた。「処分をダシに反撃を！」という私たちにピッタリのスローガンのもと本人訴訟での裁判が一七

名の仲間と共に始まり、管理職に「裁判にいってきまーす」と元気に声をかけて学校を出るのは痛快だったし、「天下」の裁判所を相手に自分たちの言葉で思いをぶつけるのもおもしろかった。そして「減給処分取消」という画期的な一部勝訴の一審判決。高裁、最高裁と進み一五年間の闘いは敗訴という形で終焉を迎えたが、この最高裁判決は「判決をダシに反撃を！」というさらなる行動への呼びかけのように感じた。一五年前に提訴に踏み切った時の、自分は間違ってないという確信がこの判決でさらに強まったと感じたからだ。

（一九五七年生まれ・現小学校教員）

処分歴　九一年・文書訓告　九二年・厳重注意　九三年・戒告　九六年・戒告

■最高裁の闇

原告　原博一

三・一一福島原発の爆発で、最高裁の責任は免れない。これまで、各地で起こされてきた原発建設反対等の訴訟。最高裁は国・企業の言い分だけを認め、反対の訴えは全て退けた。人々の安全を考え建設にストップをかけていれば、これから何万年と続く不幸は起こらなかった。しかも、原発は安全との判決を書いた最高裁の裁判官が、原発製造メーカーに天下りをしていたとか。「君が代・日の丸」にお墨付きを与える判決を書いた裁判官は、さしずめ文科省それとも軍需産業への天下りか。「君が代・日の丸」を復活させ、学校教育を利用して強制や命令という形で徹底させていく。そうした思想統制からやがて戦争ができる国へと。原発で責任を取らず、多くの冤罪で責任を取らず、戦前復活へ手を貸しても責任など微塵も感じない最高裁。「権力の番犬」状態はいつまでも続く？

処分歴　九一年・文書訓告

（一九四八年生まれ・元小学校教員）

■ココロは変わらない

原告　原田敬二

大体予想通りの判決でしたが、ずいぶん長く待ったので、「やっと終わった。これで一区切りついた」というのが正直な感想でした。はじめは九月ごろに判決が出そうだということだったので、七月一四日に出ると聞いたときは、原告のほとんどが教員だと言うことを知っていながら、学期末の一番忙しい時期に判決を出して嫌がらせをしているのかと思いました。裁判が終わっても、どんな判決が出ても、ココロは変わらないので、今まで自分がやってきたささやかな抵抗は続けていきます。ココロ裁判原告としての誇りを持って過ごしていきたいと思います。

処分歴　九一年・文書訓告　九二年・戒告　九三年・厳重注意　九四年・戒告　〇四年・戒告

（一九五四年生まれ・現小学校教員）

■大阪で始まり、また大阪へ繋げる闘いを

原告　牟田口カオル

大阪府で教員になったのは一九七四年。そこでは「君が代」も「日の丸」も無く、何のわだかまりもなく率直に喜び合える温かい卒業式を経験したことは「君が代」はいらないとの確信になっている。三年経って故郷の北九州にUターンしたが、北九州では市教委による「君が代」の押し付けがなされていることに暗然

とした。一九八六年「四点指導」を受けて校長による職務命令、不起立者への処分へと歯止めない弾圧が強行されていく反面、「君が代」そのものに対する問題意識と強制への問題意識（思想・良心の自由）は一層強くなる。こうした状況のもと、市教委への抗議行動を共にしていたメンバーなどで「ココロ裁判」を開始。私たちは裁判所の判断に期待せず、内心の声を出していこう、表現しよう、そうして「君が代」処分を憲法に問おう、世に訴えようとした。「ココロ裁判」は終結したが、膨大な声と足跡を残すことができた。そして全国に仲間ができた。国家の意志をみごとに反映した要塞のような最高裁の建物の前で、今「思想・良心の自由」のために最前線で抗っている大勢の人たちを目の当たりにしてこう思った。私たちの足跡は、同じ道を歩む多くの足跡と重なり幅ができ道となる。この道は「思想・良心の自由」という見果てぬ夢に向かってどこまでもいくんだっちゅうの。

（一九五一年生まれ・元小学校教員）

処分歴　九二年・文書訓告　九三年・厳重注意　九四年・戒告　九六年・戒告

■悩みながらもぶれなかった一五年

原告　安岡正彦

予想通りの「上告棄却」判決で、教職経験年数の半分を費やしたココロ裁判に幕が下ろされた。ウタやハタごときでどれだけココロを悩ませてきたことか。卒業式会場で大声で怒鳴られたこと二回、後ろから立てと背中をつつかれたこと一回。本当に屈辱的だった。しかし、現認されず処分されなかったことも三回あった。管理職のささやかな抵抗でもあったが、これはひとえにココロ裁判という運動が巻き起こした威圧があったからにほかならない。立たなければ処分という問答無用の処分行政に対し、おかしいことはおかしいと言い続けるという運動があったからこそだ。原告には日教組の組合員だっている。緩やかなつながりであったが、「ココロは売りわたさない」という一点だけで結集し得たのだ。決して高邁な理論で結集したわけではない。一五年間のねばり強い抗いがあったからこそ、卒入学式では式場にいなくてもおとがめなし、むしろ管理職が退席をすすめる。一人でも入場していなければ式は始めないとの強硬姿勢を貫いていたのはつい一〇年前の話だ。教育長は「市の主張が認められた妥当な判決。今後とも国旗・国歌に敬意を払い、卒業・入学式典が円滑に進められるよう努めていく」という談話を残していたが、単なる行政マンとしてのコメントでしかない。どちらが勝ったかは明らかだろう。ぼくらは一五年間悩みながらもぶれなかった。強制など教育の名に値しないのだから。

（一九五四年生まれ・現小学校教員）

処分歴　八七年・厳重注意　八九年・厳重注意　九一年・厳重注意　九二年・戒告　九三年・厳重注意　九四年・戒告

■誠実に生きる

原告　山根弘美

三・一一の未曾有の災害で世の中が混乱し、思考停止に陥りそうになっている時、洗脳するかように「日本は強い国」、「日本の力を信じてる」、「一つになろう」という言葉が繰り返し垂れ流された。世間の空気がそんな色に染め上がった頃、まるで在庫一斉総ざらいのように最高裁は立て続けに「君が代」強制合憲の不当判決を出した。最高裁の判決は、この国の司法の未成熟さを白日の下に晒しただけであった。しかも、不誠実極まりない判決文。そんな判決に何も感じないし、動かされることもない。教員になって二一年目、「君が代」強制に違和感と危機感を感じ、その直感に従って行動したことから始まった闘い。闘いの中、たくさんの誠実に生きようとする人との出会いで直感は裏付けされ、強化され、確固たる私の生きる核となった。最高裁判決が出ようが、これからも変わらず、自分の中心にこの核を据えて誠実に生きていきたい。

（一九五九年生まれ・現小学校教員）

処分歴　九七年・文書訓告　九八年・戒告

■一球一球、腰を入れてはね返していく

原告　横山浩文

処分の辞令書や裁判の判決文ほど薄っぺらなものはない。たたかい続ける者に対して、権力は、最終的に無力な紙切れと姿を変えるしかなかったのだろう。何をもって勝ち負けとするのか。多くの人から学んだことをたたかいに生かしてきたこと。自らの思想良心の自由を守ってきたこと。そして主権者を育てる仕事を続けてきたこと。これだけで十分だろう。運動エネルギーは位置エネルギーとなり保存され、遠くまで行くんだっちゅうの。自然界の法則と何も変わらないのだ。学校現場は、裁判のようなトーナメント戦ではなく、相手に応じた戦い方が求められるリーグ戦のようなもの。力みすぎると心と体の軸がブレ出してラリー戦を制することができなくなるから、へっぴり腰にならずに、しっかり腰を入れて、「強制」や「不当な支配」というボールを一球一球はね返していくしかないと思っている。

（一九六二年生まれ・現特別支援学校教員）

処分歴　〇二年・文書訓告

■一区切りを終え、大きな船を下りた今だから　原告　北九州がっこうユニオン・うい代表　竹森真紀

私たちが裁判に踏み切ったのは、「勝ち」を求めたのではなく、このままでは北九州市教委による君が代弾圧そのものさえなかったことになるという想いからであった。ココロ裁判は、新たな戦後を生み出す営みであり、月並みなようだが、日常の生活、現場、人との関わりにおいて、自らを問いつつ日々積み重ねるという最も困難な営みへの挑戦だった。しかしそれを追求してきたからこそ、ココロ裁判は一五年継続しえた。一五年の旅は、自分たちがどのような時代にどう生きてきたかを歴史に残す作業であったし、これから改めてその歴史を刻み伝えていかねばならない。思想・良心の自由＝精神的自由は、個人が自分自身を問い考えるところから始まり、絶望したところから発された言葉こそが、人を動かし、そして最高裁をも揺るがしたのだろう。長い間のご支援、ココロより感謝いたします。そしてまた、一区切りを終え大きな船を下りてもなお、みなさまと共に、足跡を残しながら一歩ずつ歩んでいこうと思います。

（一九五七年生まれ・うい書記長）

第2章○私たちが裁判を起こした理由

ココロ裁判前史

教育委員会のバリケードが私たちに裁判を起こさせた

1

日の丸・君が代をはねかえす会の結成――市民運動の仲間と（一九八八年）

［一九八五年］

文部省（高石邦男文部次官）、公立学校の「日の丸」「君が代」の掲揚・斉唱状況を全国調査。全都道府県・政令市の教育委員会に対し、「入学式及び卒業式において、国旗の掲揚や国歌の斉唱を行わない学校があるので、その適切な取り扱いについて徹底すること」を通知。

［一九八六年］

北九州市教育委員会「四点指導」国旗国歌実施（不起立）調査開始。

［一九八七年］

北九州市教委、最初の厳重注意処分。

臨時教育審議会、最終答申（第四次）で「日本人として、国を愛する心を持つとともに……国旗・国歌のもつ意味を理解し尊重する心を養うことが重要」となると答申。

沖縄国体で、知花昌一氏「日の丸」焼き捨て事件。

［一九八八年］

「日の丸・君が代」をはねかえす会結成。

長尾小ゲルニカ事件（福岡市）。

「日の丸」ステージ正面に正対。北九州市の学校はどこも同じ卒業式

ココロ裁判原告団のほとんどは一九八〇年前後に教員となった。そんな私たちが北九州市の学校現場で具体的に「君が代」の強制と出くわしたのは、一九八五年の文部省（当時・高石邦男文部次官）による卒業式・入学式における「国旗国歌実施状況調査」という名の「君が代徹底通知」直後のことである。

それまでもほとんどの学校の卒・入学式で「日の丸」が掲げられ、「君が代」が流れていた北九州市の小中学校で、ささやかな抵抗として「着席」する教員もいたが、それまではその存在を「無視」されていただけのことだった。ところがその頃から職員会議での校長の姿勢が硬直化し、式場を飾っていた子どもたちの作品が外されたり、卒業生と在校生が互いに向き合う形態（対面式）で行われていた式が、正面に掲げられた「日の丸」の方を向くよう変更されるようになっていった。そして、「着席」していた教職員たちは、式の直前になると校長室に呼ばれ説得されたり、着席した後に呼び出されるようになった。しかし、それが一九八六年から実施された「四点指導」という名の調査の下でなされていたことに、誰も気づく術は持たなかった。

「四点指導」というのは、①国旗掲揚の位置は、式場のステージ中央とし、児童・生徒等が国旗に正対（国旗に向かっ

（別紙）

平成6年　3月　　日

北九州市教育委員会
指導第一課長　小野　善和　様

北九州市立　　　　　学校・園
校・園長　　　　　　　　印

平成５年度　卒業式・修了式における国旗掲揚と国歌斉唱の実施状況報告書

このことについて下記のとおり報告します。

記

1	ア	式場のステージ中央に掲揚し、児童生徒は正対した。
	イ	式場内のその他の場所に掲揚した。
国　旗	ウ	式場以外にも掲揚した（玄関、校門、国旗掲揚台など）
	エ	その他（　　　　　　　　　　　　　　）
2	ア	国歌斉唱を式次第に入れ、それに基づいて進行した。
式次第	イ	その他（　　　　　　　　　　　　　　）
3	ア	教師のピアノ伴奏で斉唱した。
国　歌	イ	吹奏楽等の伴奏で斉唱した。
	ウ	その他（　　　　　　　　　　　　　　）
4 児童	ア	国歌斉唱の時、全児童生徒が起立をした。
生徒	イ	起立をしない児童生徒がいた（起立しなかった人数　　　人）
5	ア	国歌斉唱の時、全教職員が起立をした。
教職員	イ	起立しない教職員がいた。（起立しなかった人数　　　人）
6	ア	掲揚した。
校　旗	イ	掲揚しなかった。
7	ア	斉唱した。
校　歌	イ	メロディーだけ流した。
	ウ	斉唱もせず、メロディーも流さなかった。
8 その他		式の中で、国歌、校歌以外の歌を歌った。 歌った曲名（　　　　　　　　　　）

※　記入上の注意
該当の記号に○をつけてください。その他は内容を記入してください。

平成８年度入学式及び入園式における国旗掲揚と国歌斉唱の実施状況

〔小学校〕　　（平成８年４月）

項目／区名	国旗 ア 中央正対	国旗 イ 場内他	国旗 ウ 式場外	国旗 エ その他	式次第 ア 基づき	式次第 イ その他	国歌 ア 教ピアノ	国歌 イ 吹奏楽等	国歌 ウ その他	児童生徒 ア 全部	児童生徒 イ 一部（人数）	教職員 ア 全部	教職員 イ 一部（人数）	校旗 ア した	校旗 イ しない	校歌 ア 斉唱	校歌 イ メロディー	校歌 ウ 歌なし
門司区	19	0	11	0	19	0	19	0	0	19	0	19	0	19	0	14	0	5
小倉北区	22	0	11	0	22	0	22	0	0	21	1(50)	22	0	22	0	20	1	1
小倉南区	27	0	10	0	27	0	27	0	0	26	1(14)	27	0	26	1	27	0	0
若松区	15	0	5	0	15	0	15	0	0	15	0	14	1 (1)	14	1	14	1	0
八幡東区	13	0	5	0	13	0	13	0	0	13	0	13	0	13	0	9	0	4
八幡西区	32	0	22	0	32	0	32	0	0	32	0	32	0	32	0	19	1	12
戸畑区	10	0	7	0	10	0	10	0	0	10	0	10	0	10	0	7	2	1
計	138	0	71	0	138	0	138	0	0	136	2(64)	137	1 (1)	136	2	110	5	23

〔中学校〕

項目／区名	国旗 ア	国旗 イ	国旗 ウ	国旗 エ	式次第 ア	式次第 イ	国歌 ア	国歌 イ	国歌 ウ	児童生徒 ア	児童生徒 イ	教職員 ア	教職員 イ	校旗 ア	校旗 イ	校歌 ア	校歌 イ	校歌 ウ
門司区	9	0	2	0	9	0	9	0	0	9	0	9	0	9	0	7	1	1
小倉北区	9	0	2	0	9	0	9	0	0	9	0	9	0	9	0	5	1	3
小倉南区	14	0	2	0	14	0	13	1	0	14	0	14	0	14	0	11	1	2
若松区	8	0	4	0	8	0	7	1	0	8	0	8	0	8	0	8	0	0
八幡東区	8	0	3	0	8	0	8	0	0	8	0	8	0	7	1	5	0	3
八幡西区	16	0	2	0	16	0	16	0	0	16	0	16	0	16	0	13	1	2
戸畑区	6	0	3	0	6	0	5	1	0	6	0	6	0	6	0	6	0	0
計	70	0	18	0	70	0	67	3	0	70	0	70	0	69	1	55	4	11

〔養護学校〕

項目	国旗 ア	国旗 イ	国旗 ウ	国旗 エ	式次第 ア	式次第 イ	国歌 ア	国歌 イ	国歌 ウ	児童生徒 ア	児童生徒 イ	教職員 ア	教職員 イ	校旗 ア	校旗 イ	校歌 ア	校歌 イ	校歌 ウ
全区	8	0	1	0	8	0	8	0	0	8	0	7	1 (1)	8	0	8	0	0

〔高等学校等〕

項目	国旗 ア	国旗 イ	国旗 ウ	国旗 エ	式次第 ア	式次第 イ	国歌 ア	国歌 イ	国歌 ウ	児童生徒 ア	児童生徒 イ	教職員 ア	教職員 イ	校旗 ア	校旗 イ	校歌 ア	校歌 イ	校歌 ウ
全区	4	0	0	0	4	0	1	1	2	4	0	4	0	4	0	4	0	0

〔幼稚園〕

項目	国旗 ア	国旗 イ	国旗 ウ	国旗 エ	式次第 ア	式次第 イ	国歌 ア	国歌 イ	国歌 ウ	園児 ア	園児 イ	教職員 ア	教職員 イ	園旗 ア	園旗 イ	園歌 ア	園歌 イ	園歌 ウ
全区	13	0	8	0	13	0	13	0	0	13	0	13	0	2	11	6	1	6

（園旗のない園を含む）

て座る）するようにする。②式次第の中に「国歌斉唱」をいれ（位置づけ）、その式次第に基づいて進行を行う。③「国歌斉唱」は、ピアノ伴奏で行い、児童・生徒等及び教師の全員が起立して、正しく心をこめて歌う。教師のピアノ伴奏で行う。④教師は卒業式に原則として全員参列する、の四つで、これが「ココロ裁判」の争点の一つになった。

のちに「ココロ裁判」の原告となる私たちの多くは、各学校で孤立するように着席をしていたが、自ずと寄り合うようにして連絡を取り合いはじめていた。以下、その当時の私たちの活動を、

残された記録によって再構成してみたい。それらの活動は、私たちがどうして裁判を起こすに至ったかということの理由を説明するものであり、そのまま、「ココロ裁判前史」となるからだ。

一九八八年三月、私たちは「『日の丸・君が代』をはねかえす会」を結成するに至った。

「日の丸・君が代」をはねかえす会では、一九九一年に、「処分をだしに反撃を！」というささやかなパンフレットを作成している。これは、初めての懲戒処分（第2節参照）に対して人事委員会不服申立を行い、これから自分たちの手でこの審理を始めていくという覚悟を残すために作成されたものだ。このパンフレットの冒頭に、私たちがなぜこうして出会い、集まったのか、そのきっかけとなるやりとりが、当事者によっ

て書かれている。

■始まりはこんなもの、はねかえす会はかくして生まれた

卒業式前日の電話でのお話。

井上「自分の気持ちの問題よ、しょうもねえ」

稲田「そうそう、そうっちゃ、自分の問題よ。大したこっちゃない処分とか……で、どうする?」

井上「わからん、そのときの気分よ」

稲田「そうよね、そのときの気分よね、自分のこだわりの問題よ。今まで座ってきたから続けるだけよ。人がどうかせいとか言う問題じゃない……俺どうしようかなあ……」

今思えば懐かしくも恥ずかしい。「厳重注意」処分が下り始めた頃の話。僕らの主体性なんてこんなものです。今もあんまり変わっていないのですが、「君が代」斉唱の際、不起立で処分が出されて以来、たくさんの仲間と人事委員会提訴をはじめ、野次、怒号、マイクでシュプレヒコールの教育委員会交渉二十数回、ビラ情宣、集会などまあ、こんな僕らがよくやってこれたもんだと、いささか感慨に耽ってしまいます。

一九八六年、この恐ろしい管理の北九州市の八幡のすみっこで、細々と座り続けた二人の会話は、前記のようなものでした。このころ、ひょんなことで知り合いを通じて、門司区で北九州の画一化の教育の象徴である「あゆみ(全市画一的項目によって子どもを評価する通知表)」にこだわり、「日の丸・君が代」にこだわり教育内容で公教育に対峙する、素敵な人達に出会います。同じようなこだわりを持つ

人はここにもいたのです。同じ頃、北九州市にだけ存在する悪名高き「適応状況調査」が、僕たちの受け持ちの子どもに対してなされてきました。これは新聞報道になったとおり、「障害」児を普通学級から排除しようとする目的のものでした。自分の受け持った子どもを振り分けるのに手は貸せないと、所属する同和教育の研究組織に呼びかけました。その中で、卒・入学式で当然のごとく座り続けている少なくない中学校の教師に出会いました。元気な人達はいるものです。また、この問題を北九州市全体のものとしようと北九州解放研でレポートしていきました。そこで知り合った小倉同和教育研の人達。差別にこだわる人達は、やはり差別の元凶天皇制を支える「日の丸・君が代」にこだわる人達でもありました。

その年に、君が代不起立で厳重注意処分が出されます。小倉、八幡、門司にわたって出されていました。各区を越えて連絡を取り合うようになっていた僕らは、集まり、元気を出そうと集会を計画しました。ちょうど、酷い目に合った子どもたちが、自然に集まり連帯し、ボスをやっつける相談をするようなものです。

そして記念すべき第一歩が、一八〇名を集め、時間を経過しても発言が途切れなかった熱気に溢れた「知花集会」だったのです。戦争とそれを支えた天皇制によってずたずたにされた歴史を抱え、抵抗の火を燃やし続ける沖縄の心を代表する知花さん。厳しい弾圧をものともせず闘うひょうひょうとしたその姿、話しぶりに、深い感動と共に、俺たちもやってみるぞという思いを新たにしたのです。その集会で市民運動をやってきた多くの元気な仲間と出会います。その中で、これまた不起立を続ける用務員Tさんや、自立「障害」者のTさんたちが仲間に加わり、バラエティに富んだメンバーで「日の丸」「君が代」をはねかえす会が結成されたのです。

思えば当局がはねかえす会を作ってくれたようなものだと、つくづく思います。我慢して我慢しきれなくなって反撃に出る。あるメンバーは言いました。「僕らは前からやってきたことをやっているだけ。不器用なだけ。みんな座っていたじゃないか。時代についていけないだけなんだなあ」そんな不器用な人達が集まって、ときにはおろおろしながら、ときには周りから励まされて、どっこいここまでやってきました。さて、口頭審理までこぎ着けたからには、もう一踏ん張り元気を出してやりたいと思います。やるからには楽しみながらやりたいし、にぎやかにもしていきたいです。勝ち負けはその向こうにあります。この二年間で得た「どこにでも素敵な仲間はいる」という実感は、闘う中でもっと膨らむのではないかと期待しています。（稲田純）

（「日の丸・君が代」をはねかえす会『処分をだしに反撃を！』一九九一年）

「日の丸・君が代」をはねかえす会は、八八年三月一二日、八七年の沖縄国体で、「日の丸」掲揚押しつけに抗議して旗を燃やした知花昌一さんを迎えた集会の日に、寄り合うように集まった市内の教員をはじめ、その集会に参加した市民によって結成された。次に紹介するこのときの報告が『はねかえす会ニュース』の創刊号となる。当時のニュースは、手書きで作成されていた。

■けとばせ「日の丸・君が代」集会のほーこく

その日は朝から休みを取ってワクワクドキドキしながら知花さんを迎えに空港へ。同行した仲間S君は、右ヨクの襲撃に備えてと、駅の売店でなんじゃらいう週刊誌を買い込み、ボディーガードはまかせてっていった風（週刊誌を丸めて突くとけっこう武器になるそうな……ホントかしら）。で、ぼくは護衛は彼に任せ、のんびり電車に乗り込んだのです。飛行機が早く着き、到着時刻より前に颯爽と現れた知花氏を慌ててタクシーに乗せ、新幹線のホームへ案内した（されたと言ったほうがいいかも）僕らですが、長い足でスタスタ歩く知花さんは、「右ヨクは？　私服は？」といらん心配をし短い足でチョロチョロ追いかけていくぼくら二人を「なんじゃこりゃ」と思っていたに違いありません。ともあれ、すっきりし堂々としたいい男でした。

知花さんの話の後、討論は予定時間をはるか超え、そのことにぼくら主催者も気が付かないほど盛り上がりました。様々な市民・労働者の問題提起、天皇制・日の丸・君が代への怒りが語られ、現場の教師に対する励ましと批判、そして連帯の意志が熱く述べられました。中でも、在日朝鮮人や被差別部落、「障害」者の立場から語られる言葉は、自分たちの立っているところを揺るがされるような厳しさを感じざるを得ませんでした。

教師の側もそれらによく応え、現場での闘い、そして闘いえなかった部分を明らかにし前向きにがんばろうとする発言が次々に出されました。そのなかである婦人は、「教師が組合の枠を越えて直接市民・労働者と日の丸・君が代について語り合う場を持ったことがうれしい」と発言しました。

ぼくらは、このどうしようもないと思っていた北九州で一八〇人を越える人々が集い、これほどまでに話し合え、そしてもちろん、知花さんという一人のウチナンチューの熱い思いを受け取ることができた集会をスタートに持てたことを、とてもうれしく思います。ここで得た勇気を糧に、また元気に闘っていきたいと考えます。これからもよろしく。

（『はねかえす会ニュース』創刊号、一九八八年四月五日）

その後、学校という空間を飛び出して結成された「日の丸・君が代をはねかえす会」は、多くの市民運動の仲間と、直接教育委員会へ話し合いを求めて、何度となく押しかけていった。「処分辞令書」を持ってくるだけの雲の上のような教育委員会の人間が、一気に私たちの手の届く目の前に現れ、自分たちの言葉でその意思を伝えていく行動に、私たちはどれだけ力を得たことか分からない。

■市教委抗議行動パート2

前回（七月二〇日）に引き続き、卒業式・入学式の「君が代」斉唱の際の不起立者への「厳重注意」処分撤回を求めるため、九月二日一四時、再度市教委に押しかけました。

今回の参加者は総勢六九名、予想を上回る参加でしたが、事態は予期せぬ方向へと展開していきました。

一四階にいち早く乗り込んだ二〜三名が、前回の交渉相手である橋本主幹のところで、学務部長の所在を確かめていると、当の富高学務部長は、それを見るなり、顔を引きつらせ、橋本主幹のそばからそそくさと自分の席に戻り、上着を手に逃げるようにして立ち去ろうとしました。それを目敏く見つけた我々の仲間が話し合いを申し入れると、彼は、「議長に呼ばれている、約束はしとらん」と少々興奮気味に声を上げながら、形相を変え、我々の仲間を押しのけ、出て行こうとしました。

我々は、あくまで話し合いを望んでいたのに、冷静さを失った彼は、事態をさらに悪い方向へと向けてしまうことになったのです。

我々と一緒にエレベーターに乗り込んでいた守衛長が、彼の手を引いて連れ出そうとしましたが、す

入室を拒否された市教委執務室の前で、何度もシュプレヒコール

でに出口にも我々の仲間がたくさん詰めかけていました。出口を失った彼から「話し合いは受ける」という言葉は引き出すことはできました。

しかし、それは時間設定もされない単なる逃げ口上にしかすぎなかったのです。なぜなら「議長のところに行ってから戻ってくる」「戻れないときは、後で理由を伝える」というのです。そんな世迷い言、誰が信じるでしょう。我々が「口約束だけでは信用出来ないから、一筆書いてから議長の所へ行って欲しい」と要求すると、彼は「それはできない」と言い張り、無意味な押し問答が続いたのです。「書かなくてもこんな大勢の前で約束したことを破るわけがない」などと彼は言いますが、守る気があるのならば、一筆書いていくことをそんなに拒む必要がどこにあるんでしょうか！　いよいよ収拾がつかなくなった末、彼が選んだ結末は、救急車を呼び、担架でその場を逃げるという醜態をさらすことでした。結局、議長に呼ばれていると言いながらも、彼は一筆書いて議長に会いに行くことより、会わなくても一筆書かないことを選び続け、事態を最悪の方向へ導いてしまったのです。

「自分たちは、話し合いをするという相談など受けていない」と、彼らはいかにも我々が無法者のよ

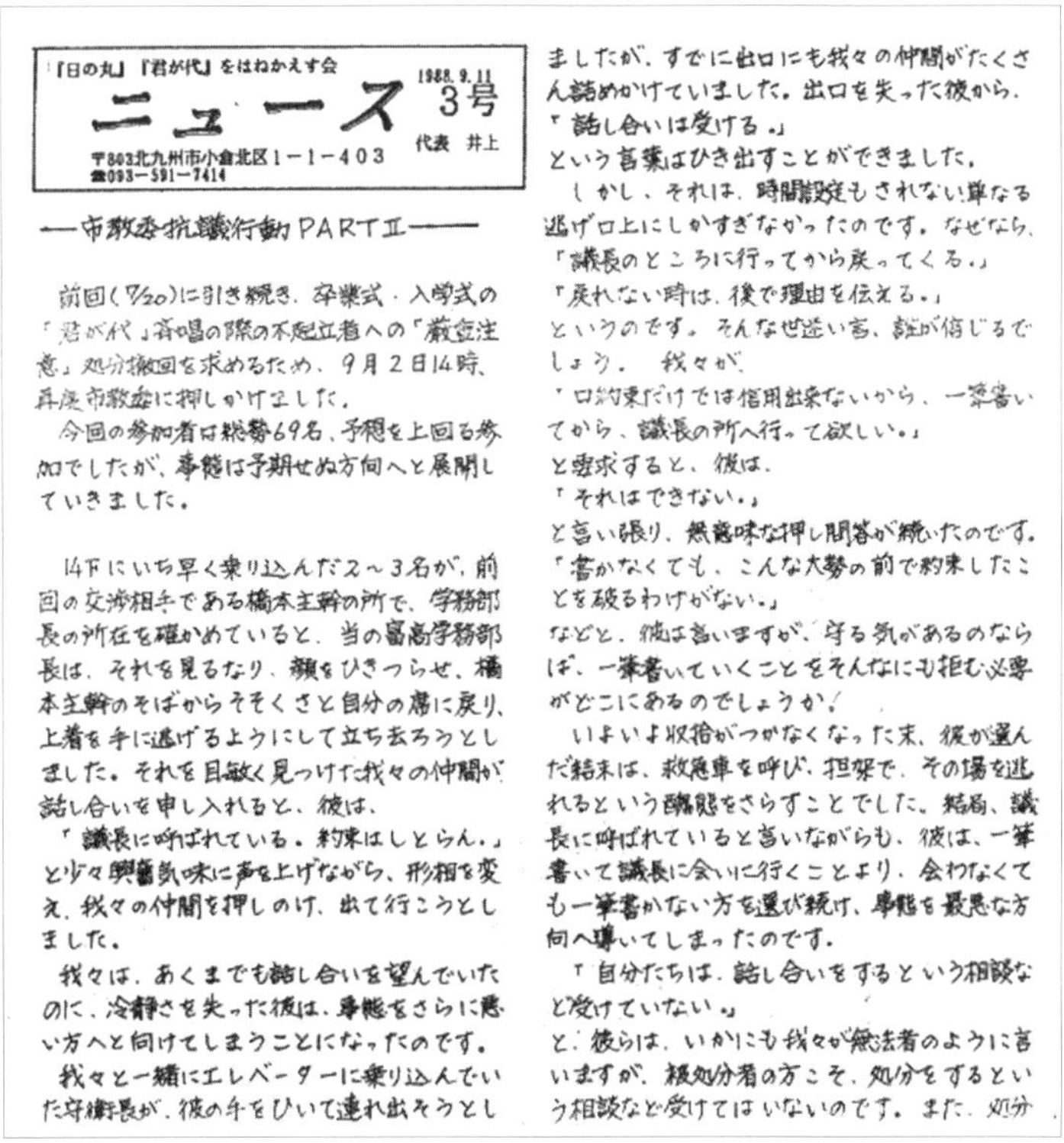

「日の丸」「君が代」をはねかえす会
ニュース
1988.9.11 3号
代表 井上
〒803北九州市小倉北区1−1−403
☎093−591−7414

——市教委抗議行動PARTⅡ——

前回（7/20）に引き続き、卒業式・入学式の「君が代」斉唱の際の不起立者への「厳重注意」処分撤回を求めるため、9月2日14時、再度市教委に押しかけました。

今回の参加者は総勢69名、予想を上回る参加でしたが、事態は予期せぬ方向へと展開していきました。

14Fにいち早く乗り込んだ2〜3名が、前回の交渉相手である橋本主幹の所で、学務部長の所在を確かめていると、当の富高学務部長は、それを見るなり、顔をひきつらせ、橋本主幹のそばからそそくさと自分の席に戻り、上着を手に逃げるようにして立ち去ろうとしました。それを目敏く見つけた我々の仲間が、話し合いを申し入れると、彼は、

「議長に呼ばれている。約束はしとらん。」

と少々興奮気味に声を上げながら、形相を変え、我々の仲間を押しのけ、出て行こうとしました。

我々は、あくまでも話し合いを望んでいたのに、冷静さを失った彼は、事態をさらに悪い方へと向けてしまうことになったのです。

我々と一緒にエレベーターに乗り込んでいた守衛長が、彼の手をひいて連れ出そうとしましたが、すでに出口にも我々の仲間がたくさん詰めかけていました。出口を失った彼から、

「話し合いは受ける。」

という言葉はひき出すことができました。

しかし、それは、時間設定もされない単なる逃げ口上にしかすぎなかったのです。なぜなら、

「議長のところに行ってから戻ってくる。」

「戻れない時は、後で理由を伝える。」

というのです。そんな世迷い言、誰が信じるでしょう。我々が、

「口約束だけでは信用出来ないから、一筆書いてから、議長の所へ行って欲しい。」

と要求すると、彼は、

「それはできない。」

と言い張り、無意味な押し問答が続いたのです。

「書かなくても、こんな大勢の前で約束したことを破るわけがない。」

などと、彼は言いますが、守る気があるのならば、一筆書いていくことをそんなにも拒む必要がどこにあるのでしょうか！

いよいよ収拾がつかなくなった末、彼が選んだ結末は、救急車を呼び、担架で、その場を逃れるという醜態をさらすことでした。結局、議長に呼ばれていると言いながらも、彼は、一筆書いて議長に会いに行くことより、会わなくても一筆書かない方を選び続け、事態を最悪な方向へ導いてしまったのです。

「自分たちは、話し合いをするという相談など受けていない。」

と、彼らは、いかにも我々が無法者のように言いますが、被処分者の方こそ、処分をするという相談など受けてはいないのです。また、処分

うに言いますが、被処分者の方こそ、処分をするという相談など受けていないのです。また、処分を出したことにやましい所がないなら、我々の抗議を正面から受けるべきです。

今回はあのような事態に陥ったため、当初の目的である抗議をすることは出来ませんでしたが、学務部長を追いつめ、プレッシャーをかけることは出来ました。行動後の集会で、参加者の一人から出ていたように、処分を撤回させるのは不可能に近いけれど、被処分者がしょげずに元気よく抗議し、相手をビクつかせ、次からは処分を簡単には出せない状態を作っていくという点では、今回の抗議行動は大変意義があったと思われます。今後も会としては、学務に狙いを定めたまま、ねばり強く抗議

ていきます。また、抗議行動だけでなく、ビラまき、署名活動などを通して、広く宣伝していくことも考えています。今後ともご協力をお願いします。

(『はねかえす会ニュース』三号、一九八八年九月一一日)

2　初めての懲戒処分と抗うために
――あらゆることを自分たちの手で（一九八九年〜九三年）

［一九八九年］
北九州市教育委員会、最初の懲戒処分（戒告三名）。人事委員会不服申立係争。
昭和天皇死去。
学習指導要領、入学式・卒業式での掲揚・斉唱を義務付け。「入学式や卒業式などにおいては、その意義を踏まえ、国旗を掲揚するとともに、国歌を斉唱するよう指導するものとする」。
［一九九〇年］
伝習館高校第一・第二事件最高裁判決、上告棄却（高等学校学習指導要領は法規としての性質を有するとした等）。
［一九九二年］
京都君が代テープ配付事件京都地裁判決、「君が代を録音するための市販のテープを購入した公金支出によって損害の発生がない」などとして訴えを却下。

一九八九年七月二〇日、私たちの仲間にたいして、「君が代」不起立を理由に初めての懲戒処分（戒告三名）が出された。「不起立」を貫くことは言葉では言い尽くせない緊張感をもたらすが、これを管理職に

1980年代半ばから、各学校に3本ポールが立てられていく

よって現認され、市教委へ報告され、事情聴取をされ、懲戒処分となるという現実と向き合うことになる。当初は、厳重注意や文書訓告といった法律上の処分ではなかったが、これらの処分が重なると、戒告処分となり、三か月の昇給延伸という実害を被った。さらにこれが重なると、減給一か月、三か月とエスカレートしていった。最初の戒告処分を不服として人事委員会へ申立をしたが、この不服申立が果たしてその後どのように展開していくのか、人事委員会での係争とはいかなる闘いなのか、皆目、先の見えない私たちだった。すべてが手探りのなかで、仲間の支えと自分たちの心意気だけが頼りだった。

■人事委員会提訴をしました！

卒業式でも入学式でも起立せず厳重注意処分が出たのは二年前。この二年間はねかえす会ができ、知花さんの熱い思いにふれたり、教育委員会に一五回にわたる交渉をやれたり、いろんな闘う素敵な仲間を知ったりして、めまぐるしくも面白い二年間でした。でも、まさか人事委員会提訴までやる羽目になるとは、正直言って考えていませんでした。たかが「君が代」を歌わず、座ったくらいで人事委員会にお世話になるとは「何なんだ！」と思います。口頭審理の中でも「座って何が悪いの？」としか言うことがないなあと思っていたのですが、周りのみんなは口を揃えて「そりゃやらな」「ほんなやろうかなあ……」かくしても軽く出てしまうこの一言。「まあ、しかし、僕のとりえちゃ軽さと元気だけやもんね」と会議の帰りの車の中で自分を納得させているのでした。

ということでもって、いざ、人事委員会提訴となるのですが、僕の他にも門司の小学校の同業者が二名同じ処分を受けているのはご存じと思います。一人きりで提訴するのは心細いなあと思っていた矢先、そういう僕の心配を察して、当会のY氏が二人に僕を取り次いでくれました。その方々も提訴を考えていたので、「一緒にやろうよ、いや、やってください、お願いします、心細いんです」と赤裸々に心の内を伝えると、「ひとまず一緒にがんばってみましょう」と良い返事がもらえました。

そこで三人そろって、人事委員会へ行って提訴の手続きをすませました。情報がすぐ伝わったのでしょう、何のつもりか知らぬがガードマンが僕らを案内してくれたのにはびっくりしました。まあ、第一回の口頭審理が始まるのは、教育委員会との書面でのやり合いがあった後だそうですので、随分先の話になりそうですが、のんびりと六法全書でも手に入れて構えようかと思っています、みなさん、始まったらひやかしに来てくださいね。（稲田純）

（『はねかえす会ニュース』一〇号、一九八九年九月一九日）

一九八九年という年は、昭和天皇が死んだ「天皇の代替わり時期」でもあった。翌九〇年には、新天皇が国体出席のため、福岡、北九州を訪れた。「君が代」の強制と、天皇代替わりによる自粛や祝意までが強制されていたこの時期、私たちは平日の学校を飛び出して、小さな抵抗をしたのだ。それが、この海辺でのレクレーション、今も大切な思い出だ。

■「即位の礼」天皇来福記念レクレーション　新・ゲリラ戦教程

ゲリラは情況に応じて多様な戦術を展開する。「はねかえす会」も例外ではない。天皇が北九州に来る日の午後、われわれは一斉に職場から消えた。「はねかえす会」事務局メンバーの動向を常に監視している当局は、慌てふためいたに違いない。極秘の行動をする場合、人民の海に潜んだほうがかえって見出されにくい。我々はあるスーパーに集合し、すぐさまそこで食料を調達した。豚肉、ゴボウ、厚揚げ、里芋、葱、人参、大根、うどん、味噌。ゲリラは栄養のバランスに充分注意しなければならない。水、鍋、お椀などとともに食料を車に積み込み、出撃し、まず海岸線の一角を占拠した。海岸は野営の場所としては最適の地である。流木が散乱し燃料に事欠かない。早速火を起こし鍋をかけ、熱くなったところで豚肉をきつね色になるまでよく炒める。肉汁が出てじゅうじゅういっているところに野菜を入れ、これもよく炒める。この時、火力は強めでなければならない。枯れた竹は火勢を強めるのに有効である。水を入れ沸き上がるまでは強火であることが望ましいが、一度沸き上がってしまえば中火か弱火でなければならない。このときアクを丁寧に取ることを怠ってはならない。

1. 具を炒めてから水を入れること。
2. 火加減に注意すること。
3. アクをよく取ること。

これが「ブタジル革命の炊事論」の心髄であり、カルロス・マリゲーラ「都市ゲリラ教程——ブラジル革命の軍事論」を補完する論理である。

また磯には無数の牡蠣がへばりつき取り放題である。適当な石で殻を叩き割り、実を出して塩水でちゃぶちゃぶと荒い、そのままちゅるっと食べると無上の美味を手に入れることができる。水温が高いときの生ガキはかなり危険が伴うが、数人が牡蠣の殻で手を切り負傷し流血するという犠牲を払いながらも、反天皇制を闘うわが「はねかえす会」は一人の日和見主義者・脱落者も出すことなく全員が果敢に攻撃し、牡蠣の拾い食いを貫徹した。

ゲリラには定住は許されない。陽が落ちれば移動する。車を小倉駅前に乗り捨て、都市ゲリラとして焼鳥屋に侵入、火炎瓶の材料とすべくビール瓶を数本カラにした。この場合中身を捨てては証拠が残るので胃の中に隠匿しなければならない。火炎瓶で強力なのはモロトフカクテルであるが、狭い焼鳥屋には向かない、ここではお湯割りかチューハイが賢明な選択である。焼鳥屋を出てジャズの店に行き、つづいてスナックでカラオケ騒ぎ、ゲリラ流転はさらに続いた。一日の闘いが終わりアジトに帰り着いた時、すでに午前二時であった。(ようむいんのおいちゃん)

(『はねかえす会ニュース』一六号、一九九〇年一〇月)

■海辺の思い出

一〇月の晴れた日の昼下がり、はねかえす会の一行は裏門司の海岸に遊びに行ってきた。潮の香りと心地よい風が気持ちよかった。まわりは、国体と天ちゃん騒動で騒がしいばっかりだ。ほんのひとときの人間らしさってヤツを感じた。さすがに天ちゃんは、流木のある所で生ガキを食べたりはしないだろう。俺はその点は恵まれていると思う。たとえ、どんな高級な料理より、何倍も美味と思う。こうしたことで、みんな仕事や活動に元気が出てくるのだと思う。（会員　自立「障害」者　立石）

（『はねかえす会ニュース』一六号、一九九〇年一〇月）

当時の日教組は、「立って歌わない」という方針を立て、処分を避けて個人の不利益処分について支援も救援もしなかった。そのために、日教組加盟の福岡県教職員組合（福教組）の組合員だったはねかえす会のメンバーは、福教組執行部から「始末書」を書くように迫られた。市教委のみならず、日教組本部のこうした対策によって、「着席」する教職員はほとんどいなくなっていった。

■「本当に闘うあいては誰なの？」と思う今日この頃

一学期のテストの丸付けで忙しくなったころ、福教組若戸支部より電話が入りました。内容は「あなたは卒・入学式の『君が代』斉唱時、不起立だったため、今度処分の対象になっているが、反省文等で反省の意志を表明すれば、処分が出ないですむかもしれないので書いてもらえないか」というものでした。市教委からの指導ならともかく、組合からこんなことを言われるなんて〜、純粋に組合活動をやってきた私は、そのとき大きなショックを受けました。その上「処分の対象になっている三人のうち二人は既に反省しており、あとはあなただけだから」（この二人は反省文など書いていないことが後から判明、ふざけんじゃないよまったく！）と嫌な言い方までされて説得を受けたのです。その後も市教組の事務局長さんがうちの学校まで、説得活動に訪れました。本当に組合も大変です。

悪いことなんか何にもやってないのに、なんで反省文なんか書かないといけないんですか？　反省文を書くまでして処分を逃れることが私に残されたいかにも正しい道であるかのような言い方までされ、非常に頭にきました。たかがすわっただけで（本当はハンタ～イとか叫びたかったけど小心者なので）なんで処分されないといけないのか。そこんところ、組合の意見をはっきり聞きたいな～。

とにかくこんなことがあって有意義な日々を過ごしていた矢先、七月二〇日の終業式の日、校長室に呼ばれ「訓告」と書いた紙をわたされました。お互い相手の話を聞かず、一〇分程度自分の言いたいことを校長と同時にしゃべりました。そしてついに気の弱い私は処分書をもらってしまいました。その夜、会のメンバーから電話で「今の怒りをニュースに書いてよ」と言われ、ペンをとっているのだけれど肝心なところで証拠品（処分書）を学校に忘れてきてしまい、え～と処分理由は？　と悩みながら書いています。とにかくあの紙をもらったときは「クソ～！　なんで私がこんな紙をもらわんといけんのよ、冗談じゃない！」というような気持でした。その上その日（終業式）は「日の丸」まで揚がり、最悪な一日でした。この怒り、今度の市教委交渉にぶつけてやるぞ！

教育委員会は処分を撤回しろ～！

村尾（校長）は調子にのるな～

組合はもっとまじめに闘え～！

処分をもらった博子ちゃん（友延博子）

（『はねかえす会ニュース』二一号、一九九一年七月二二日）


さて、不服申立から二年以上経っても公開の審理は開かれなかった。このことに対して、「上申書」という形ではあったが、地方公務員法や行政不服審査法などに則ってその違法性を展開し、申し入れた。このことがマスコミなどで取り上げられ、その後原則的な公開審理が開催されていくとっかかりとなった。

■「口頭審理、早よ開け！あたしらを甘く見るんじゃないよ闘争」に勝利したぞ！

はね会ニュース読者のみなさん、お待たせしました。人事委員会闘争の勝利は見えました（いやその、やっと人事委員会と対等な位置までこぎ着けたかなっ！審理も始まるかなっ！というくらいのことですが……ブッブッ）。

二月二一日、私たちは早朝の市庁舎ビラまきから、（既に警備員と管財課が待ちかまえていたよ！　こちらはほんの数人ですが）、上申書提出までの行動の中で、人事委員会のこれまでの怠慢と横暴を批判し、撤回させるよう、自分たちの姿勢を一歩も譲ることなく闘い抜きました（カッコイイダロー）。

上申書提出の際、田代課長は私たちの勢いとテレビカメラに顔をひきつらせて、なかなか席に着こうとしなかったけれども、もう完全に迫力負けして、カメラの前の田代君はあっという間に極悪非道の行政マンと化してしまったのです。これまで、あたしらを舐めてかかった天罰と諦めてもらいましょう。最後には、引き上げようとする私たちに「ちょっと、待ってください、すわって話しましょう」「ところで、この内容が受け入れられない場合、どうしたらいいんでしょうか」とほとんど思考不能な発言をしてきたので、「当然、行政訴訟を起こすしかないです」ときっぱりかっこよく言い残して立ち去りました。クックックッ。

その結果、三月一二日の人事委員会会議の直後、一三日の朝八時四〇分に主任代理人であるI〔井上〕代表へ公平審査課の田代課長から電話が入ったのです。
その内容は、

1．陳述については要領よくまとめれば一時間を認める。

2．一月一四日付で出された「準備書面の提出について」の文書は撤回する。

3．上申書に対する回答は四月七日付で文書で出す。

4．審理開始に向け早急に取り組む。

以上の四点を確認したわけですが。1．については「要領よく」というのが気に障りますが、とにかく私たちの要求した時間そのまま認められたわけですから、要領がいいとか悪いかなど知ったことではありません。今後はとにかく、私たちの言い分を認めることが、審理を進める

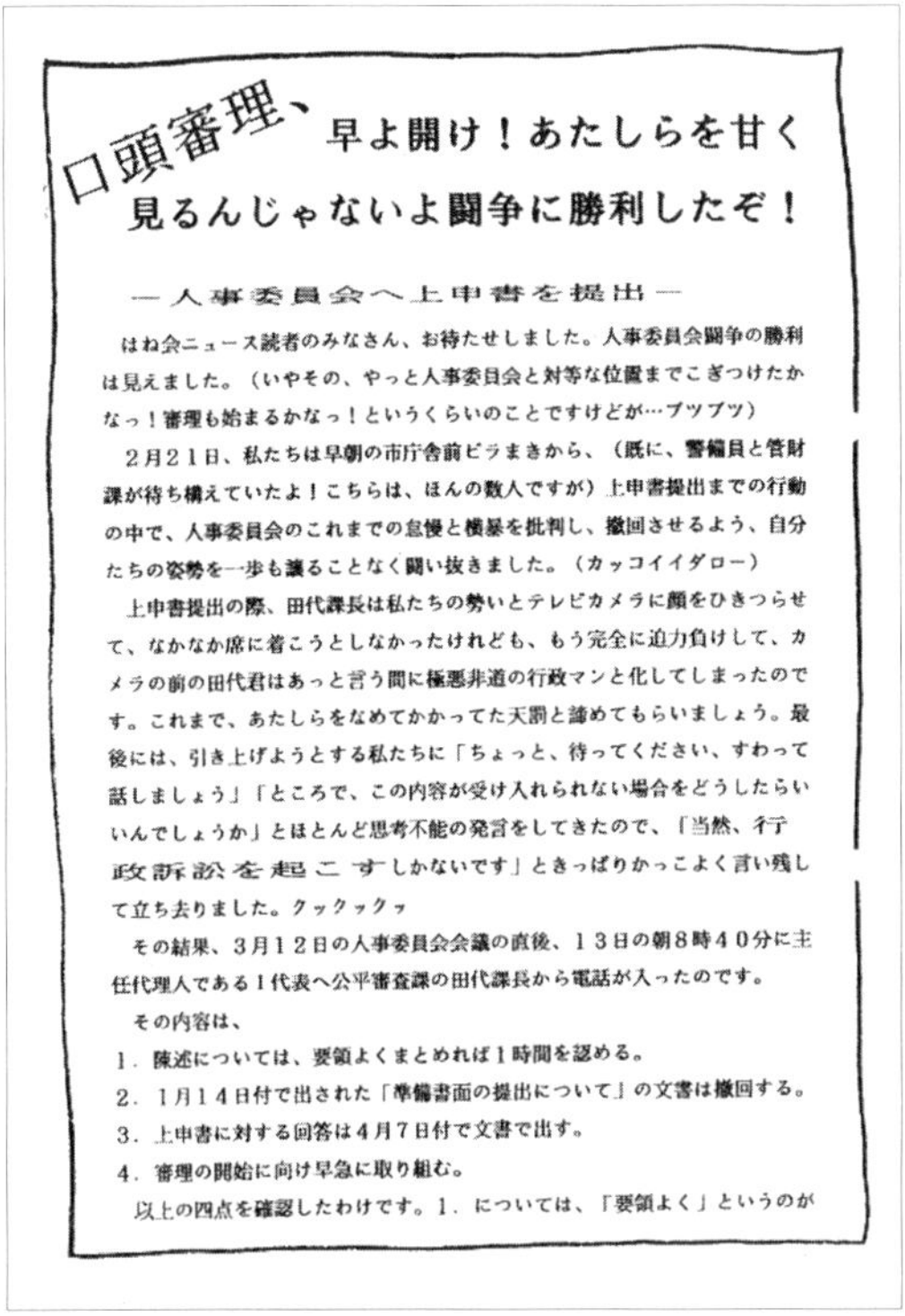
口頭審理、早よ開け！あたしらを甘く見るんじゃないよ闘争に勝利したぞ！

―人事委員会へ上申書を提出―

はね会ニュース読者のみなさん、お待たせしました。人事委員会闘争の勝利は見えました。（いやその、やっと人事委員会と対等な位置までこぎつけたかなっ！審理も始まるかなっ！というくらいのことですけどが…ブツブツ）

2月21日、私たちは早朝の市庁舎前ビラまきから、（既に、警備員と管財課が待ち構えていたよ！こちらは、ほんの数人ですが）上申書提出までの行動の中で、人事委員会のこれまでの怠慢と横暴を批判し、撤回させるよう、自分たちの姿勢を一歩も譲ることなく闘い抜きました。（カッコイイダロー）

上申書提出の際、田代課長は私たちの勢いとテレビカメラに顔をひきつらせて、なかなか席に着こうとしなかったけれども、もう完全に迫力負けして、カメラの前の田代君はあっと言う間に極悪非道の行政マンと化してしまったのです。これまで、あたしらをなめてかかってた天罰と諦めてもらいましょう。最後には、引き上げようとする私たちに「ちょっと、待ってください、すわって話しましょう」「ところで、この内容が受け入れられない場合をどうしたらいいんでしょうか」とほとんど思考不能の発言をしてきたので、「当然、行政訴訟を起こすしかないです」ときっぱりかっこよく言い残して立ち去りました。クックックッ

その結果、3月12日の人事委員会会議の直後、13日の朝8時40分に主任代理人であるI代表へ公平審査課の田代課長から電話が入ったのです。

その内容は、

1．陳述については、要領よくまとめれば1時間を認める。

2．1月14日付で出された「準備書面の提出について」の文書は撤回する。

3．上申書に対する回答は4月7日付で文書で出す。

4．審理の開始に向け早急に取り組む。

以上の四点を確認したわけです。1．については、「要領よく」というのが

上での前提となるのではないでしょうか。ハッハッハッ。まして自分たちが出した文書を撤回せざるを得なくなり、これまでこちらからつついて初めて対応していた者が、朝の八時から電話をしてくるというのですからね。やっと事の重大さに気づいた、いや、気づかせることができたのです。

提訴から二年半を経て、やっと土俵に上ったような気分です。しかし、土俵に上る前から勝負の見えた闘いをするのではなく、自分たちでイニシアティブを取っていくような闘いを組んでいかなければならないことを実感しました。小さな勝利ですが、テレビにも映ったし、新聞も取り上げました。メンバーみんなでニュースの前で小躍りして喜びました。今度は、第一回審理での圧倒的な陳述で勝利を勝ち取りたいと思います。

（『はねかえす会ニュース』一一五号、一九九二年三月二五日）

結局、一九八九年九月に不服申立をしてから、第一回の公開審理の開催が決まるまでに、およそ三年が経過した。この間、人事委員会と「準備手続き」という名の密室審理が行われ、争点整理をした上で公開の審理を一回ですませようとしていた人事委員会と攻防が続いた。その経緯において、人事委職員は「準備手続き」を止めて早急に審理を開くように電話で要請、「打ち合わせに何度も行くだけで交通費がかさむだけである」と言った竹森真紀に対して、「あなたには金づるがあるからいいでしょう」といった差別・問題発言をなした。あたかも運動組織には金があり、金で活動しているという予断と偏見に基づいた発言であるとして、即座に抗議し、撤回させ、謝罪文書を出させることで、一気に力関係を逆転させることとなった。その後、公開の審理は開催したが、まだまだ攻防は続いた。

■第一回人事委員会口頭審理　人事委員会局長名で謝罪文

私たちは人事委員会がこれまでの体質を全面的に改善し姿勢を改めるまで、一切審理を開かせないことを決意していました。もちろん今も同じ気持ちです。ところが「金づる発言」に対して人事委員会は、局長名で私たちに謝罪文を提出し、局長自ら、中立人、主任代理人、そして当該の竹森のところへ足を運び謝罪しにきたのです。

謝罪文の内容に関してはほとんど納得のいくようなものではありませんが、人事委員会全体の問題として位置付け、局長名による全面的な謝罪を得たことだけは、確認したいと思います。その上で「金づる発言」はたまたま発せられた個人の発言としての問題ではなく、これまでの私たちに対する人事委員会の対応全ての表れであり、今後の対応の中で引き続いて監視し、姿勢を問うていくことを表明しました。ということで、人事委員会は「打ち合わせ会議」なるものを行うことをあきらめ、即座に審理の期日を設定してきたのです。

三年近くも人事委員会に騙され続けてきた私たちですが、もう絶対に相手の土俵に乗ることはできません。不服申立をした当初に公開の口頭審理を選択した時点に立ち返り、私たち不利益処分を受けたものの当然の権利をあくまでも貫きたいと思います。人事委員会としては、主張の整理も終了し、さっさと立証を行い、早期結審をとねらっているのです。私たちは、教育委員会、人事委員会審査委員そして支援のみんながそろった公開の場で、これまでずっと蓄積してきた怒りをさまざまな角度から正当に主張し展開していきたいと思います。なぜか教育委員会は、今までつけていなかった弁護士を二人もつけたそうです。私たちのような素人相手に二人も弁護士をつけるなんて、はっきり言って税金の無駄遣いです。勝手に処分しておいて、その後始末にまた金を使うとは、どこまで虫のいいことをと、本当に腹が立ちます。まあ、それくらい重要な案件ということをやっと認識したのかもしれませんが。

（『はねかえす会ニュース』二七号、一九九二年六月五日）

当時、北九州市教育委員会の教職員課や指導課の管理職として、私たちの前に何も返答することなく立ちはだかった方々は、現場での校長や教頭であったりした。そして、そのままエスカレーター式に教育委員長まで上り詰めた者もいる。「君が代」処分を行使することで、出世が保証されるのである。

■「梅本さ〜ん、出ておいで！」市教委は処分された者の声を聞かないのか

北九州市教育委員会は、卒業式・入学式の「君が代」斉唱の際着席していた者に対して、〔一九九二年〕七月二〇日付で戒告二名、文書訓告五名、口頭厳重注意六名の処分を出しました。これに対し、私たちは、七月二九日、被処分者を含め、市民グループで教育委員会に抗議に行きました。

午前九時集合というのにもかかわらず、五十数名の仲間が集まりました。ところが教育委員会はたった一つの入り口の扉の片側だけ開けて（その他の入り口はすべて封鎖）、そこにバリケード紛いの机を置いていました。そして、入り口の両側には「許可無く入室を禁ず」という貼り紙をして、机の向こう側で待ちかまえていました。さらに、後丁寧なことに、彼らは全員名札を外していました。

私たちは教職員課の梅本課長に会いたいということを伝えましたが「会う必要はない」「話すことはない」の一点張りで取り継ごうとはしません。しばらく押し問答が続いた後、彼らの最前列の中央で一

番横柄な態度をとっていた男が梅本課長であることが分かりました。あれだけ梅本課長に会わせて欲しいと申し出ている前で、当の本人はあつかましくも知らぬ顔を通していたのです。自分が梅本と知られても恥じる様子もなく、横柄な態度をとり続けました。あまりの無礼な対応に私たちは怒りを抑えきれず強く抗議をすると、彼は後ろの取り巻きの中へ二歩三歩と後ずさりしました。「逃げるな」という私たちの声に「私は逃げげん」と大きな口を叩きながら、数分後には姿をくらましてしまいました。ちなみに梅本課長は現場にいるときは「同和」推進教員をしていたそうです。改めて言うほどではありませんが、これが北九州市の「同和」行政、教育の実態です。

梅本課長がいなくなった後も、私たちは話し合う場所を設定するよう、処分について詳しい説明をするよう言い続けましたが。残った職員も仕事もせず、ただ傍観するか、腕組みをして、聞く耳を持たぬといった態度でした。一〇時頃退去命令が出ましたが（警備員が一枚の紙切れを不安そうに持っていました）、私たちは抗議を続けました。抗議に来ていた一人の被処分者が、前任校の校長を机の向こうの主幹主事の中に見つけてこう言いました。「私が同じ職場のときもずっと同じ事をやってきた、それなのに、今の職場になって処分を受けるようになったのはどういうことなのですか。卒・入学式の職員会議のとき「日の丸・君が代」について議論し、ほとんどが反対しましたよね。その時あなたは何も言えず、黙って下を向いていたじゃないですか。それなのに今のあなたは何ですか、そんなところにいると、そんなふうにしないといけないのですか、情けないですね」そう言われても、彼は腕組みをし、反論もせず、人形のようにただ立っているだけでした。

処分で脅しながら、無理やり「日の丸・君が代」を押しつけているのに、定着したかのようにマスコミに報道させる文部省。バリケードの向こうでなら、市民に対しても平気で横柄な態度がとれる北九州市教育委員会。北九州市の教育が、そして「日本」の教育がこうした人達によって左右されるのかと思うと、本当に情けなくなります。そして自らの良心を失わず「日の丸・君が代」の押しつけに抵抗している仲間が見せしめのために処分されているのかと思うと、憤りを覚えます。一一時近くになり、退去命令の庁舎内放送が流れた後、全員でシュプレヒコールをバリケードの向こうへ叩きつけ、今後もさらに抗議の闘いを続けていくことを確認して終えました。朝早くから抗議に駆けつけてくださったみなさん、ありがとうございました。今後の抗議行動へもよろしく参加をお願いします。

（『はねかえす会ニュース』二九号、一九九二年九月五日）

この年の一〇月、市庁舎前で初めての登庁時ビラまきを実施した。ビラまきを始めた当時は庁舎の外でやっていたが、北九州がっこうユニオン・ういという日教組から独立した自立組合を結成してからは、庁舎の玄関内で行うことを許可され、風雨の日でもビラまきができるようになった。

これ以来、今も毎月二〇日前後にはビラまきを行っている（現在は「マンスリーうい」という名称のビラ）。毎月五〇〇枚程度のビラをわずか二、三人の手で一五分程度で市役所職員に受け取ってもらえる。もちろん、教育委員会や人事委員会のみなさんにもだ。

■毎月二〇日は「処分の日」　ビラまきをしました

はねかえす会夏季合宿で決定した、市庁舎前の教育委員会及び人事委員会への反撃のための《毎月二〇日ビラ》。果たして、本当に続けられるのか？　というより本当に実行されるのだろうかという、自分たちで決めておきながら、当人たちが信じていないという実態！
しかし、「有言実行」「男も女も二言はない」と、私たちは一〇月二〇日のビラまきを決行しました。

平原小抗議行動に参加して

さる10月29日、平原小の「日の丸」常時掲揚に対する抗議行動に参加して来ました。私は、北九州市の端っこから駆けつけたものですから、到着したときには、すでに話し合いは始まっていました。

校長室の戸を開け、中に入ると、ちょっと疲れ気味の男が一人ソファーに座ていました。そんな彼をいつもの頼もしい面々が取り囲み、いろいろと質問をぶつけていました。ちょっと疲れ気味の男こそが宮崎校長なのですが、彼は「平原小は、半年後になくなる。だから、学校や地域を愛する気持ちを育てるために『日の丸』を上げている。」と訳のわからんことを繰り返すだけでした。校長室にしっかりと「日の丸」を額に入れて飾っているのを見ると、彼の趣味で始めたのかとも思いましたが、完全にビビッているわりには、最後までしぶとかった彼を見ていると、バックに何か後押しをしている奴がいるのではないかと思わせられました。

お知らせ
新春第1弾!!
平原小校長交渉
1993年1月8日(金)
15:00～
みんな来てね！
この人に会えます。
しどろ～
もどろ～
教委
よくやってるじゃない
あの校長は

というほど大袈裟なものではないのですが、要するに早朝八時に市庁舎前に集合できるかというだけのことなんです。当日集合したのは、まず言い出しっぺの稲田君、ビラを持って登場、同時にいつもお世話になっている某労組のHさんとYさん（心強い限りです）、そしてはね会新メンバーのIさん（貴重な存在ですね）。時間に間に合ったのはこの四人。二〇分を過ぎて登場したのがはね会メンバー二人。一発目からこれですから先が思いやられますが、反応はなかなかでした！

即座に人事委員会から電話がかかってきました。「あなたたちのビラは一方的に私たちが悪いように書いてあったので、人事委員会としてはちょっと不本意なんですけどブッブッ」。第一回の審理ができるように精一杯努力してるんですけどブッブッ。私たちも一二月に審理に四か月以上待たせて、何が精一杯だ！　私たちは真実しかビラに書いていません。本当のことを暴露されて慌てたってだめですよ！

とにかく、私たちのビラまきの目的は達したということ。これで気をよくしたはね会メンバー、また来月二〇日、ビラまきをしま〜す。みなさん、よかったらご一緒に！

（『はねかえす会ニュース』三〇号、一九九二年一〇月二三日）

3　刑事弾圧を乗り越えて――法的武装も（一九九三年〜九六年）

［一九九三年］
福岡県警による「でっちあげ暴力事件」。
［一九九四年］
北九州がっこうユニオン・うい結成
村山富市首相（日本社会党）が、「日の丸が国旗、君が代が国歌」と国会答弁（学校現場への強制には反対）。
［一九九五年］
日教組、文部省との関係改善のため「日の丸、君が代」を運動方針から棚上げ。
［一九九六年］
東淀川高校日の丸掲揚事件、大阪地裁判決。訓告処分を受けた教員の損害賠償請求を棄却。

「はねかえす会」結成からすでに五年が過ぎた一九九三年、毎年のように処分が強行され、市民と共に行う再三にわたる抗議行動に、市教委もしびれを切らしたのか、警備要請は年ごとに強まっていた。福岡県警警備課は、私たちの動きを常にチェックし弾圧の的としていた。それが一九九三年七月の「でっちあげ暴力事件」となったのである。私たちは権力の狙いをはねのけ、ひるまず闘いを継続することで現在に至っている。

■戒告処分からでっち上げ暴力事件を経験して〜これが権力なのか

七月二〇日、学務部の山県主幹と和田主幹が来校して戒告処分を持ってきました。ある程度は覚悟はしていたつもりでしたが、やはり動揺はありました。朝は七時三〇分過ぎから夜は八時九時までと毎日のように超過勤務をしているのに、何でたかが卒・入学式の数分間、椅子にすわっていたことが処分の対象になるのかと憤りを感じました。また、百数十万円の減給になるという事実は、私の良心をかけた闘いの決心をちょっぴり揺さぶる効果はありました。しかし、戒告処分を受けたことをむしろ自分の生き方の誇りにしようという気持ちの方が勝っていました。私は教職について、部落差別や在日朝鮮人差別の現実を知り、自分自身の生き方を少しずつはっきりとすることができました。それは少しでも被差別の人たちの思いに近づいて行ける人間に自分を変えていくことでした。そして、社会の矛盾や不合理には「おかしい」と意思表示することの大切さを学びました。

そこへ立ちはだかってきたのが「君が代」の強制です。一九九〇年四月一日の朝日新聞の社説でも「世論調査によれば文部省による『日の丸・君が代』の義務化については『行き過ぎ』『反対』という人が六割近くに達している。精神の自由にかかわるテーマを扱うのに際して、処分を振りかざして学校にこれ以上の混乱を呼び込むのは避けるべきである」と強制に強く反対しています。命令と処分で、何が何でも「君が代」を強制し、被差別の人達の思いを踏みにじり、少数弱者を切り捨てるやり方を、教育現場で働く一人の人間として受け入れることはできません。現に私のクラスでは三割弱の子どもや親たちが「君が代」を拒否しています。百数十万円の札束でいくらほっぺたを叩かれ脅されようと、引き下がるわけにはいきません。そんな思いで、自分の意思で座ったのだから処分は受けて立とう！　自分の良心を捨てずに生きていく代価なら、そんなものくれてやる！と、決意を新たにさせられる処分でした。

午後からは教育委員会へ行ったのですが、ロッカーを倒してバリケードを作り、入り口に主事や主幹たちが立ちふさがり、被処分者に対して釈明の場も与えない、処分理由も言わないといういつもの対応でした。私は「よくもそんな恥ずかしいことができるなあ」と思いながら一人で総務課の所へ行きました。男性職員が四人立っていました。私が扉に近づこうとすると、背の高い職員Aさんがいきなり私の右胸を掴んできました。ちょうど入室しようとしていた女性職員Bさんに「あなたも今見たでしょう？　いやらしいんですよ、この人いきなり私の胸を触るんですよ」と訴えるとAさんはBさんに「君は向こうに行っときなさい」と追いやってしまいました。もう何もされないだろうと、扉に近づこうとすると、今度は別の男性職員Cさんが私の左肩を力一杯

1993年7月、庁舎前で市教委への抗議の座り込み

握りしめてきました。シャツの跡が付くほどにです。あまりの痛さと不意の驚きもあって「何をするんですか、あなた、痛いじゃないですか」と、つい大声を上げてしまいました。すると、さすがにCさんも手を離したので、再びノブを開けて入室しようとしました。そうしたら先ほどのCさんが今度は私の左脇を爪跡がつくほど握りしめてきたのです。それで思わずCさんの腕を振り払ったのです。そうしたら、私を取り囲んでいた周りの職員が「(私がCさんを)殴った、殴った」と騒ぎ始めたのです。そんな馬鹿なとは思いながらも多勢に無勢。言った者勝ち、言われたら負け？　つい私も何か悪いことをしたかのような気持ちにさせられて、教育委員会のよからぬ意図を感じその場から立ち去ったのです。

市庁舎から出た直後は「大問題になるんじゃないか」と半分自己嫌悪に陥りましたが、どう考えても私は悪いことはしていないのです。来訪した市民の入室を拒み、いきなり身体を掴んできたのは向こうなのです。しかし、現実というものは恐ろしいものです。福岡県警警備課特捜班（以下、特捜という）が、前もって庁舎内に待機していて直ちに捜査を始めたのです。私が握ったノブの指紋まで取ったそうです。翌日二一日には、特

不当弾圧に怒りのシュプレヒコール

捜の刑事二人が学校へやってきて校長から私のことを三時間以上もかけて聞いて帰ったそうです。特捜の里さんが言うには、私の家までも見てきたそうです。「家宅捜索を受けてその場で逮捕もありうる」と、仲間から最悪のシナリオまで想定され、「これが権力というものなのか。何でもありありで、でっち上げなんて簡単にできるんだな」と弾圧の恐怖に脅える一日一日でした。

そこへ、小倉北書からの呼び出し状が届きました。八月六日午後二時、多くの支援者に見守られて、初めて警察の取り調べを受けました。相手は特捜の里さんでした。警察から自分を守り、弾圧と闘う最強の手段が黙秘であることを事前に学習していたので、里さんの「何もしていないんなら言えばいいじゃないですか」という甘い誘惑にも負けず、完全黙秘を貫くことができました。一言でもしゃべったら最後。次から次と話を続けなければならなくなり、結局は警察が欲しい供述だけが証拠とされ、事件がでっち上げられていくのです。私の被疑事実は「公務執行妨害被疑事件」でした。取り調べの後、支援者にそのことを報告すると「普通は公務執行妨害は傷害罪とセットのことが多いけど、傷害罪をでっち上げることができなかったんだろう」と励まされました。そりゃそうでしょう。今回のような場合、傷害罪がなくてどんな公務執行妨害に仕立て上げようというのでしょうか。私は断言できます。傷害を受けたのは私の方なのですから。

今回の呼び出しは、嫌がらせ以外のなにものでもありません。警察は市教委や総務課で事情聴取し、事実をつかんでいるはずです。こんな恐ろしいでっち上げが法治国家で行われていいのでしょうか。私を罪に陥れようとした警察も、傷害罪をでっち上げることはできませんでした。それで、一安心していたのですが、市教委はさらなる攻撃をかけてきたのです。始業式の九月一日、学務部の山県主幹が部下二名を連れて来校しました。私が起こした「暴力事件」について事実確認に来たというのです。そして、事情聴取に来たことを上司に報告し、事によっては処分を出すというのです。そこでまず私は「暴力事件というが、どんな被害のあった暴力事件なのですか?」と尋ねました。しかし、「それは答えられない。ただあなたから殴られた人がとても怒っている」ということなのです。「ウソをつけ」と思わず笑いそうになったのを我慢して「ではその殴られたという人をここに連れてきて、本当に私が殴ったかどうかを確かめればいいじゃないですか」と言うと、「それはできない。殴られた人が本人を目の前にしてこの人が殴ったなんて言えないでしょう」と言いました。ありもしないことを本人を目の前にして言えるはずはないのでしょう。これらのやり取りを部下の二名は必至にメモ書きしていました。とても嫌な気持ちにさせられましたが、いつも通り丁寧に対応しました。ただ、当日のことについては黙秘しましたので、山県主幹は「何度聞きに来ても同じですよね」と言って帰って行きました。

今回のことで、権力の恐ろしさをまざまざと突きつけられました。ただ単に自分の良心にしたがって「君が代」の強制に反対しているだけなのに、権力はあらゆる手段を使って白を黒だと弾圧してくることが分かりました。その逆に、多くの仲間がいれば、そう簡単には無茶苦茶なでっち上げもされないし、弾圧に屈することはないということも分かりました。今回の件で今後どのような刑事処分や行政処分が出されるのか、まだ予断は許されません。今後とも、みなさんの支援をよろしくお願いします!(佐藤光昭)

(『はねかえす会ニュース』三二六号、一九九三年一〇月七日)

刑事弾圧直後の私たちは、あらゆる手段を使って反撃を試みていこうとした。教育委員会へ申し入れに行っても、話し合いの場を設けず請願を拒否し続ける当局に対して、その違法性を問いたいと考え住民監査請求を行った。住民監査請求は却下されようとも、行政に対する法的異議申立をやる意義は大きいと感じることのできた取り組みであった。

■教育委員会・庁舎管理課の違法行為を訴えた監査請求、正式に受理される

一〇月七日に請求を行った住民監査請求が、内容的にもめでたく正式に受理されました。私たちにとっては、教育委員会のこの間の不誠実かつ権威的な対応を戒め、糾していきたいという強い願いが叶えられたことになりました。このことは、行政への職務怠慢を何らかの形で法的も追及できるという意味で大きな収穫です。教職員への懲戒処分に対しては不服申立という異議申立の場が与えられるというタテマエはありますが、一方的に処分を強行されるだけでその処分が撤回されることなどまずあり得ません。処分は出し放題、市民の声は聞かないといったやり放題の教育行政に対して、市民がものを申す機会などほとんどないと言えましょう。そこで、今回の住民監査請求があったのです。

請求の趣旨としては、教職員課や庁舎管理課の職員の職務怠慢などの違法・不法な職務に対して、賃金カットをしなかったことを不当な公金の支出として、市長にその返済を要求しているわけですから、実際に賃金カットがなされるわけではなく、最終的にその責任は市長にあり、市長に返済を求めているということです。どのみち、公金支出そのものよりも、そういった市教育委員会ひいては北九州市の行政のあり方そのものを糾していきたいというのが本来の趣旨です。

市教委執務室前は、いつも抗議の市民でいっぱい

初めて言いたいことが言えた！

財務会計上でないと訴訟に持ち込めないため、七月二〇日に教育委員会に陳情に行ったときの教育委員会の職員の賃金カット分の金額の返済を要求したわけですが、その監査請求が受理されて、意見陳述会に参加してきました。あの、富高監査委員長の目の前で、なぜ「日の丸・君が代」にこだわるのか、十数年前には別に強制されなかったものが、公教育の場にいるからというだけでの理由で、戦後処理もできていない状況の中で、強制されなければいけないのか理解ができない、ということをしっかり言えた⁉

もちろん、たとえ「日の丸・君が代」でなくても「国旗・国歌」を個人の意思を無視して強制されることが嫌なのでおかしいんだということも付け加えたつもりですが、あの富高監査委員長にはどれだけわかってもらえたかど〜か。しかし、教育委員会に行くたびに、係長クラス以上は出張とかで逃げ出されたり、部屋の中にも通されない状態で、最近は相手に向かって文句を言った記憶もないこの頃だったから、何の妨害もなく思いっきりしゃべれることに、最初は戸惑ってしまって自分でも何を言っているのかという感じだったけど、言い始めると結構しゃべれるもんだと我ながら感心⁉ もっとも中身に筋が通って

いたかとなると自信はないけど、まあ、少しは教育委員会へのイヤミになったことを期待して……、次は人権擁護委員会への申立と行きましょう。（梶川珠姫）

（『はねかえす会ニュース』三七号、一九九三年一二月三日）

刑事弾圧という大きな試練を仲間の力で乗り越えた後、一人一人の意志は強く育まれていたことを思う。運動の過程で、私たちが福教組や解放同盟、職場での分会の仲間たちと、やむなく訣別していくことも一つの選択肢としてやむを得なかった。そういった決断をした個人が一人一人と繋がっていったのである。人事委員会審理も校長訊問を終え、新組合結成の準備会ニュースを発行するなど、闘いは軌道に乗ってきたところである。労働組合の結成にせよ、人事委員会闘争にせよ、法的な武装の必要性を感じつつ、改めて腰を据えていくことの難しさを確認していった時期である。このような学習が裁判へと向かわせたのだろう。

■卒・入学式の後で……私辞めました

いつものように卒・入学式が終わりました。そしていつものように卒・入学式の職員会議は、あきらめムードの中、一応は言っておくといったような雰囲気に包まれながらの「日の丸・君が代」論議で終始しました。しかし、少し違いを見せたのは昨年度（九三年）の「君が代」不起立処分者やでっち上げ処分者（もちろん処分は「君が代」処分だけではないでしょうが）のボーナス時の勤勉手当の減額、そしてその減額された分が他の教師に振り分けられている現実を話した後でした。職員はさすがにショックを受けたようでした。さらに、三月一日の教育委員会による「直接指導」という名の脅しの話になると、かなりの人は怒りを覚えたようでした。それから立て続けに意見が出されました（ただそのショックや怒りが救援カンパや行動に結びつかないのが哀しいのですが）。

今回の卒・入学式でいろんなことを考えさせられました。教育委員会の脅しの話を聞いたところで少しの怒りは覚えても、自分は何かしようという発想にならないのはなぜなんでしょう。脅しをかけられた教師に「立つように」説得しようとする人は何人もいました。それが被処分者のことを心配している気持ちから出ているのは分かっています。でもそれは、おせっかいだと思います。ここまでやってきた人にそうした説得をするのは、市教委の脅しに手を貸すことと変わりはないのではないでしょうか。「あんたは、今回はやばいから立ちなさい。代わりに無傷の私たちが座るから」といった動きにはなりません。説得にまわる前にやれることはないのでしょうか。みんなで座ってみるとか。毎年、各学校で一人ずつ順番に座り、必ず各学校には一人不起立者を出していくとか、何かやれるはずです。

今回の私の校区の入学式で毎年行われていたビラまき（解放同盟地協・福教組門司支部・門司解放研の三者）がなされませんでした。理由は「忘れていた」ということ。さらに、ビラが間に合った中学校の入学式でも（雨が強く降っていたのは確かだけれど）雨で濡れたビラを渡すとかえってよくないイメージを与えるということで中止になりました。何かビラ配りが悪いことのよう。「君が代」斉唱時に着席する仲間を応援するという意味でも、どうにかして配ろうとするのが当たり前だと思うのだけれど……。パチンコやゴルフに大金をはたいても、処分を受けた仲間にカンパを渋る職員、それやこれや見ていると、北九州市教委の全国にも例を見ない異様な処分の乱発にも頷ける気がします。自分らしく生きるため、自分の権利を当たり前に主張し、行使することに何をためらっているのでしょう。だからか

なあ、私、組合（福教組）を辞めました。（山根弘美）

（『はねかえす会ニュース』四〇号、一九九四年四月二七日）

■このさき、人事委員会闘争をどう闘うのか

一九八九年に稲田さんが処分されたとき、私たちは公開の場で市教委による「君が代」処分の不当性をひろく訴え、処分の撤回を求めようとしました。そのために不服申立の手続きをとり、それこそ手探りの状態で人事委員会で係争してきました。あれから五年あまり、ことあるごとに私たちは市教委・校長による「日の丸」「君が代」強制の異常さを訴えてきました。あわせて見せしめに、「君が代」斉唱に着席で反対した被処分者というレッテルを貼ることで、「民主」的で自由な学校にしようとする者を弾圧し、お上のいうことには物言えぬ職場にしようとする市教委の処分行政の恐ろしさを指摘し続けてきました。人事委員会闘争の場においても弁護士を擁する市教委に対し、私たちは本人及び地域共闘の力でさまざまな障害を乗り越え、弁護士なしで自分たちのペースで口頭審理を闘うまでになりました。

この五年間に、中間市でも、門司区でも、人事委員会に申立して自分たちのスタイルで「日の丸・君が代」処分と闘う動きが生まれました。第五回口頭審理（高橋・元千代小学校校長に対する尋問）の直後に、門司「考える会」と中間「撤回させる会」の仲間に、唐突ながら「今後の闘い方を見通す意味で情報交換もかねて学習会をしよう」と呼びかけたところ、六月二九日に「君が代不起立処分とどう闘うか」というテーマで話し合う機会が持てました。

互いの現状と展望を語り合う中で、「職務命令の限界と職務命令による君が代強制の違法性を明らか

にするために法学者にコンタクトを取っている。最近、裁判をすれば勝てそうだという気が強くする」「早く裁判に持ち込みたい。一緒に裁判やろう」「戦後教育法制をしっかり学習し審理に活かしたい」「審理の中で日の丸・君が代の強制によって、教育と教育行政の分離が侵され、戦後教育改革が後退させられ戦前の教育が復活しようとしていることを明らかにしよう。そして危険な状況があることを意識づけよう。これは説得力がある」など、明るい展望がちらちら見えました。共通認識として、裁判を見通した闘いとして人事委員会を位置付けること、説得力を増すためにも法的武装を進めることなどが確認できました。そのせいか、したたかに闘っていけそうな予感がちょっぴりした夜でした。「思いの丈を主張し、審査委員に納得させるために準備は大変な労力を要するかもしれないが、やっただけのことは必ず報われる」と学習会のレジメにもあったっけ、ふうっ……。（井上友晃）

（『北九州がっこうユニオン準備会ニュース』二号、一九九四年八月一八日）

「日の丸・君が代」をはねかえす会は発展的に解消し、「北九州がっこうユニオン・うい」という学校労働者の労働組合となった。ういは一〇名で結成。北九州市内の小中養護学校の学校労働者によって構成された。当時、全国には同じような学校労働者の独立組合が、十数組合存在していた。もちろん、ういもこれに連なっていき、その後、数々の強い支援共闘関係を築いていくこととなった。

■北九州がっこうユニオン・うい結成宣言

天皇制を基調とする日本の支配構造の中で「日の丸」「君が代」強制に反対する闘いは、天皇制との闘いであり、思想・信条を守る闘いであり、平和を希求する闘いであり、差別を許さない闘いであり、なにより教育を市民・労働者の手に奪い返す闘いである。

処分をかさに着た「日の丸」「君が代」の強制を盾に、もの言えぬ職場を作り出そうとするばかりか、処分によって労働者としての生活権を脅かそうとしてきた行政に対し、我々は立ち上がることを決意した。それは、とりもなおさず学校現場における我々自身の解放を希求していくことにほかならない。

我々は六年以上に及ぶ「日の丸」「君が代」強制に反対する闘いの中で、度重なる処分攻撃を受け、あまつさえ刑事弾圧をも受けながらも、共に闘う多くの仲間と出会い、はば広い市民・労働者との連帯を培ってきた。この闘いの中で我々は、学校労働者としての自らの労働を問い直し、自らの職場である学校を問い直してきた。そして一つの結論に達した。

学校労働者にとって、学校に関するすべてのことは労働条件にかかわる問題である。思っていることが言いやすい職場、当たり前の要求を当たり前に要求できる職場、息をひそめることなく自由に呼吸できる職場にしなければならない。労働者に対する強権的な労務政策は、子どもたちに対する能力主義・管理主義の教育と密接不可分である。おりしも子どもが権利行使の主体者であることを原則とする「子どもの権利条約」が批准された。子どもたちの権利を保障するとともに労働者の権利を保障するために、密室で決められ、強権的・管理的に実施される教育行政と学校運営を開かれた民主的なものにしなければならない。

不安定な雇用形態である臨職・嘱託・パート化を推し進めている現在の教育行政は、「安上がり教育」であるというだけでなく、封建的とさえいわれる学校内の差別的構造をさらに強化している。職種の違い、雇用形態の違いはあくまで雇用する側が決めたことにすぎない。われわれにとってはすべて同じ学校労働者であり、職場内の差別を許してはならない。

我々は同じ労働者として共に闘いを担う中で、差別・分断の鎖を自ら解き放つ努力を続けようと思う。また、管理と統制の教育行政にあえぐ学校の現実を明らかにし、子どもたちに対し抑圧する大人として立ち塞がる自分を問い直す視点を大切にしたい。その中から今の教育の有り様を、地域の様々な闘いを担う市民・労働者の仲間たちと共に撃っていければと思う。同時に様々な地域の運動にでき得る限りかかわり、自らの社会性を獲得していきたい。

我々はこれらの問題のすべてを学校労働者の責任において取り組むことを決意し、本日ここに、「北九州がっこうユニオン・うい」を結成することを宣言する。

一九九四年九月一七日

ういの結成にあたっては、当時、「日の丸・君が代」処分を許さない全国ネットワークの代表もつとめていた岡村達雄さんから心強いメッセージを頂いた。岡村さんは、一九八五年に京都市内の小中学校に配布された「君が代」テープを違法として起こされた住民監査請求から起こった住民訴訟、京都「君が代」訴訟の中心的なメンバーであり、公教育における国家（行政）の支配について強く疑念を持ち闘う大学教員だった。私たちは当初から京都「君が代」訴訟の闘いを参考にし、岡村達雄さんを初めとする原告の方々の知恵をお借りしてきた。その後も、裁判のなかで鑑定書を書いていただくなど、さまざまな貴重な支援を頂いてきたが、残念なことに高裁判決を知らせることなく、二〇〇八年七月八日に亡くなられた。

「組合結成記念集会へのご案内ありがとうございました。

当日は所用あり、参加できないのが残念ですが、一言祝意の気持ちをお伝えしたく思います。以前より組合を結成するとのこと聞き及んでいましたが、ようやく結成に至ったというニュースに接しまして、心底より祝意といいますか、みなさんの志の深く、強い、そして広い決意に敬意を表するものです。

敗戦より五〇年を迎えようとしている現在、戦後の労働運動、教育労働運動は、体制翼賛状況のなかで、決定的な変質を遂げようとしつつあります。こうした事態の中で、自立した意志によって自らの生き方を問おうとしている人びとの運動が始まりだしているのだと思います。皆さんの試みと決意は、むしろ軽やかに自在に振る舞おうとする流儀において、同じような考えを持つ人びとへ強いメッセージとなって届くのではないか、そう思います。この同時代を生きるために、思想を深くし、理論を磨き、自在な行動力をそなえた個性ある『結社』として検討されてください。

なによりも、弾圧の地、北九州において『うい』を誕生させた心意気に敬意を表します。

『日の丸・君が代』処分を許さない全国ネットワーク・代表　岡村達雄」

うい結成直後、「君が代」処分で出会った牟田口カオルさんに発表妨害事件が起こり、訴訟に発展したのが「カオル裁判」だ。この発表妨害事件は、憲法九条のロゴ入りポロシャツを着用して障害児教育研究会で発表しようとして管理職によって妨害されたもの。その本質は、当局らが原告の発表内容を危惧し発表を封じたというところにある。牟田口さんはその研究発表に終始一貫して批判的だったので、市教委らはなんとしてでも牟田口さんの発表を阻止しようとしたのだ。この裁判は、本人の粘りによって損害賠償請求で勝訴となった事案である。「君が代」処分のみならず、北九州市教委の管理・統制の体質を明らかにする事件として、ココロ裁判と併走することができた。

■小倉北養護学校の発表妨害事件

発表を妨害し暴行傷害まで引き起こしておいて、それを正当であると開き直り「文書訓告」処分を出した市教委。「すべて教育委員会に預けている」とノーコメントの校長。これを断じて許さない覚悟で、「うい」とともに市教委と校長への交渉を抗議行動として行い続けてきました。しかし、市教委は「ポロシャツが問題」、暴力も「正当な職務の範囲」とただ繰り返すのみ。校長は〔九五年〕三月二三日、「うい」が用意していた要求書に目も通さず「退去」を叫ぶありさま。彼らは正面から向かい合う術もなく、ただ逃げるばかりです。

この間私たちは裁判という手段を検討してきました。彼らを逃さず公の場に引き出そう、そして単に、暴行・傷害の罪を認めさせることのみならず、この事件の背景となっている市教委の強権的な管理・統制を浮き上がらせようと考えてきました。幸いこの問題に強く関心を持つとともに、私たちの考えをよく理解してくださる弁護士に出会うことが出来、裁判の実現に向かっています。

一〇月一八日の事件から実に半年が経過しました。しかしこの間一日として事件のことが頭から離れたことはありませんでした。苦しい日々もありましたが、多くの方々の支えによってここまでこぎ着けることができました。さらに多く「支援する会」に結集していただき、裁判を中心とした今後の運動を強化していきたいと思っています。よろしくお願いします。

（憲法九条ポロシャツを口実とした小倉北養護学校・発表妨害暴行事件訴訟を支援する会＝カオル裁判を支援する会・牟田口カオル）

（『ういニュース』五号、一九九五年四月二六日）

ココロ裁判を闘ったのは、ういのメンバーだけではなかった。最後まで福教組の組合員であり続けた稲葉とし子さんは、「着席」という意思表示をするには時間がかかったが、その後、毎年のように処分を受け、減給一か月処分となり、教職を退いた。退職後も最高裁まで共に歩んだ仲間だ。

■ショック！「君が代」反対の意思表示がワガママだなんて 市教委小石原さん曰く「君が代」にこだわることは暗い？

今年の入学式、私は初めて国歌斉唱のときに座りました。それまで「君が代」に反対していたものの、福教組の運動方針もあり式場に遅れて入場するなどして、正面からの対決は避けた形での「君が代」反対の意思表示を行っていました。そして今年もそうするつもりでした。

入学式の前日の職員集合の際、新校長が声高らかに「明日の式では式次第にあるように国歌斉唱の折りには、みなさん起立して大きな声で歌って下さい」と言いました。そのとき「え？」と思った瞬間、校長が急いで会を終わったので何の反対意見も言えないままになってしまいました。

生徒指導においても、勤務に対しても、年々管理体制が敷かれてきて危機感をもっていた矢先のことでした。言いようのない怒りで一杯になりました。校長の発言に対して、いえ、目に見えない何かに対して、反抗の気持ちで一杯になりました。そして入学式当日、反対のビラまきもそこそこにして、式が始まる前に着席し静かに式の始まるのを待ちました。そして「君が代」も静かに座って過ごしました。そして次の日、校長に呼ばれ「あなたのことは教育委員会に報告しましたから」という報告を受けました。入学式には、市教委の来賓はなかったにも関わらず、真面目に忠実に自分の任務を遂行した小心者の校長をスバラシイと思います。

そんなわけで、五月三〇日午後一時四〇分頃、学務部の小石原主幹と管理課の浜さんがやってきました。校長室、校長ははるか後ろの自分の机に座り、私は離れた机に二対一で座らされ、いろいろご指導を受けました。

「過去にばかり目を向けていては暗くなってしまう。子どもたちには明るい未来を教えなければいけない」「あなたのそういった行動はワガママです」等。約三〇分にわたる自信たっぷりのご指導を受けた後、「このことを持ち帰り今後のことは考えます」との心温まる言葉を頂きました。

今、不戦決議をめぐり国会で醜態劇が演じられています。「教え子を再び戦場に送るな」からスタートしたはずの戦後民主教育が、今本当に危機を迎えているのを強く感じます。職場の管理化が進んでいることに慣らされていく感覚も恐ろしいと思います。私の学校でも、教師・生徒が管理されていく中で、弱者を許さない体質ができつつあります。

今年敗戦五〇年を迎えますが、どうしても戦前の始まりを感じずにはいられない私を、小石原さんは「あなたは暗い、明るく未来を見つめなさい」と励まし指導するのでしょうか。(稲葉とし子)

(『ういニュース』六号、一九九五年六月二一日)

九五年三月一日、はねかえす会結成以降継続する北九州市民運動連絡会議としての申入書に対して、それまでどおり市教委からの応答はなかった。それゆえ九五年七月一二日、ういは、北九州市教委による、卒業式・入学式の「君が代」斉唱時における児童・生徒の「不起立」に関する調査をやめるよう警告を発することを求めて、福岡県弁護士会人権擁護委員会へ人権救済申立を行った。しかし、弁護士会は当時、調査の結果、市教委による「調査は強制には当たらない」として、処置をなさなかったのである。
私たちは、子どもの不起立調査が明らかな権利侵害であることを訴えるべく、「子どもの人権パンフ」を作成することにした。身近な子どもたちが卒業式、入学式を通じてどのような思いをもって「着席」しようとしたのかということ、そのことによって侵害された事実を聞き取りし、まとめたものである。それは「自分の意志を、行動を、恥ずかしいとは思わない」というタイトルの冊子にし、ココロ裁判提訴の日に発行した。

■人権救済申立書

一九九五年七月一二日　福岡県弁護士会人権擁護委員会　御中

申立人　北九州がっこうユニオン・うい

申立人は以下の通り、人権救済の申立をします。

記

一、当事者
申立人　北九州がっこうユニオン・うい
相手方　北九州市教育委員会

二、申立の趣旨
相手方に対して、「卒業式・入学式における『君が代』斉唱時の児童・生徒の『不起立』に関する調査」

をやめるよう、警告を発すること。

三、中立の理由

1．歯止めなき「日の丸・君が代」強制の実態

教育長が文部省から天下りしている北九州市では、文部省の意を先取りするように「日の丸・君が代」の徹底化においても、先駆的な役割を果たしてきました。

相手方は、文部省からの通知「公立小・中・高等学校における入学式及び卒業式での国旗掲揚及び国歌斉唱に関する調査について」においても一切求めてきていない、また、村山政権における政府統一見解においても「内心の自由を侵すような強制はしてはならない」と言明しているにもかかわらず、数年前から独自に卒業式・入学式後、毎年二回児童・生徒の不起立調査を実施してきています。

この調査に基づく学校長の教職員への職務命令は、即教師による児童・生徒の不起立者への指導とつながっていきます。そして、子どもたちの権利侵害が全国に先駆けて北九州市で次第に浸透しようとしているのです。

この事実は、申立人が情報公開条例に基づき入手した相手方文書で明らかになり、一九九五年三月一日、相手方に対してこのことを「子どもの権利条約」に照らして問いただしますと、対応した当時の指導第一課長からは「学校教育活動の評価の一環としてやっている」とか「強制ではなく指導である」といった理不尽な答えしか返ってきませんでした。

しかし、相手方の命令を受けた学校長の中には、子どもを起立させるよう教職員に「職員に職務命令を出したり、子どもの不起立状況を相手方に報告しないと自分が処分される」ので「起立しない子どもがいれば報告するのが当然、起立しない子どもは望ましくないので（起立するよう）指導する」と発言

する校長も出てきています。これはまさに指導という名の強制です。

2．児童生徒の「不起立」人数の調査の問題点

この調査は、「子どもの権利条約」一四条（思想・良心・宗教の自由）に違反します。「すなわち国は、父母が子どもの成長にあわせて、この権利を行使するにあたり、いろいろ助けることを尊重しなければなりません。これを受けて子どもは他人の人権を傷つけない範囲内で、自由に考える権利、よい悪いを自由に決める権利、自由に宗教をもつ権利がある」と記されています。したがって、「日の丸・君が代」を国旗・国歌として認めるか否かということ自体が、子どもの思想・良心の自由に委ねられるべき問題ですから、学校長や担任教師等でも、子どもに「『君が代』を斉唱しなさい」「『日の丸』に敬礼しなさい」とは命令できませんし、嫌なら断る自由が保障されているのです。

3．世界の趨勢の中で

世界の子どもたちの現状は決して満足のいくものとは言えません。未だに毎日三万人以上の子どもたちが五歳未満で亡くなり、貧困・栄養失調・飢餓・武力紛争などに苦しめられている子どもたちも少なくなく、また、人身売買、性的搾取、過酷な労働など、さまざまな形態の搾取もまかり通っています。先進国とよばれる国々においても、性的虐待を含む児童虐待、少年司法における諸問題など深刻な状況が指摘されてきました。このような状況を受けて、一九八九年の国連総会で子どもの権利の促進、保護を唯一の目的として「子どもの権利条約」が採択され、既に世界の四分の三以上の国々において批准されるに至っています。

日本政府は、一九九二年三月同条約を国会に批准するに際して「①この条約の実施のためには、新たな国内立法措置を必要としません。②この条約を実施するためには予算措置は不要である」と極めて消

極的な態度をとってきた経緯がありました。また、文部省は条約発効直前の一九九四年五月二〇日、同条約の一二条から一六条の市民的自由について、意思表明権の範囲を「個人的な事柄」に限定する解釈を示し、さらに国旗・国歌を含む教育指導・指示の必要性を強調するなどの通知を出して、その消極的な姿勢を変えていません。

この「子どもの権利条約」の核心的意義は、第一にさまざまな領域において子どもの権利主体を承認することによって、親や国家の保護、ケア機能及び責務の遂行が恣意的にならないように歯止めをかけていること、そして、第二に子どもに関わるすべての問題に関して、子ども自身の意思表明権を保障し、それを適切に尊重することなしには意思決定をしてはならないこと（同条約一一条）を保障している点にあります。

4．これから望まれること

日本においても、子どもたちの権利が充分に守られているとはとても言えないのが現状です。教育現場における過重な管理、体罰、その反映としての登校拒否の増加及び大量の高校中退、少年司法現場における人権侵害、児童福祉における諸問題など深刻な状況が見られ、批准への関心が高まっていました。にもかかわらず、政治的な諸事情から批准は後回しにされてきました。しかし、世界の趨勢や世論の力には抗しきれず、一九九四年三月七日の衆議院本会議でも可決され批准のはこびとなり、一九九四年五月二二日に日本に対してもその効力が発効されることになりました。したがってこれから日本も「子どもの権利条約」の理念及び原則に照らして、山積みしている諸問題に対しその解決を求められていくのです。

現実に、「君が代」斉唱をしないことを自ら選択した子どもたちが目の前にいるときに、相手方のなしている「不起立」調査は明らかなこどもの人権を侵害するものです。個を認める教育をめざすためにも、この調査をやめるべきと考えます。

(『子どもの人権パンフ』一九九六年一一月二二日発行)

同時に私たちういとして、市教委指導部による「四点指導」の実施状況報告のみならず、とりわけ「子どもの不起立」まで調査対象にしていることについての撤回を求めて、市教委への申し入れも行なった。これに対して市教委は、初めて文書で回答をしたが、それは、学習指導要領のみを根拠にして、子どもの不起立調査にも「何ら問題ない」というものだった。

■北九州がっこうユニオン・ういの申し入れ書(一九九六年二月二一日付)に関する回答

北九教指一第七九三号
平成八年三月一一日

北九州がっこうユニオン・うい
執行委員長　井上友晃　様

北九州市教育委員会

学校教育法施行規則第二五条に「小学校の教育課程については、この節に定めるもののほか、教育課

（別紙）

北九州がっこうユニオン・ういの申し入れ書に関する回答

学校教育法施行規則第２５条に「小学校の教育課程については、この節に定めるもののほか、教育課程の基準として文部大臣が別に公示する小学校学習指導要領によるものとする。」、同第５４条の２に「中学校の教育課程については、この章に定めるもののほか、教育課程の基準として文部大臣が別に公示する中学校学習指導要領によるものとする。」と明記しています。

とりわけ、各学校における国旗・国歌の指導について本市教育委員会は、学習指導要領を基準として日々の教育活動の中で適切に行うよう絶えず指導を行っています。

本件調査は、各学校が学習指導要領の趣旨を踏まえ、適切な教育を行っているかどうかを把握し、今後の指導の課題を見出すための参考資料とするものであり、何ら問題はないと考えます。

なお、国歌斉唱時の不起立処分は、国歌斉唱時には起立するよう事前に命じられていたにもかかわらず、これに違反して着席した教員に対して厳正に対処したものであり、処分を撤回する考えはありません。

「いじめ問題協議」の内容については、市の機関としての最終的な意思を形成していく過程の一段階の情報であり、かつ、事務事業の適正な執行に著しい支障を生ずるおそれがあるため公開できません。また、協議の相手方については、氏名等の記載の公開は特定の個人が識別されることになり、個人のプライバシーを侵害するおそれがあるため公開できません。

程の基準として文部大臣が別に公示する小学校学習指導要領によるものとする。」、同第五四条の二に「中学校の教育課程については、この章に定めるもののほか、教育課程の基準として文部大臣が別に公示する中学校学習指導要領によるものとする。」と明記しています。

とりわけ、各学校における国旗・国歌の指導について本市教育委員会は、学習指導要領をを基準として日々の教育活動の中で適切に行うよう絶えず指導を行っています。

本件調査は、各学校が学習指導要領の趣旨を踏まえ、適切な教育を行っているかどうかを把握し、今後の指導の課題を見出すための参考資料とするものであり、何ら問題はないと考えます。

なお、国歌斉唱時の不起立処分は、国歌斉唱時には起立するよう事前に命じられていたにもかかわらず、これに違反して着席した教員に対して厳正に対処したものであり、処分を撤回する考えはありません。

「いじめ問題協議」の内容については、市の機関としての最終的な意思を形成していく過程の一段階の情報であり、かつ、事務事業の適正な執行に著しい支障を生ずるおそれがあるため公開できません。また、協議の相手方については、氏名等の記載の公開は特定の個人が識別されることになり、個人のプライバシーを侵害するおそれがあるため公開できません。

ここで「前史」は終わり、これ以降が「ココロ裁判の本史」ということになる。私たちの提訴に向けた思いは、次章冒頭の「趣意書」を読んでいただきたいが、ここまで縷々連ねてきたとおり、提訴に至るまでの八年間にわたる闘いも市教委の厚い壁の前で立ち止まざるを得なかったことが大きな理由である。しかし、これらの抵抗が決して無にされるものではないし、この八年の手探りでの体当たり的な抵抗や刑事弾圧さえもくぐり抜けてきたしぶとさが、私たちを大きく前へ押し進める力となったことは明らかだ。さらには、自分たち自身の自力自闘の心意気が弁護士なしの本人訴訟をも選択したのだ。

次章以降の記述は、『ココロ裁判』のニュースに竹森真紀が載せた報告「ココロ裁判を100倍楽しむために」をベースに、ときどきの陳述や傍聴記などを入れて再構成したものである。拙い記述はご了承願うしかないが、一回一回の弁論に全力で向き合ってきたことだけは伝わると信じている。

第3章○本人訴訟で提訴

一審三三回に及ぶ弁論

提訴の日、裁判所の門前で幕を広げた原告たちの顔は明るい

1　法廷を自分たちの舞台に——陳述と釈明要求の連続（一九九六年〜九九年）

［一九九六年］
11・22　福岡地裁提訴。原告一七名（代表者・北九州がっこうユニオン・ういを含む）。
［一九九七年］
2・5　初公判　訴状陳述、被告答弁書陳述。
5・21　第二回弁論　準備書面（1）被告への認否釈明要求
9・17　第三回弁論　準備書面（2）被告の釈明及び挙証責任追及
12・22　第四回弁論　準備書面（3）「日の丸・君が代」の強制と闘いの歴史
［一九九八年］
1・20　大阪市立鯰江中学校日の丸文書訓告事件、大阪高裁判決。一審原告の控訴棄却（確定）。
2・24　ゲルニカ事件福岡地裁判決。原告の戒告処分取消請求を棄却。
3・4　第五回弁論　準備書面（4）職務命令の戦後教育法制における違法
6・2　第六回弁論　準備書面（5）「日の丸・君が代」に法的根拠はない
9・22　第七回弁論　準備書面（6）学習指導要領に法的根拠はない
12・8　第八回弁論　準備書面（7）本件職務命令は内心の自由侵害

＊第八回弁論まで二年間にわたって、毎回、原告の意見陳述を並行して行う。
文部省中央教育審議会、職員会議を校長の補助機関化。
［一九九九年］
1・29　京都君が代テープ配布事件最高裁判決、上告棄却。
2・23　第九回弁論　準備書面（8）本件四点指導の強制性・異例性
2・28　広島県立世羅高校で校長が自殺。
3・2　小渕恵三首相、「国旗国歌法制化」の検討を指示。

提訴の日――一九九六年一一月二二日

この日、学校現場に内心の自由を求め、「君が代」強制を憲法に問う裁判（通称ココロ裁判）（事件番号一九九六年（行ウ）第二二号戒告処分等取消請求事件）の原告団は、これまで支援してくれた多くの仲間と共に、福岡地方裁判所へ向かう坂道を上り、その門前で高らかに「趣旨書」を読み上げ、スタートを切った。

趣意書

「日の丸」が中央に掲げられ陰々滅々とした「君が代」が流れる卒業式、入学式。古色蒼然とした卒・入学式の様子は戦前・戦中の天皇主権のもと軍国主義にひた走り、植民地支配を押し進めていった時代を彷彿とさせる。「日の丸・君が代」はかつて皇民化教育の中で重要な役割を果たした。そして今も天皇制国家主義を吹き込み、国家支配への服従を強いる重要な役割を果たしているのである。

憲法が「国の最高法規」とされているにもかかわらず、現実の政治状況は憲法を踏みにじった最悪の状況にあり、そしてそれが私たちの職場である学校に色濃く投影されている。

民主主義・平和主義・基本的人権の尊重が憲法の基本理念であるからというだけでなく、自らが求めているものであることを自覚し、日常の労働の中に反映するよう心がけてきた私たちにとって、「日の丸・君が代」が学校に持ち込まれること自体許し難いことである。しかも職員会議においていかに不当であるかを訴えても、圧倒的多数の反対があっても強行され、校長の一言の職務命令で「君が代」斉唱時に起立することが強制されているのである。

私たちは強制される「日の丸・君が代」に対して、着席することで個人の内面の精神的自由だけでも確保しようとした。文部省の天下り官僚を受け入れ続けている北九州市では、こうしたささやかな内心の自由さえ認めようとせず、「君が代」斉唱時に着席したというだけで学校労働者に対する処分を乱発し続けている（今年はついに、斉唱が終わってから入室したことを理由として処分を強行した）。着席という内心の自由の発露に対してまで処分を発することとは、近代的な労使関係の原則を逸脱して、封建的な主従関係を強要することにほかならない。しかも、「日の丸・君が代」徹底に真っ当な法的根拠を見いだせない北九州市教委は「校長から職務命令違反の状況報告書があったので処分した」と言い、校長は「処分は市教委がしたことであり自分は権限外だ」とお互いに官僚体質を剥き出しにして責任をなすりつけあっているのである。

私たちはこれまで、人事委員会に処分の不服申立をし、処分撤回の闘いをすすめてきたが、中立の立場で審理すべき人事委員会そのものが処分庁である教育委員会と一体であることを露骨に示してきた。

提訴の日、裁判所の門前で

もはや謝罪と委員の辞職よりほか、人事委員会に求めるものは何もない。ことここに至って私たちは提訴を決意した。しかしながら、憲法を遵守するかどうかは行政の裁量に属するといわんばかりの判決を出し続ける最高裁、法と自らの良心にのみ従って判決を出した裁判官を左遷し、誠実有為の青年法律家の任官を拒否する司法当局の実態を知る私たちは判決に幻想を抱いてはいない。この裁判は「君が代」強制を憲法に問う裁判である一方、三権の一角にありながら行政権力におもねる司法に対する問い詰めでもある。今回提訴にあたって、私たちは本人訴訟＝代理人弁護士のいない提訴の道を選んだ。学校現場の労働者として自らの言葉によって、戒告処分をはじめとする不当な処分と、処分による脅しを背景として突き付けられる違法な職務命令を問いただし、憲法の保障する内心の自由を勝ち取りたいと考えたからである。

「君が代」の強制は結果として、多くの物言わぬ学校労働者を作りだし、職員室にあきらめと沈黙をもたらしている。今日の、子どもをめぐるさまざまな社会問題に学校はどのような顔をして関わっていくのか。学校労働者に対する人権侵害は、ひいては子どもたちの自由と個性を抑圧し、侵害することにつながる。現に、子どもたちには「君が代」を歌うことを強制しないと言いながら、拒否する権利があることを告知しないまま斉唱することを「指導」している。その上、市教委は子どもたちの不起立調査までしているのである。

「日の丸・君が代」をこのまま座視することのほうがよほど恐い。

形のうえでは、市教委と校長を被告として「君が代」の強制を憲法に問うものであるが、被告席の後ろに国家を見据えた壮大な裁判を素人の手でやろうとしている。社会的・歴史的責任を思うとき慄然としたものさえ覚えるが、教育行政や学校の現状に疑問をもつ学校労働者のみなさんや市民・労働者のみなさんの共感と支援を後ろ盾に、臆することなくたたかっていきたい。

学校現場に内心の自由を求め、「君が代」強制を憲法に問う裁判原告団

第一回弁論――ココロ裁判初公判！――一九九七年二月五日

■大法廷と時間枠の確保に向けて

初公判に向けて何度か、担当の書記官松本さん（法廷では裁判官の前で法衣を着て、書類をめくったりしている人？）と電話でやり取りをした。

裁判所は、第一回公判は速やかにという民事訴訟法に従い、被告への代理人手続きや答弁書の催促などをすませ、第一回弁論期日を設定する。当初、私たちは本人訴訟であることから、裁判官との事前の折衝を要求することまで考えた。しかしこれは、裁判所が被告も含めた三者の同席とするのではと思い取りやめに

し、基本的には公開の法廷の場で争っていきたい旨を伝えて、ぶっつけ本番の闘いとした。
では、法廷はどうするか。これが意外に書記官の方が先回りして段取りをしてくれた面があり、大変スムーズな折衝であったことは否めない。なぜそうであったのかの意味は大きいのだが、ここでは「提訴時の門前シュプレヒコールの成果」とでも言っておきましょうか。以下、電話でのやり取りを。
最初、松本さん「先生方だし、北九州から来られるから午後の方がいいでしょうね」
私「はぁ、お願いします。三時くらいがいいですね」
松本さん「意見陳述とかされるんでしょう」
私「はぁ、そうですねぇ。訴状も読み上げたいし、一時間は必要ですかねぇ」
その後、松本さん「一応期日が入ったんですけど、大法廷がとれなくて」
私「えぇー、それは無理でしょう」
松本さん「裁判長からも大法廷のこと言われていたんですけどねぇ、じゃあ一週間のばしましょうか」
私「はぁ、それでいいです」
てな具合で、あまりシビアな攻防とは言えないやり取りだが、大法廷及び一時間の法廷を確保するに至ったのだった。

■初公判の反省

傍聴券こそ出なかったが、裁判所の構えはバリバリ。テレビカメラが法廷に入ることで余計に構えていたのかもしれないが、とにかく裁判所の「混乱がないように」との配慮がバリバリ（廷吏の数が多い）。やらせでテレビカメラの前の玄関を通り法廷へ入ると、裁判長も入廷してきて（被告はテレビカメラを拒否して入廷せず）、静止画像を二分間撮影。動いちゃいけないわけじゃないけど、動きようがない。実際には開廷されているのに、テレビカメラが出て行くまで実質法廷は開かれない（ちなみに、放映されたのは原告導寺さんのアップ！）。

二分後、あれほど事前の会議で議論した開廷時の「起立」問題。起立を強制されたときに、「私たちはなぜ起立しないのか」を説明し説得するかという問題を難なくクリアして、とにかく全員が座ったままだった。通常、裁判長が入廷すると同時に「ご起立ください」と声がかかり、法廷内のほぼ全員が起立する（世間の裁判では）。しかしながら今回、撮影のために裁判官が入廷したと同時に「撮影を始めます」みたいな感じになって、開廷合図なのか撮影開始なのか、わけわからん状態になったのだ。しかも、被告はいない。撮影の後、被告が入ってきた頃に裁判長が自然に話し始めて開廷、という「起立」問題の結末だった。

草野裁判長は冒頭、原告側に向かって「原告は順番通り座ってますかね」「欠席者がいるといけないので（第一回だけは擬声陳述〔当事者が出頭しない場合、提出された訴状を陳述したことにすること〕が認められる旨など）」「だれか代表で発言される人がいるんですかね」などとざっくばらんに声をかけてきた。原告団長「いやっ、まあ、その、それも含めて今から自己紹介を一人ずつ名前だけでもさせてもらいますから」ということで、一人一人姓名と顔を対応させるべく自己紹介を行った。だれも原告らを代表するものがなく、欠席しても代理する人がいない、でも一人一人が自己紹介もできる、これが代理人弁護士なしの大変さとお気楽なところかなっ、と思った。

■訴状陳述について

膨大五〇ページもある訴状だから、「陳述しました」だけでは気がすまない。重要なところは大きな声で読み上げたい、ということで一五分にわたって読み上げた。その直後、ナッナッ何と被告代理人弁護士立川さんは、すっくと立って「今読み上げられました訴状陳述は部分的に読み上げなかった部分がありましたが、その部分は陳述しないという意味でしょうか」とイチャモンをつけてきた。さらに、意見陳述についても「これはどういう趣旨の書面なのか。裁判所はこれらの陳述をすべて認めるということでしょうか」、と妨害してきた。

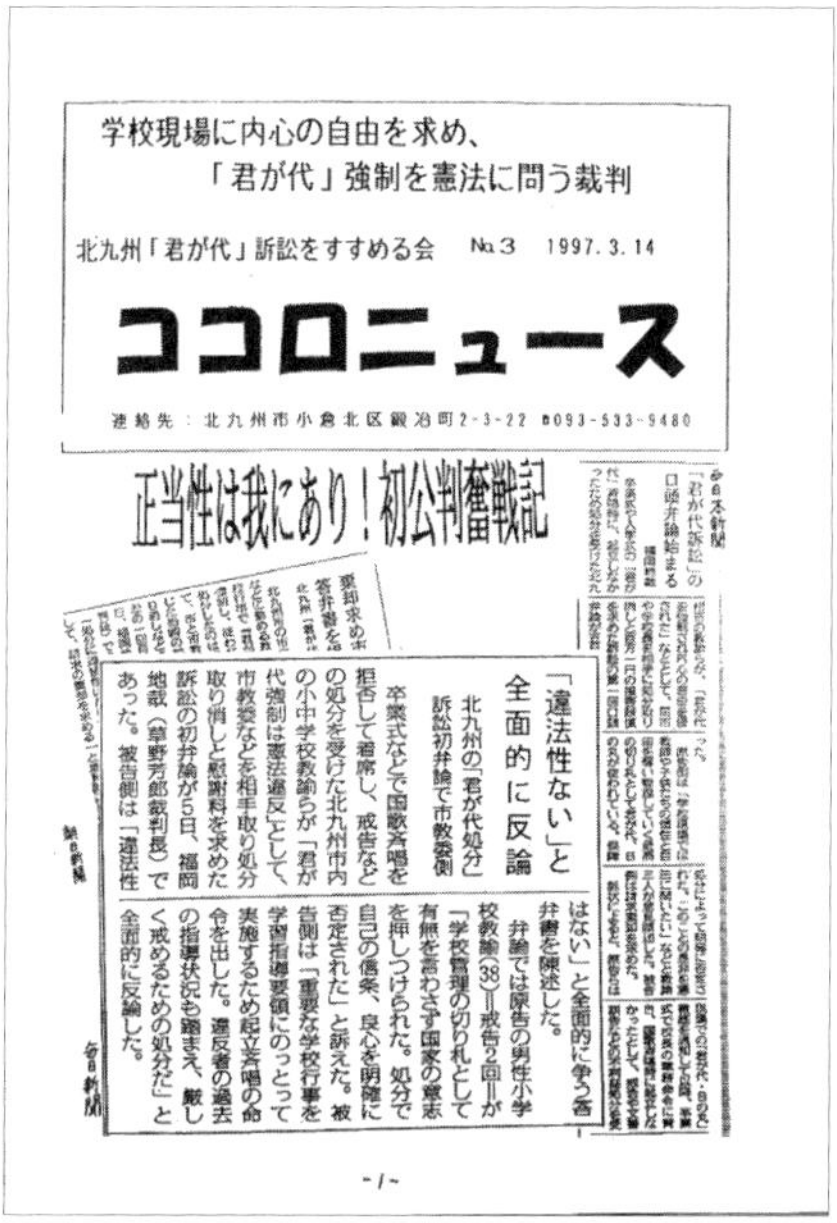

学校現場に内心の自由を求め、
「君が代」強制を憲法に問う裁判

北九州「君が代」訴訟をすすめる会　№3　1997.3.14

ココロニュース

連絡先：北九州市小倉北区鍛冶町2-3-22 ☎093-533-9480

正当性は我にあり！初公判奮戦記

「君が代訴訟」の口頭弁論始まる

「違法性ない」と全面的に反論
北九州の「君が代処分」訴訟初弁論で市教委側

卒業式などで国歌斉唱を拒否して着席し、戒告などの処分を受けた北九州市内の小中学校教諭らが「君が代強制は憲法違反」として、市教委などを相手取り処分取り消しと慰謝料を求めた訴訟の初弁論が5日、福岡地裁（草野芳郎裁判長）であった。被告側は「違法性はない」と全面的に争う答弁書を陳述した。

弁論では原告の男性小学校教諭(38)＝戒告2回＝が「学校管理の切り札として有無を言わさず国家の意志を押しつけられた。処分で自己の信条、良心を明確に否定された」と訴えた。被告側は「重要な学校行事を学習指導要領にのっとって実施するため起立斉唱の命令を出した。違反者の過去の指導状況も踏まえ、厳しく戒めるための処分だ」と全面的に反論した。

毎日新聞

-1-

ムカッとした私（竹森）は、訴状について「じゃあ、全部読み上げましょうかっ」と被告に向かって言った。そこで、草野君（あっ、もう君づけになっている）「まあ、裁判所に対して開かれているので、まあ」とか何とか言って、もお、しきっちゃって。「訴状については時間的な問題もあるので割愛して読み上げたということで理解しています」「ねっ」（と、原告に促す）「意見陳述については、原告の意見を書面で提出して口頭で補足してもらうということで、できるだけ時間内に終わってもらいたいと思いますが」ってなこと言って、どちらにもいい顔しようっていうハラだ。この時点で怒りは裁判長へ三〇度ほど傾いたような……。

被告のイチャモンのおかげで大事な時間が一〇分程度潰された。その後三人の原告の意見陳述を用意していたわけだが、それぞれ時間の制約をどこかで意識せざるを得なくなり、思いっきり自分の言いたいことが言えなかったのではないかと悔やまれる。これは、大きな大きな反省点。

もちろん、原田、安岡、稲田三人の意見陳述は多くの傍聴の人たちの心を揺さぶるすばらしいものだった。傍聴席から大きな拍手が聞こえてこないのが少し寂しかった（みなさん、心の中で拍手をされたことでしょうが、感動は素直に表現すると気持ちのよいものです）。

■全面的に逃げの姿勢――被告答弁書

原告側の陳述が全て終わり、被告側答弁書陳述。裁判長から「答弁書陳述ということでいいですか。何か補足することがあれば」。被告「特にありません」。裁判長から再度「詳細な書面を提出する予定がありますか」に、「必要があれば提出します」とのこれっきり発言。

原告側の次回予定を聞かれ、「訴状を補足する形で詳細な主張や各自の事実関係について書面を準備する予定はあるが、被告の訴状に対する認否がなされなければ答弁書に対する反論としての準備書面は出せない」と返した。しかし、被告はナ、ナ、ナント「本件に至る経緯などの背景事情は原告の主観に過ぎない」とまで言い放ったのである。主観かどうかを争うのが裁判だろうが！　主張を証拠で固めて事実を明らかにしていくのが裁判だろうが！　それを裁判所が判断するのが裁判だろうが！　あんたに、主観と言われる筋合いはない！

ちなみに被告答弁書の中味は、原告らに対する職務命令それに違反した不起立行為、さらに処分の事実、これをすべて争いのない事実として並べただけ。

結論は、「被告校長らは、被告北九州市教育委員会が、入学式及び卒業式という重大な学校行事が学習指導要領の趣旨に則り実施されるよう、各学校に対して行った指導を踏まえ、所属職員に対し、国歌斉唱時には起立して斉唱するよう職務命令を発したものであり、何ら違法性はない。

また、被告北九州市教育委員会は、北九州市立学校すべての校長から、入学式及び卒業式における各学校の職務命令違反者の状況について報告を受け、その報告に基づき、違反者の個々の態様並びにその者に対する過去の指導の状況を踏まえ、違反者の行為を厳しく戒めるために、懲戒処分をはじめとする措置並びに注意を行っているものであり、何ら違法性はない」との開き直ったお粗末な答弁である。

最後に一行、「原告らの主張は失当であり、その主張については争うものである」とあり、新聞記事によると「被告は全面的に争う構え」だそうだ。

それなら、被告はきっちり全面的に真正面から争ってもらいたいものだ。私たちは、被告の逃げを絶対に許さない。そして、その逃げを追随する裁判所も同じだ。真正面から、なおかつあらゆる手段（ここでは秘密、ご披露しません。法廷でのお楽しみ！）を柔軟に駆使して、この壁を〝突破〟していこうと思っている。

＊

初公判の傍聴は大法廷の名に恥じない（恥じてもいいんですが……）ほぼ満員状態だった。原告席も傍聴席も満杯の法廷は、なかなか圧巻。これから長い闘いだから、まあボチボチ傍聴させてもらいましょと言われる方もあると思いますが、私たちにとっては一回一回が勝負。みなさんの生活や仕事の事情を考え合わせるとそんなに簡単にお願いできることではありませんが、きっと元気になる！　そんな法廷にしていきたいと思っていますので、是非だまされたと思って（？）傍聴へ思いきって出かけてください。よろしくお願いします！

第二回弁論――法廷は一気に盛り上がる！――一九九七年五月二一日

■さて、仕切り直し！（事前の準備）

裁判では、被告側から訴状に対して、認める、認めない、争う、不知などと、訴状の請求原因の各項について一つ一つ「認否」した答弁書が出るのが一般的なのだが、あくまでもこの具体的「認否」を避けようとする被告。その思惑を打ち破るため、こちらは周到な準備で臨んだ。

まず、「被告答弁書は、原告主張の事実関係に対する認否すら行わないままに争点をあいまいにしようとするものであり、充分な答弁とは到底言えない。各項ごとの詳細かつ明確な認否は、今後の審理の進行上の争点を明確にし、十分な証拠調べの必要性の判断においても重要なものである」など主張した書面を準備（準備書面（1）被告への認否釈明要求）。裁判長がどれほど認否の必要性を思うか、思わせるかの攻防である。これでだめなら、民事訴訟法一二七条三項（新民訴法一四九条）に基づく「裁判長の釈明権行使」を申し立てると決めた。

また、公開口頭弁論の原則からすれば、書面はあくまで書面であり、準備された書面に基づいて原告が口頭で陳述、主張を行なうのが本来の趣旨だ。なので、なぜ「認否」が必要であるかについて、原告の一人一人の言葉で発言しようと決めた。前回法廷での原告訴状陳述や意見陳述に対する、被告の原告らを愚弄する発言に黙っているわけにはいかない。私たち原告らは、法廷での陳述の権利を奪い返すべく、各原告の言葉で語ろうと決めた。それはすなわち裁判所の権威に屈服しないこと、自分を失わないことだ。

「素人」＝本人訴訟をナメ（られ）たらあかん！

■一七名の意見陳述の場の保障――油谷、梶川、友延が陳述

上記のように、周到な準備をしていたはずの私たちだったが、開廷直前「おやっ？　被告席から何やら書面が」とすでに動揺、用意していた準備書面を出しそびれた。開廷時の裁判長の手元には、被告準備書面と原告意見陳述書三部、これに目を通した草野裁判長、原告に対して開口一番「今日も意見陳述をするのですか」。予想外の裁判長のリアクションに、準備していた認否の必要性についての弁論は飛んでしまい、意見陳述ができるかどうかの攻防へと突っ走ってしまった。

「原告は一人一人別個の人格であり、それぞれの思いがあって裁判を起こした」「本来、一人一人が起こすべき裁判をたまたま一七名が同時に起こしただけであり、それぞれの請求原因はまったく同じではない」「前回も被告の嫌がらせによって意見陳述をはしょることになった」「一時間という枠のなかでやれるだけのことをやっている」などなど。次から次に一七名の原告が入れ替わり立ち替わり発言し、これだけで三〇分が過ぎた。その後、傍聴席からのアドバイスあり、被告の発言ありで、なかなかの白熱戦だった。四時を回ると草野裁判長も、「するなとは言っていないでしょう。まあ、手短に早く始めてください」とようやく意

見陳述が始まった。三〇分間、各原告が法廷での第一声を上げたことで目標の一つは達成した。そして、今後も一七名の意見陳述の場は保証された。

トップバッターは油谷芳弘さん。目立ちたがり屋？の彼は思いっきり職場の同僚に宣伝し、多くの傍聴者を確保していた。ここぞとばかりに管理職の横暴を暴露しようと張り切る。

二番目はうい執行委員長の梶川珠姫さん。部落解放運動との関わりから始まり、なぜ「日の丸・君が代」にこだわってきたのかを素直に振り返ると共に、うい結成から裁判提訴とここまできてしまった自分を語り、「この時代に生きて何も言わなかったら、今の私でいる価値がないと思うから」と結んだ。

最後にういの友延博子さんは、学生時代の部落解放運動との関わりから始まり、被告校長の「日の丸」掲揚（運動会から学芸会、遠足までありとあらゆる行事に掲げようとした）に抗議の意思を表明し続けたことを、克明に陳述した。どの原告も一〇分足らずだが、自分の思いを巡らせながら準備してこの場に臨んでいる。絶対に時間を確保することは譲れない。傍聴から拍手が沸いたことは言うまでもない。

■裁判長から認否の必要性を被告へ指示

陳述後、裁判長から被告に対して「具体的な認否を出す予定はないのか。裁判所としては出してほしい」旨が伝えられた。被告は相変わらずとぼけて「あれで十分と考えている。どういう意味か分からない」とまで言う。「法律的な主張は追加する」などと言っていたが、裁判長としては私たちの意向も含めて、最低限の認否の必要性を感じており、早急に認否だけは出してほしいと重ねて被告に要求した。

原告としても、「認否がされないままでは今後の主張の整理ができない。争点を明確化して必要な書面を準備する必要がある。早急に認否してほしい」と主張して終えた。これでもまだ被告は応じるかどうか分からない。私たちとしては、再度認否を求めて裁判長に釈明権を行使していただきたいと思っている。

今回追加された被告準備書面の内容はどういうものだったか。

被告の本件職務命令「国歌斉唱時には起立して心を込めて歌え」の法的根拠は、学習指導要領以外なにもないことはわかりきったことだ。今回もったいぶって出してきた準備書面の内容は、一九八五年以降の指導要領改訂の流れを「道徳」「特別活動」「社会化」「音楽」などの「国旗・国歌の取り扱い」の部分を引っ張り出して記述し、さらに「学習指導要領の法的性格」として「学習指導要領は、政令及び省令と同様、法規としての性格を有するものであり、学校が教育課程を編成するに当たっては、これに従わなければならない」と主張する。私たちは、学習指導要領の法的拘束力について争わないとは言わないが（いくらでも争っていいです！）、学習指導要領のどこに「卒・入学式に国歌を起立して心を込めて歌え」などと書いてあるのかと問うているのだから、ハナから話にならない。私たちは、職務命令の違法と教育内容における強制・命令を問題にしている。

さらに、第二点として私たちがこれもまた訴状において主張していないのであるが、「日の丸」が国旗であるか「君が代」が国歌であるかどうかの法的根拠の有無。これについては大した内容はなく、結局どちらも「慣行と国民の認識が既に形成されており、慣習法として成立している」と恥ずかしげもなく答弁しているだけである。まあ、どちらの主張も全面的に争うことにこちらも異存はないが、あまりの陳腐な準備書面に、こんな奴らに処分されてるんだと改めて悲しいものがある。

■被告はなぜ認否を避けるのか

原告の言いたいこと＝主張は、訴状にほぼすべてがコンパクトにまとめられているといって過言ではない。練りに練った訴状には、骨組みではあるがほぼ原告らの主張が整理されている。この訴状に対して被告が認否を避けているのは、原告が争いたいと考えていることにそっぽを向いているということだ。

訴状「本件に至る経緯」において主張した、戦前戦中に「日の丸・君が代」が果した役割だとか、戦後民主主義において教育改革が行われたこと、日教組も「日の丸・君が代」に反対し闘い、その弾圧の道具として「日の丸・君が代」強制があったことなど、これらを一切無視したいのだ。原告の土俵にのれば被告の負けは明らか。まずは、相手の土俵にのらないことしか勝ち目はない。逆に言えば、私たちは原告の土俵にのせることが最重要課題なのだ。

＊

報告集会の時も話したように「君が代」裁判のつもりで傍聴にきたのに、「君が代」のことが出てこないと思われる傍聴の方もおられるかもしれない。しかし、裁判はそんなにあまいもんやない！福岡まで出てきて一時間も傍聴できるだけでもありがたい⁉とおもわなきゃねというのは冗談だが、普通なら弁論なんて何言ってるか分からないうちに二、三分で終わるもの。ところがこのココロ裁判では、原告だけでなく被告も裁判長までもが言いたい放題！　傍聴だって我慢しなくていいんだよ！　退廷や監置くらっても責任はとりませんが。

裁判所の心証なんてそんなもの、ただの幻想と言い切っていいかどうかは知らないが、私たちは少なくとも裁判所に媚を売るつもりはない。裁判所が私たちの顔色を伺うようになることを目標としている。本人訴訟＝素人ということで今一つ不安を感じるところは傍聴の方だけでなく原告自身だって同じ。しかし、みなさん、ご心配なく。弁護士だって同じなんだから、そのうち、あっと驚くような準備書面などを提出して、どんどん被告を追い込んでいきますから……。見守ってください！　ご批判もください！

第三回弁論――被告をちょっと追い詰めたぞ！――一九九七年九月一七日

■事前に被告準備書面（2）の提出

前回弁論において、裁判長から「認否だけは早めに」と念を押されていた被告、また原告側も書記官を通じて何度か認否の意志があるのかどうか確かめながら催促をしていたところ、八月一二日付けで被告準備書面（2）が弁論一か月前に出された。が、その内容は、なんとしても「認否」を避けたいという趣旨のものであった。

「第一項　原告請求原因に対する被告主張」から、原告への予断と偏見に満ちた部分を引用する。

「原告らは本件においてもしかるところであるが、北九州市人事委員会における懲戒処分取消請求事案の口頭審理の場及び被告北九州市教育委員会に対する抗議行動等その活動において独自の思想を展開させているが、その主たるものは『現行天皇』の否定である。原告らは『日の丸』を掲揚し『君が代』を斉唱することが明治憲法下における天皇制国家主義を復活させるものと主張し、これに対する嫌悪感をあらわにし学校行事にこれらを実施することについてことごとく反対している。……………右原告らの独自の思想につき、これを何度抗議行動等で繰り返し、教育行政機関に押し付けようとしても、それが受け入れられる余地は一切ないものである」。

これだけ読んでいただければ、ほぼ、被告の言いたいことは分かると思う。

続く第二項、第三項では手前勝手な法律解釈で「起立して歌え」という職務命令の正当性？を縷々述べているがこの場では省略する。このような子どもじみた準備書面ではあるが、これまでだんまりを決め込んでいた市教委から、法廷の場に公的見解を出させたことは意義深い。

真夏の暑いさなかに出てきたこの書面、暑さに耐えながら検討を重ね、次回弁論への書面作成へと移った原告らであった。

■さらに、認否と釈明を求める

第三回弁論では、原告準備書面（２）（被告の釈明及び挙証責任追及）を提出し、この被告主張を弾劾した。

「（被告主張は）何ら事実に基づかないものであり、果たして被告はこれらの主張を今後の審理の過程の中で立証しようという意図があるのか疑わしいものである。立証の予定もないことを主張することによって、原告らに対し予断と偏見を与えようとする意図であるならば、アンフェアーな手法であると言わざるを得ない」と、上記被告主張を黙って見過ごすわけにはいかないので、弾劾の意味を込めて主張。

被告が認否並びに反論を避けているのは、とりわけ請求原因における「日教組及び福教組の活動」「原告らの活動」についてである。本裁判は、「君が代」強制＝職務命令の違法性を真っ向から争うものではあるが、本件処分の底流にながれる市教委の意図は「君が代」強制に反対するものたちへの弾圧にほかならない。一九八五年文部省の「徹底通知」以前は「不起立」への処分はなく職務命令など出されることはなかった。被告らが「学習指導要領」を盾に処分の正当性を主張しようとも、その本質は隠せない。全国でも異例の「不起立」処分のねらいは、「君が代」強制に反対する組合員であり、原告らである市教委の「指導」に従わないものたちへの差別取り扱い＝弾圧なのだ。私たちはこのことを請求原因において主張し、これを大きな争点と考えている。しかしながら、被告はこのことに触れることを嫌がり認否を避け続けている。

不当労働行為性についての認否は今後の審理において決して欠かせないものであり重要な争点であるが、被告が答弁書や準備書面に主張する処分の「正当性」にも見逃せないものがある。被告らの「指導」の根拠となる文部省通知や市教委通知、そして「四点指導」という北九州市独自の指導内容について不明な点を求釈明。これに対する釈明と認否が明らかになったうえで、原告らの詳細な主張を準備することとした。

■被告はすべてを拒否？

開廷するや否や、本日提出の書面の説明もする間もなく被告はそれに対する反論を述べた。「認否は終わっている。これ以上の認否は必要ない。答弁書でも述べたが具体的な認否がなくても原告らが主張すればすべて争うつもりである」。さらに求釈明についても、「一切答えるつもりはない。立証のなかで明らかになることであり、原告らが主張すべきことである」というようなことを一気にまくし立てた。

予定されたシナリオ（?）と違った順序と被告のまくしたてる早さに面食らいながらも、裁判長の「じゃ、原告の方、言いたいことがあるんでしょ」みたいな誘導に救われて、簡単な書面の説明と被告の答弁に対する切り返しを開始して、自分たちのシナリオに戻すことに成功。今回も各原告らが「認否」の必要性、不当労働行為性が重要な争点であること、裁判所に対しては民訴法一二七条釈明権行使なども含めて縷々述べることを貫徹。次々に手を挙げて発言を求める原告らに草野裁判長もまるで「学校の先生」のように「はいっ、じゃあ次はそこの人」みたいな調子で発言を許容。被告もそのペースにまきこまれて、こちらの発言の途中に割り込んで草野裁判長に叱られたりして……。

最終的に「認否」についての裁判所の考えは「どうしても被告が認否をしないと言うのであれば、それは審理を進める上で絶対とは言えない。今の時点で釈明権を行使するつもりはなく申立てをされても却下せざるを得ない」となった。しかしながら、被告に対して「今、弁論で言ったことを書面で提出して残しておいてください」と念を押して終わった。原告による「釈明権の行使申立」の一言は裁判所にも被告にも結構効き目があったようだ。これによって、被告に認否しないことの理由としての書面を出すことを約束させるよう裁判所の心を動かしたのだ。

■法廷に譜面台!?——導寺、山根、石尾が陳述

今回も長い弁論のやりとりに予定時間を大幅にオーバー。裁判長も「四時半には次の弁論が入っていますから」と急いでいたが、結局五時近くまで陳述が続いた。今回の陳述は、導寺孝暁さん、山根弘美さん、石尾勝彦さん。これで三回目の意見陳述の場となるので、みなさんこれまで二回の反省を生かして時間を気に

することもなく堂々たる陳述。

今回は導寺さんが仏教徒の立場、石尾さんがクリスチャンの立場と、期せずして宗教的陳述（？）が続いた。導寺さんはいきなり浄土真宗の経典から「お経」が抜粋され、ここで導寺さんのお経が聞けるかと一瞬傍聴席の期待が高まった。山根さんは、新規採用以来「不起立」を続けるなかで今年初めての文書訓告処分を受けたこと、最初の校長から不当配転を命じられたこと、「起立して歌っていない人」との差別取り扱い性などを淡々と述べた。石尾さんは最後の出番だったが、原告席に知らぬ間に譜面台を持ち込んでいた。「腕が上がらないため」とか言ってたが発声をよくするためかなと思った。まあ、こんなことも一切裁判長から咎められることもなく、本当に三人とも堂々としたもの。傍聴席の拍手も定着！ですか。

次回はどう攻めるか？

弁論からほんの二週間後、裁判長からの宿題であった被告準備書面（3）が出た（一〇月二日付け）。意外な早さに小気味よさと不気味さを感じるが内容は大したことはない。

「訴状記載の請求原因に対しては、被告らは、答弁書をもってすべて認否している」。冒頭、いきなりこれである。「これに対して『これは認める、これは否認する』と認否しなければ本件審理が出来ないということは全くない」「原告らがこの項目で述べるところは、本件職務命令、戒告等の処分と全く関連性がなく、認否の限りではない」と、弁論で言ったことそのまま以上に露骨に書いてきただけのこと。これで、被告が不当労働行為性について争うことを避けていることがより一層あきらかになったと言える。今後の原告らの主張にかかっている。

求釈明についても、市教委の「指導」についての二点に対して「もし、原告らが被告ら準備書面記載以上の詳細なものがあるので、その指導が違法であると主張するのであれば、それは原告らの主張、立証すべきところであって、被告らがこれに手を貸すべきなどというのはもってのほかである」という前提で何ら釈明に答えるつもりのないことを明らかにした。被告らは「被告準備書面記載以上の指導」＝「四点指導」を自ら明らかにすることをさけている。これは明らかに憲法違反であることをさらけ出したくないからにほかならない。

＊

これで「認否」をさける被告の意図が裁判所にも分かりやすくなったことだろう。次回はなお一層そのことを明確にするために、原告らが戦後日教組の果した役割やそれへの弾圧をはじめ、被告市教委の不当労働行為性について詳細な準備書面を提出する予定だ。その上で被告の認否・反論を促そう。また、求釈明事項であり重要な争点である「四点指導」についても、本来被告が主張・立証すべき事項であるが、被告を追い詰めるためにもこちらから事実を主張していくことになる。意見陳述もまだまだ続きます。

■傍聴感想記――教える教師を批判できる力

洋の東西を問わず政治も宗教も不寛容な今の世に、仏教徒、クリスチャン、非宗教者各人が、その信条を率直に述べつつ呉越同舟というのがよいですね。この日の陳述は、聖書あり、お経ありと賑やかかつ個性的でした。裁判官という人種は、あのけったいな法服にふさわしく無愛想でお堅いのが相場です。ところがこの日の裁判長は、原告三人の陳述が予定時間をはるかオーバーしても、途中せかすことも遮ることもなくじっくり最後まで聞くし、原告からの請求原因に対する認否を回避し、求釈明にも黙りを決め込む被告教育委員会に対しては、多弁を費やして何とか原告との間をとりもとう（？）とするなど、珍しい訴訟指揮ぶりでした。原告陳述の中身の濃さとその心情に打たれてのことでしょう。

私は戦時中の皇民化教育にどっぷりと染め上げられて「生キ神デアラセラレル天皇」の下、他の国とは違う「神国日本」は最後に必ず勝つと信じていた「少国民」でした。日々、負け続けに負けていることはサイパン、アッツ、硫黄島、沖縄と「玉砕」につぐ「玉砕」が新聞ラジオで報じられ、内地でさえ連日、町や村が空襲を受け焼けていくのを見せつけられているので、ひしひしと身に感じており、「これでどうやって最後に勝つのだろう」と子供心に不思議に思っていました。そしてある日、突然の敗戦。国民学校四年生の夏でした。日本の加害性に心底気づくのはそれから十数年（数十年かな）後のことです。悪名高き治安維持法、特高、すべての政党を吸収した大政翼賛会、大本営発表をそのまま載せるマスコミ、国民相互の監視網――警防団、国防婦人会、隣組等々、いろいろの装置が、よってたかって作り上げた「大日本帝国」でしたが、そこで教育が果たした役割もまた、非常に大きかったと思います。

自分でものを考えることの大切さ、それを助ける教育、「教える教師を批判できる力」を身につける教育が大切だと思います。職員会議で自由に討議し圧倒的多数の教師が、「君が代・日の丸」に反対の意思表示をしても、最後は校長の独断でそれが踏みにじられ、式当日「日の丸」が掲げられ「君が代」が歌われる現実が既に復活しています。「戦争の手引き書（日米ガイドライン）」や、国民全てを監視する「盗聴法」が国会で決められようとしている世の中です。「私は自分自身でありたいから、今ここにこうしている」という、この日の原告の一人の陳述に私は深い共感をおぼえます。ういのしたたかでユーモアのある闘いに連帯し、私も私の場で、今の世のあり方に抵抗していきたいと思います。二度とアジアの人々の加害者とならないためにも。

（坪井秀雄／反戦・反核・反原発を考える会）

第四回弁論――原告ペースでスマートな法廷？――一九九七年一二月二二日

■不当労働行為性の主張――原告準備書面（３）を提出

前回の法廷で、「そんなに認否しないなら、私らの方から主張を展開していけばいいんでしょっ！」とばかりに大見えを切ってしまったので、何とか不当労働行為性の大元だけは主張しなければと、原告準備書面（３）（「日の丸・君が代」の強制と闘いの歴史）を必死の準備。この私が『福教組四十年史』を熟読するハメになるとは……。何とか弁論前日までに、全三四ページにわたる書面を提出。

原告一七名の日教組との関わりは個々それぞれである。しかしながら、日教組が戦後民主教育のみならず労働運動の先端で闘っていたことは歴史上の事実である。評価はさまざまであるが、本裁判において本件処分の不当労働行為性を主張するにおいて、弾圧の歴史をなくしてはあり得ない。というような趣旨で「今は亡き」日教組の闘いの歴史を繙くこととなった。

今回の弁論では、第一に述べた「処分の適法性の挙証責任は被告にある」との原告主張を、原告の友延さんが、改めて指摘し裁判長に訴えた。裁判長は、「素人」の指摘に「行政訴訟における挙証を被告から行うことは、一般的に言えることである」というようなことを答え、一切の立証、釈明を逃げる被告に一石を投じる結果となった。草野裁判長は、原告らの意見を禁ずることなく、さらにはその内容を誠意をもって受けとめ答えるという真摯な訴訟指揮を維持している。これも積み重ね。今後も継続して釈明を求め、被告が積極的に主張、立証するよう求めていきたいと思う。

■現場の実態が赤裸々に——原、稲葉が陳述

これまで原告が三人ずつ陳述していたが、もったいないという声もあり、今回は二人の陳述にした。今回の原さん、稲葉さんとも自らの現場での様子をありのままに語り、人柄も現われた気持ちの良い陳述となった。二七年という長い教職歴を持つ原さんは、さまざまな教員や管理職と出会ってきた中で、始めのころの校長が自分の意見を尊重してくれたことをなつかしく思い、今の、職務命令としか言えない校長らに象徴される「自由のない公教育の場」の現状を訴えた。

一方稲葉さんは、数少ない三〇代の原告。最近になって「君が代」斉唱時に着席を始めた人。今の教育現場で、とりわけ中学校における生々しい管理の実態、遅刻調べ、服装検査などの校則にとらわれた日常の管理、それがそのまま卒業式に象徴されていること。稲葉さんの持ち味である温かい感性でもってそれらに抵抗してきた結果、彼女は校長の強い口調の命令に従えなかったと語った。

毎回の一人一人の陳述者の声に、裁判所は、被告は、何を思うのだろうか。何かを思ってほしいと願っている。

＊

既に意見陳述で明らかになっている面もあるが、次回は北九州市教委における弾圧の歴史を展開の予定。各原告の弾圧（＝処分）との闘いの歴史を具体的に展開する予定だが……。う〜ん、筆が、筆が、すすまんぞぉ〜。

第五回弁論――「四点指導」を認めず、釈明を拒む市教委！――――一九九八年三月四日

■格調高い弁論を維持してます――準備書面（４）陳述

原告主張の不当労働行為性どころか、自ら毎年行っている卒・入学式に際する「四点指導」についてすらその事実を明確に認めず、明らかにしようとしない被告に対して、その強制性の違法の極みを思い知らせるための準備書面（職務命令の戦後教育法制における違法）を陳述。まずは、「はじめに」で格調高く、かつ皮肉をこめて。

まず、準備書面の「第一、はじめに」を全文掲載する。

一　本件で問題にされるべき「君が代」斉唱強制――内心の自由「思想良心並びに信教の自由」の侵害

原告らは、「君が代」そのものについても、それが天皇制イデオロギーを強く具有するものであり、国民主権と矛盾し大いに問題があることを主張してきた。

しかしながら、原告らは「君が代」それ自体の意味・内容・解釈についての判断を、裁判所に求めることを本件訴えの主目的としているわけではない。原告らが、裁判所に対し判断を求めることの主要な柱は、公立学校の儀式において、「君が代」を国歌として斉唱させることの適法性である。右は、公権力（国家）が一定の思想・信条（国家にとって都合のいい）を国民に押しつけることにほかならず、本件職務命令すなわち「国歌斉唱時には起立して君が代を斉唱すること」は、国民の思想および良心の自由を定めた憲法第一九条に違反するとの明確な判示を求めるものである。

国民が歌を歌うこと自体は、国民の精神の自由に属する事柄であって、公権力がその内容を規定したり、ましてこれを市民に押しつけたり、強制すべきものではないことは、近代国家における根本原則である。我が法体系の根本原理としての個人の意思の自由の尊重は、内心の自由を中核としており、その現れとしての日本国憲法の保障する「思想良心の自由」や「信教の自由」は、公権力が個人の良心に介入し、個人の政治的・宗教的信念の表出を強要し、或いは抑圧することを「強制」として排除するものである。我々の社会の公の秩序は、個人の思想・良心の自由、一人一人の価値観の多様性にこそ最大の価値を置いていることを想起すべきである。

今や、既に日本政府も批准した国際人権（自由権）B規約においても「思想良心及び信教の自由」は、「たとえ国家の存在自体が危殆に瀕する場合であっても、権利保障を停止することはできない」と謳われた、最優先されるべき人権として保障されているのである。

原告らは、本件職務命令が公権力による思想良心並びに信教の自由の侵害であり、個人の自由意思を中心に組み立てられた我が法体系の基本原則・法秩序に真向から挑戦する公序違反の暴挙であり、違法中の違法の極みであると主張するのである。

被告北九州市教育委員会においては、「公務員に思想信条の自由はない」「信念だけを主張されても困る」との暴言がまかり通る程度の認識であり、人権「後進国」の汚名を地でいく最低の人権意識の水準であることを付言する。

前回は書面の一部をはしょって読み上げたが、今回は、「ゲルニカ不当判決＝草野判決」（福岡市の小学校の卒業式で、それまでなかった「日の丸」が掲げられ、子どもたちの描いたゲルニカの旗がステージ正面ではなく、体育館の横に貼られてしまったことにたいして、子どもたちが異議申し立てをした。この子どもたちを「煽動した」ということで、担任であった井上龍一郎さんが懲戒処分（戒告）を受けたのが「ゲルニカ事件」である。九八年二月二四日、草野裁判長は全面棄却の判決を出した。）に対する怒りも冷めやらぬ三月四日の法廷であったため、被告のみならず裁判長にも「怒り」を込めて書面の全部を一字一句もらさず読み上げた。草野裁判長は、真面目に聞いていたようには見えた。

本来被告が主張すべき「四点指導」の具体的な指導の実際について、原告らが知りえた情報によって（具体的には情報公開請求で手に入れた「国旗・国歌に関する通知」や調査票・「子どもの不起立に至るまでの調査」等）主張したのであるから、それについて当然反論なり、認否なりをするべきものだ。被告はこれまであくまで「これですべてで〜す」みたいな顔をしてきたのだから。教育行政の強制についての法律論についても、被告らがアッタリマエの顔をしてなしてきた「君が代」斉唱強制の指導・命令に及ぶ言動、行為に大きく歯止めをかける主張であったはずだ。教育行政の基本原理において現在注目されているところは「法律主義」であり、さらにその特徴的なものは「指導助言」行政であるということ。少しは法律を勉強してほしいね。

これを受けて草野裁判長は嫌がる被告に向かって、「まっ、とにかく、何か書面で、何らかの形で釈明なり反論なり、出すように」と念を押した。当初からの懸案事項であり獲得目標である「被告からのきっちりとした釈明・反論をとる」に、一歩近づいた。立派な書面をお待ちしましょう。

■個性あふれる語り――藤堂、井上が陳述

藤堂さんは用務員さんであり、現在、北九州がっこうユニオン・ういの委員長。陳述は、天皇ファンの子どもだったころから始まり、青春時代の変わり目として高校の卒業式にささやかな抵抗として友達と禁じられた色物の靴下をはいて、「君が代」は座ることをしらず口を閉ざすだけだったこと、町工場で働いていた頃、障害者の介護活動を続けてきたこと、そして、市職員として採用された後、「君が代」を用務員として拒否したら教員と同様に処分を受けてきたこと。淡々とユーモラスに語りながら、最後は「肉体労働の対価として税金から賃金をもらっていますが、こころの中まで売り渡した覚えはありません」と結んだ。

井上さんは、教員になってから「同和」教育や組合活動を通じて、「君が代」強制の問題を考えるようになり、これまで出会った多くの校長との関係で「君が代」斉唱にだけは、頑なに命令を固守する校長の職務命令の不当さ、そして、席を外しただけで処分を受けたことも含めて陳述した。

＊

現在は、被告の釈明文書が届くのを待っている。どちらにせよ、まだまだ、原告主張は続く。「国旗・国歌論」「被告市教委並びに校長らの違法な強制・命令・監督の事実について」展開する予定だ。

第六回弁論――被告が「四点指導」を認める――一九九八年六月二日

■「日の丸」は国旗でない、「君が代」は国歌でない

三人の原告が、準備書面（準備書面（5）「日の丸・君が代」に法的根拠はない）の全文を法廷で読み上げた。「日の丸・君が代」が「国旗・国歌」でないことの議論を、これまで多くの人が積み上げてきたし、私たちも学校でのあらゆる議論の場で提起してきたつもりだ。しかしながら、校長の一言で「日の丸」が掲げられ「君が代」が流れ、それに抵抗する気力の失せた職員を前にして今さら……という無力感が、この論議を消失させてしまっているのは現実だ。本件も「君が代」強制論が大きな柱ではあったが、被告が「日の丸」は「国旗」とのつまらぬ「法的根拠」（太政官布告）などを持ち出したものだから、それならきちんと反論しようと詳細な弁論を準備した。

一時間近くの陳述に傍聴者のみならず、裁判所もしっかり耳を傾けていたし、被告もうつむいたままだった。私たちは確信をもって弁論を終えた。私たちが圧倒したのだと実感した。

■支離滅裂、弁解だらけの被告準備書面（4）

懸案となっていた被告北九州市教育委員会の「四点指導」に対する釈明を、裁判長からも請求されていた被告は、今回書証とともに書面を提出してきた。毎回、原告の主張に対する「認否」を避け、自らの「立証」

責任すら逃げようとする被告を、じわじわと追い詰め、ずるずると化けの皮を剥がしていっている。とうとう、準備書面（4）まで出させる結果となり、出せば出すほど墓穴を掘っているのである。

原告側は、被告の挙証責任を追及するため一切の書証も出していない。追い詰められた被告は、「一九八五年八月二八日付文部省初等中等教育長高石邦男による徹底通知」を出してきた。それを受けた北九州市教育委員会による「通知」文もである。一〇年以上も前の通知文を処分の唯一の根拠として後生大事に保管していたのだろう。

さらに、準備書面（4）において、「この『徹底通知』を受け、その内容と学習指導要領の趣旨を斟酌した結果、北九州市立学校に対して、卒業式及び入学式における国旗及び国歌の取り扱いについてこれを適切におこなうよう文書若しくは口頭による指導をおこなうことを決定したものである」として、「これらの指導のうち、口頭によるものの内容は次のとおりであり、これは、例年、卒業式及び入学式前の校長会においておこなわれる」とあり、以下、「四点指導」が記されている。

本件通知に基づき、このような「四点指導」をなしていると主張しながら一方で、「文部省と被告北九州市教育委員会は、各々独立した国及び地方の機関であり、文部省による本件通知が、被告北九州市教育委員会にとって法的に何ら拘束力を有するものではないと主張する。

さらに、「教育委員会は管下の学校に対する管理権を有しており、教育委員会は、この管理権に基づき、各学校に対して国旗及び国歌の取り扱いについて、職務上の上司たる立場から職務命令を発することも可能ではあるが、被告北九州市教育委員会は、本件において管理権の発動たる命令はおこなっていないものである」と、自らの命令でないことを主張し、その違法性を問われることを避けているとしか言いようがない。

しかし、文部省の通知や「四点指導」については認めざるを得ない被告も、原告の主張する、

①内心の自由「思想良心並びに信教の自由」について
②処分の不当労働行為性について
③「指導」と言う名の「強制・命令・監督」の違法性について

などについては、「原告らの主張は独自の見解によるもので到底容認され得るものではない」とし、原告らの「主張・立証」を待つのみの被告。「争う」の意味は、反論することではないかと思うのだが、それをせずにただ、原告の主張に対して「争う、すべて争う」ばかり繰り返しているだけ。ちょっと、情けない準備書面でした！

■「カオル裁判」原告として――牟田口が陳述

いつも原則的に闘う牟田口さん。「カオル裁判」の原告でもある。期待の意見陳述もやはり原則的なもの。なぜ、「日の丸・君が代」にこだわってきたのか、その自分自身の認識を子どものころの体験から、大阪府での教員時代、そして北九州市での管理的な教育行政の下での「同和」教育や障害児教育にかかわりながらの体験を率直に語った。「……悔しさをバネに自分なりに学習していきました。歴史的、科学的、社会的、法的な側面、そして違和感、嫌悪感がどこからくるのかということを……。……北九州で教職にある二〇年余り、ずっと『君が代』のことを考え続けてきました」。その場面場面において牟田口さんが「君が代」にこだわり葛藤してきたことがよく分かり、彼女が自分自身の生き方を一歩一歩踏み固めていることが伺えた。

＊

弁論だけとはいえ、常に一時間強の法廷はなかなか圧巻（自画自賛！）。草野裁判長も進行を急ぐ様子もなくただ一言、「では、次回期日は？」と尋ねるのみのゆったりとした原告ペースの弁論が持続している。次回は、被告書面に対する反論も含めて、学習指導要領の法的拘束性、市教委の強い「指導」に基づく校長の職務命令の実態を事実に照らして主張する予定だ。翌日はお休みです！　ぜひ、遠くから近くから傍聴をお願いします。

第七回弁論——市教委「君が代斉唱は管理権に基づく命令」——一九九八年九月二二日

■学習指導要領は本件「君が代」処分の法的根拠たりえない

前回提出された被告準備書面は、読み返せば読み返すほど怒りが増して、ない知恵を絞るにも力が入った。「起立して心を込めて歌うこと」など学習指導要領のどこにも示されていないわけで、そもそも争点になるものではないというのが、私たち原告の考えだが、「君が代」強制のための処分や職務命令の「法的」根拠を学習指導要領にしかもたない被告市教委への反論として、学習指導要領の法的拘束性の問題を取り上げないわけにはいかなかった。

また、文部省の通知や学習指導要領を根拠としながらもそれが無理であると察知している被告は、地教行法に基づく管理権をもって、教育委員会が命令を発する権限があるかのような主張さえなしている。要するに、戦前の特別権力関係論そのまま、「上司の命令」には絶対服従しなければならないという暴論だ。そういうわけで、以下のように、大阪高裁判例（日の丸処分裁判）を引用した準備書面（6）（学習指導要領に法的根拠はない）を陳述した。

被告北九州市教育委員会による本件「四点指導」の違法性を、被告の根拠とする①学習指導要領が法的根拠たりえないこと、②北九州市教育委員会による「指導」と言う名の「強制―命令」、③地方教育行政法に基づく管理権との暴論、に至るまで詳細に反論してきた。さらに、前記大阪高裁判決においては、「卒業式等における国旗掲揚が、思想・良心の自由を侵害するか」について、

「卒業式の式典の場に日の丸が掲揚されたからといって、その式典そのものが、日の丸に対する一定の観念ないし思想に賛同の意を表明するために開催されることにはならないし、出席者が、そのような観念に賛同の意を表することになるものでもない。したがって、国家や地方公共団体が、教師に対し、その職務行為の一環として、日の丸の掲揚された式典の場に出席し、その式典の事務運営をする義務を課したとしても、国旗に対して敬礼させるなど、国旗に対する一定の観念を告白させるに等しい行為を強制する場合は格別として、そのことだけで、ただちに当該教師の思想及び良心の自由を侵害する強制行為があったとすることはできないというべきである。もっとも、前記のとおり日の丸については、なお国民の間に激しい意見の対立があるのは事実であり、これらの対立は、個人の思想、信条にかかわる問題であるだけに、日の丸に対する敬意の強調が、思想及び良心の自由を侵害する強制とならぬよう、慎重な配慮が望まれるところである」と判示する。

現在の裁判所の最低限の良心であるこの判示に基づいてさえ、被告北九州市教育委員会による本件「四点指導」は、明らかな「思想・信条・及び信教の自由」を侵したものと言える。憲法で保障された

個人の思想・信条及び信教の自由が、一学習指導要領によって拘束されることなどあってはならないし、到底許されることではないが、「教育の国家統制」とは「思想の国家統制」に外ならないことを本件は示しているのである。

■「四点指導」の実施状況を調査する市教委

弁論の最後に求釈明を行い、「四点指導」は校長会において口頭のみでなされているのか、否か。調査票（四点指導の内容について文書で報告を求めている）の存在について、文書の開示を求めた。

被告代理人は、「指導が口頭ではなくて文書だったら違法性が強まるとか、そういう主張をされた上で、釈明をするかどうかについては、云々……。ブツブツ」と裁判所に対して抵抗をこころみていたが、裁判長は、「とにかく、釈明は書面で、書面で出してください」と押し切り（?）、被告は次回までに釈明をせざるを得なくなった。できる限り、被告に主張・立証させていきたいと思う。

これまでも再三主張してきた戦後の教育法体制、とりわけ教育基本法第一〇条「教育への不当な支配禁止」だが、準備書面を作成する過程においても、法廷で口頭で読み上げることにおいても、このように繰り返し主張することによって、教育基本法が「絵に描いた餅」でないことを自ら確信できるようになるものだ。現場では、市教委や校長だけでなく、現場で働く私たち自身が、日常の慣習や人間関係といった訳の分からないもので、法律を云々する以前に「教育の自由」をなし崩しにしてしまっているのが現状だ。

法廷で書面を陳述することを通して、日常の現場の空気の中に、憲法や教育基本法のもとに「公教育」があることを、そして「教育の自由」は築いていくものであることを吹き込んでいければと思う。

■「自分に自信と誇りをもって」——佐藤の陳述

今回の法廷は事前に裁判所の都合でいつもの一時間の設定を三〇分にしてほしい旨の要請があったが、結局準備書面の読み上げと佐藤さんの意見陳述を終えたときは、四時をはるかにまわっていた。裁判所は、当初に比べれば本当にゆったりとしたもので、原告も余裕をもって最後まで陳述ができるようになった。

佐藤さんの陳述は、子どものころの生活環境を隠していた自分が教師になって「同和」教育—解放運動と出会い、部落や在日の方のたたかいによって自分の生き方にも自信や誇りがもてるようになったことを、とつとつと語った。そして、最後に市教委が逃げ隠れすることなく、原告らの「不起立」行為の違法性を真っ向から主張するよう訴えた。

＊

緊張した法廷の中で、被告でも裁判所でもなく、傍聴に駆けつけてくださったみなさんが、熱心に陳述に耳を傾けてくださることに、いつも感謝している。今回は、神奈川県逗子市から「ゴラン高原ＰＫＯ派遣違憲訴訟」の原告団長をされている信太正道さんが、ふらっと法廷に現われてくださり、最後までお付き合いくださった。何度も「勝訴を確信しています」と励ましてくださり、心強い思いをした。本当に、ありがとうございました。

さて次回弁論は……「学校現場に内心の自由を求め、『君が代』強制を憲法に問う裁判」としては、何ら法的根拠のない「君が代」強制の違法性を憲法に問う。公務員であろうが、学校労働者だろうが、一人の人として守られるべき権利があり自由がある。いや、学校労働者であるからこそ、守る義務がある。このことを、もう少しきちんと主張していく予定だ。「内心の自由—思想・信条・信教」がなぜ必要なのか、「君が代」

強制がなぜ違憲なのかを。

第八回弁論――市教委「四点指導は口頭のみ、文書はない」――一九九八年一二月八日

■被告、文書による釈明を拒否

前回被告は、「四点指導」は口頭のみか、文書でも存在するのかという原告の求釈明に対して、裁判所からも、あるなしに拘わらず書面での釈明を求められていた。しかしながら、被告は弁論の冒頭、書面すら準備しておらず、口頭で「調査した結果、文書は存在しない」との釈明をし、「文書では出す必要がない。調書上記載してもらえばよい」と開き直った。裁判所の強い要請をも拒否する被告は、「四点指導」の違法性を認識しているからに外ならない。自らの「指導」に責任をもたず、それを根拠に処分を乱発する市教委の実態はより赤裸々になったわけだ。「文書は存在しないこと」は調書に記載されたが、「四点指導」の実態は、本質は何なのか、法的根拠はいったいどこにあるのか、今後も追求していく。

■国家は「内心」に介入できない――準備書面（7）の陳述

今回、本裁判のメインテーマである「学校現場に内心の自由を求める」ことの核心を展開した。「国歌斉唱時には起立して心を込めて歌え」、こんなことが、ほんの一枚の紙切れを根拠に、国家による強制―命令

―処分をともなって強行されているのだ。

この事実が、一見明白にして憲法に反する違法な職務命令であることが、なぜこの国において根付いていないのか、これが主張の核心でもある。この国において、「思想・良心の自由」とか「表現の自由」「信教の自由」といった個人の精神的な基本的人権が確立されているならば、そもそもこんな命令―処分がありうるはずがないのだ。「個」があっての「国家」であること、「人間の命は地球よりも重い」といった人権感覚が、言葉だけに終わり、実際にはまったく根付いていないことを強く感じる。

今回の主張（準備書面（7）本件職務命令は内心の自由侵害）は、まだまだ私たち自身に身についていない人権意識の問題も孕んでいるが、アメリカなどの判例や国際人権規約などを引用しながら展開した。

■今回の陳述で最終となりました――竹森が陳述

今回は、日本基督教団社会委員会の福岡での会合や「Tシャツ訴訟」（東アジア反日武装戦線の大道寺さんと益永さんの獄中との外部交通を争う裁判。本人訴訟の先輩である）と重なり、傍聴席はなかなかの満杯だった。傍聴席が埋まっていると、やはり被告との攻防もつい力が入るし、弁論全体に気合いが入る。そして何より、被告への圧力となった。

今回は私（竹森真紀）の意見陳述。裁判所向けのカッコツケ文書であるが、ある意味では私の一面ではあるし、私のことを知らない方にも、ようく知っている方にも聞いてもらえてよかった。陳述が終わって、満杯に近い傍聴席から大きな拍手が沸き起こった。私たちの仲間が、裁判所の制止を知りつつ拍手をしてくれることはとてもうれしいもの。心よりありがとうございました。これで、原告一七名の意見陳述が終わり、どの原告の意見陳述も感動もので好評だったので、これを区切りに「意見陳述集」をパンフとして販売することにした（『とおくまでいくんだっちゅうの』一九九九年二月発行、一〇〇〇部。のち、五〇〇部増補して『まだまだとおくまでいくんだっちゅうの』）。発行の際は、ぜひ、お買い上げくださいますよう、よろしくお願いします。

＊

被告代理人は、原告が重ねる重厚な?弁論に苛立ちと焦りを感じたのか、また、毎年度重なる処分について、九七年以降の処分についての「請求の趣旨の追加」を行う必要を裁判所に求めたこともあり、「だらだら弁論を続けても困る。いったいいつまで続くのか」との暴言を吐いた。被告自ら引き起こした処分の責任を顧みず、暴言だけは一人前。許せ～ん！

次回は、冒頭述べた「文書はない」発言への弾劾処分を提出する予定。次回は、卒業式を直前に控えた時期となる。被告へのプレッシャーも含めて、近くから遠くからこぞって傍聴よろしくお願いします。

■傍聴感想記――スキップ踏んでどこまでも行こう

ココロ裁判の傍聴は三回目目です。毎回傍聴できていないので、弁論の流れはよく把握できていないこともあるのですが、原告団一人一人の意見陳述を楽しみにして、高速バスで往復六時間かけて参加しています。生育歴を含めて、ことここに至った自分の歩みや思いがとつとつと語られる意見陳述は、法廷にピーンと緊張感が張りつめてとってもステキです。言わずもがなですが、「調査した結果、『四点指導』の文書は見あたりません」などという被告弁護士のたわごとを聞きたくてここまで来てるのではありません。

原告団の稲田純さん、友延博子さん、竹森真紀さんとは大学時代からの友人です。当然、意見陳述の内容は、自分の青春時代のとある時間と重なるし、共有し合ってきたこともあるので、興味津々です。陳述が終わると思わず大きな拍手をしてしまいます。草野裁判長は直ちに「静粛に！」と声を張り上げますが、あれはどんどんやるべきです。話がそれますが、大分「みどり荘事件」の福岡高裁判決で沓掛さんの完全無罪・無実を勝ち取ったのも、バス一台で駆けつけた支援者の野次と怒号という大きな圧力があったからだと思います。被告弁護団が居眠りなどしようものなら、傍聴席から怒声を浴びせるべきです。

さて、今回の意見陳述で竹森真紀さんが語った「私は〈学校〉を去った者としての自分の言葉を〈学校〉へ届けるべく今も必然として〈学校〉にこだわり続けている」。この言葉が、今もズシンと心に残っています。彼女が教員だった時代、そして辞したとき、その後の「日の丸・君が代」の闘い、ういの諸活動……を隣県からずっと見守ってきた者の一人として、なおさらズシンと来ました。「学校に残った者として」と置き換えて自分自身を振り返ってみたとき、自分が〈学校〉に届けるべき言葉を持ち得ているだろうかと自問せざるを得ません。ココロ裁判の原告団のように軽やかにスキップを踏みながら〈学校〉を飛び越えていきそうな発想と行動に学びたいです。

（吉野修介／大分・教員）

第九回弁論――被告の挙証責任を追及する！――一九九九年二月二三日

■市教委の「日の丸・君が代」強制の根拠を追求

北九州市教委によるあの悪名高き「四点指導」。本件処分、職務命令の根拠となっているこの「指導」がいったい何を根拠に強制されてきたのかを、あらゆる側面からとことん追及していくことが本裁判の目的ともいえる。

これまで重ねてきた弁論において原告らは概ね主張を出し尽くしたが、今回は書証を提出した上で被告の「文書はない」とか「北九州市教育委員会としては命令は行っていない」などの主張の弾劾、さらに他都市における指導との相違や文部省の指導との齟齬について書面（準備書面（８）本件四点指導の強制性・異例性）を陳述した。

本準備書面並びに書証の提出を受けて、裁判長は被告へこれに対する反論を求めたが、被告は「原告の主張はまだ続くのか。これで最後ならまとめて主張を提出する予定はある」などと、もう最終弁論でも作成するかのような答弁をした。裁判長もこれには呆れた様子で、「少なくとも今日、書証が提出されたので認否をするように」と諭した。原告からも、未だなされていない被告提出書面の説明と、立証計画を立てるよう求めた。被告は、自らの挙証責任を認めようとしていないが、原告らは文部省―市教委―学校長の責任を明らかにするためにも、それぞれの証拠調べを追求していく予定だ。

■「請求の趣旨の追加と請求原因の拡張」

本件は一九九六年までの処分についての裁判だが、その後九七年、九八年と度重なった処分についても本件裁判と同様争っていくため、「請求の趣旨の追加と請求原因の拡張」という形で本裁判との併合を求めた。被告は「いつまでもだらだらやられては困る」といった不当な発言をしたが、原告らはきっちり釈明に答えない被告の姿勢による裁判の遅延を指摘し、原告らにとっては追加せざるを得ない請求を裁判所に求めた。これに対する判断は次回となる。

原告らの意見陳述が終わり、今回の傍聴席は少し寂しいものがあった。しかし、裁判はこれからが本番と言える。被告の頑ななずる賢い対応をどこまで切り崩して、挙証責任を追及できるかにある。次回から草野裁判長に替わって新しい裁判長が登場する。最初が肝心なので、私たちも心を引き締めて臨みたいと思う。

＊

このたびの「広島校長の自殺」→「法制化への動き」〔一九九九年二月二八日、「日の丸・君が代」強制によって追い込まれた広島県立世羅高校の校長が自殺すると、当時の小渕首相は三月二日に「国旗国歌法制化」の検討を指示。その後二転三転したが、六月一一日に法案が閣議決定・国会提出され、八月一三日に公布・即日施行された〕の中で、現実の実態との落差が大きいことに改めて愕然とした。私たちは裁判においてその現場の生々しい強制の実態を赤裸々にすることによって、文部省―市教委の違法行為をはっきりとさせたいと考えている。文部省―市教委―学校長を法廷に引きずり出して、その責任を問うことが必要。皆さんの力強いご支援が、その証拠採用への大きな原動力となります。今後とも、被告への監視行動としての傍聴を、よろしくお願いします。

2　国旗国歌法制化を乗り越えて——全国化するココロ裁判（一九九九年〜二〇〇〇年）

［一九九九年］

6・8　第一〇回弁論　準備書面（9）請求の趣旨の拡張と原因の追加、準備書面（10）

6・11　「国旗国歌法案」閣議決定、国会提出。

8・13　「国旗国歌法案」公布、即日施行。

文部省、各県教育委員会に「国旗、国歌に対する正しい理解が促進されるよう」通知。

9・1　第一一回弁論　準備書面（11）法制化の意味するもの

11・16　第一二回弁論　準備書面（12）市教委の強い「指導」と学校長の職務命令

［二〇〇〇年］

2・8　第一三回弁論　準備書面（13）子どもの良心の自由侵害

5・9　第一四回弁論　準備書面（14）原告らの抗命義務と不服従の権利

第一〇回弁論――新裁判長に意見を求められても被告はな～んにも準備せず　――一九九九年六月八日

■新裁判長への自己紹介から始めました

さて、新しい裁判長での弁論続行。原告らは改めて裁判所に対して原告自己紹介を行った。小山裁判長は、開廷時の起立を指示することもなく、ごく自然に訴訟指揮に移り、一七名一人一人の自己紹介をもすんなり受け入れ、私たちはリラックスして弁論を再開することができた。

今回は、今春の広島県教委による職務命令―校長の自殺、それを利用した政府与党による「国旗・国歌法制化」の動きという事態を前に、その最先端をいく北九州市教委の現状を現在の世論から再度見直す弁論を展開。一九八九年の本件最初の懲戒処分から一〇年を経た今なお、法制化されていない「日の丸・君が代」が既に命令―処分をもって強行されてきた一〇年の重みを、今現在の世論の動向を書証などを提出して、ていねいに主張した。また、文部省―学習指導要領さえ求めていない「指導」について、調査嘱託〔裁判所は必要な調査を官庁はじめ様々な団体へ嘱託できる〕の申立てを行い明らかにしていく。

そして、今後さらに、被告の四点指導―職務命令―処分の合理的根拠を主張・立証することを強く求めていった。

■文部省への調査嘱託申立

文部省に対する調査嘱託申立の内容は、次のとおりである。

右当事者間の頭記請求事件につき、原告は民事訴訟法第一八〇条二項及び第一八六条により、本件について貴庁が左記の調査嘱託を行うよう申し立てる。

一、嘱託先　文部省（初等中等教育局長　辻村哲夫氏）

二、調査事項

1、文部省は、学校現場に対して、国旗の掲揚や国歌の斉唱の実施のための措置として、一九八五年八月二八日付「公立小・中・高等学校における特別活動の実施状況に関する調査について（通知）文初小第一六二号」以外の措置を講じたことがあるか、調査の上回答されたい。

（これ以外に、各地方自治体の教育委員会等に指導等をなしたことがあるか。）

2、文部省は、北九州市教育委員会において、下記内容の指導（いわゆる「四点指導」）がなされているのを承知しているか、調査の上回答されたい。

3、右北九州市教育委員会の「四点指導」に基づき北九州市の公立学校の学校長らが、教職員に対し「国歌斉唱時には起立して心を込めて斉唱すること」との職務命令を発しているのを承知しているか、調査の上回答されたい。

4、文部省は、北九州市教育委員会が、右職務命令に違反した教職員を処分しているのを承知しているか、調査の上回答されたい。

5、文部省は「公立小・中・高等学校における入学式及び卒業式での国旗掲揚及び国歌斉唱に関する調査」（文初小第一四五号平成一〇年三月六日）を実施しているか、実施しているならば、

（1）右調査の目的は何か

（2）右調査の結果について

調査の上回答されたい。

6、一九九九年四月九日付朝日新聞記事に記載された文部省の見解「調査はしていないが、そこまでは聞いたことがない」について、その回答者及び回答の趣旨を調査の上回答されたい。

三、申立の理由

本件「四点指導」の根拠について、被告北九州教育委員会はその法的根拠を学習指導要領とする。しかしながら、学習指導要領には「卒業式、入学式においては国旗を掲揚し国歌を斉唱するよう指導するものとする」と記載されているのみで、一九八五年の悪名高い文部次官高石邦男による「日の丸・君が代徹底通知」においても「入学式及び卒業式において、国旗の掲揚や国歌の斉唱を行わない学校があるので、その適切な取り扱いについて徹底すること」と記載されているのみである。

原告らは、本件処分の理由とされている職務命令の根拠になっている「四点指導」の内容が、文部省の意向をも遥かに逸脱していることを主張し、被告らは、こうした原告らの主張に争っている。

従って、本件における主要な争点である右の点を明らかにするため、本調査嘱託の申立をなすものである。

■裁判長もあきれる被告怠慢

小山裁判長はこれまでの訴訟経過を把握した上で、被告に対して今後の進行についての意見を求めたが、被告は自らこれ以上の主張・立証をしようという意志を見せなかった。しかも、前回約束していた「請求の趣旨の追加と請求原因の拡張」についての意見すら準備していなかったのだ。前回「いつまでだらだら弁論を続けるのか」と言い放った被告だが、自らの怠慢で弁論を遅滞させていることを暴露してしまったようだ。あくまで、立証を避けようとする被告。これまで、あらゆる場面でずっとずっと逃げを続けてきた被告教育委員会。これ以上の逃げは許せない！

＊

次回は、原告らの「請求の趣旨の拡張」「文部省調査嘱託」に対する意見、今後の立証予定について、被告にきっちり問う場面となる。ダンマリを決め込んで終結をねらう被告を、追い込むための弁論や書証も準備する。超卑劣な処分が強行された後の弁論です。よろしく傍聴をお願いします!!

第一一回弁論――「法制化」直後の元気な弁論となりました！――一九九九年九月一日

■「尊重規定」を盛り込めなかったことの意義

九月一日は夏休み明け。暑い夏のさまざまなイベントに加えて「国旗国歌法制化」という事態を迎えたその直後の弁論。やれる限りの反対運動といっても大したことができたわけではなく、あっけなく「法制化」となったとの感が拭えないまま、ひたすら暑い日々限られた時間の中、準備書面や書証の作成に取り組むこととなった。まあ、それでも緊迫感と集中力だけはひときわだった気がする。私たちにとっては、「法制化」

国旗国歌が法制化されても闘いの手は緩めない

への動きと並行して、今年も一段と厳しい「減給一か月」の処分が出されていたわけだし……。

今回も、膨大な書証とともに弁論（準備書面（11）法制化の意味するもの）を展開した。

■裁判所を合議に追い込む

原告側の今後の予定まで確認した後、裁判長が被告へそれを問うと、いつもの調子、いやいつもよりさらにボケた調子で、「請求の趣旨は起立したかしなかったかを争っているわけで、これ以上事実関係に争いもなく、被告としてはこれ以上何も主張・立証することはない」とボソボソと言う。どこまでとぼければすむのか。今や国家の一大事「国旗国歌問題」を「立ったか座ったの事実関係」で終わらせることができるあんたはえらい！敵ながらあっぱれ！なんて、これで引き下がると思ったら大間違い。

原告梶川さんが口火を切ってからは、次から次と原告の意見が続いた。

「なぜ、起立して心を込めて歌わなきゃいけないのかの合理的根拠を示せ」「処分まで受けて、裁判ではっきりさせようとしているのに何も主張されないなら裁判やってる意味がない」「いじめを工作した教員の処分が文書訓告で、自らの思想信条の自由を守るために、黙って座って戒告、減給という処分基準はおかしい」「手続きミスで処分の撤回がなされた例も全国にはある。少なくとも処分の手続きを明らかにすべき」などなど。「まとめてください。同じことは繰り返さないように」と制していた裁判長が、しまいには「他にありませんか」だって！　クックックッ、原告ペース獲得！

その結果、証拠の採否でもないのに進行について異例の合議。長く感じられた時間の後、文部省の調査嘱託がほぼ原告側の意見で採用された。そして、被告に対しても、原告側の意見を尊重して主張・立証を検討するよう強く指示した。

＊

法制化後の弁論ということで、今回も多くの傍聴ありがとうございました。また、大阪から田中りっちゃんがわざわざ駆けつけてくれたことをはじめ、裁判ウォッチングの中学生三名や、取材の記者が神戸から来るなど、飛び入りの多い傍聴でした。飛び入り以外にもいつもの顔触れで、交流会も盛り上がり、笑いだけがひびく楽しい時となりました。

次回、文部省の調査結果がどう出るか、被告がどう主張立証予定を示してくるか楽しみです。またまた、傍聴よろしくお願いします。

■傍聴感想記——生きた顔を持った闘いの鼓動に触れて

夏休みが終わりそうな八月二八日に、「九月一日にはココロ裁判の傍聴に行こう！」と決めて、安売りチケット屋で新幹線の切符を買いました。行楽弁当を作って学校へ行って、ちょっとだけ仕事して新幹線に乗ろうと考えていると楽しくなってしまいました。

「国旗・国歌法成立記念に来てみました」とか言いましたが、いつも何か思いつきだけで動いているようなものです。来るより、その分の交通費をカンパした方がいいかとも思いましたが、それでは私があんまり面白くありません。私は、自分が楽しいことが一番大事なことだと思っているのです。面白いものには、自分から探しに行かなければ出会えません。

さて、方向音痴の私でも、当日は実にスムーズに目的地にたどり着くことができました。初めての福岡地裁ですが、裁判所は「日の丸」を目印に上げています。「はいはい、ここねぇ」とスタスタ入っていくと、さほど緊張感を感じさせない、なじみの顔がすぐに見つかりました。福岡地裁は、中廊下式で、両側に法廷が並んでいて、病院の待合室みたいな雰囲気でした。法廷内は、傍聴席のスペースが広いし、外の光が多少取り込めるようなつくりになっていて、閉塞感が少なく感じられました。

開廷時間になって、書記官が裁判官を電話で呼びだしていましたが、その間、原告の皆さんは、わいわいと大声で笑ってらっしゃるし、裁判官が来るまでねっとりとした沈黙の中で息を殺して待たされる大阪地裁とは随分違っています。

しかし、違っていたのは裁判所の雰囲気だけではありませんでした。弁護士を立てずに、すべて自前で、手作り裁判をやろうとしている原告団は、被告側弁護士の、にょろにょろした逃げを許しません。ひとりひとりが、自分のことばで「かけ合って」いるように思われます。ことばが軽やかに息づいているので、裁判長の中にまで届いてしまうようです。つい、人として向き合わされてしまうのでしょうか。「スムーズに流す」ことに慣れているはずの裁判官が、熱心に耳を傾けている様子でした。これは、勝ち負けの問題を超えて、素敵な裁判になりそうだと思いました。わざわざ大阪から来た私の予感は当たっていました。生きた顔を持った闘いの、鼓動に触れたような気がします。

ところで、交流会の「もつ鍋」と「骨蒸し」は、福岡に住みつこうかと思う旨さでした。

（田中律子／大阪教育合同労組）

＊田中律子さんは、一九九〇年に「日の丸」を下ろしたとして文書戒告を受け、東淀川高校「日の丸」裁判の原告として闘いました。彼女の飄々とした透明感のある感性は、私たちココロ裁判に大きな影響を与えてくれました。残念でならないことに、二〇〇八年一〇月九日、五三歳の若さで亡くなられました。心から御冥福をお祈りします。

第一二回弁論――主張立証を拒み、追い詰められる被告――一九九九年一一月一六日

■現場での強制――命令の実態を詳述

原告らは書面（準備書面（12）市教委の強い「指導」と学校長の職務命令）のとおり、本件職務命令が何ら校長の真意に基づかず市教委の「強い指導」によってねじまげられてきたこと、その命令には何ら合理的根拠が存在しないことの具体的な事実関係を詳述。また、被告のこれまでの一切の立証を避けた姿勢で逃がさないため、最低限度の処分手続き（状況報告、事実確認など）について釈明を求めた。

■裁判所から被告へ最後通告

前回も裁判所より釈明を求められていた被告、今回も何ら釈明をしないつもりで、のこのこと顔を現した。これについても原告らから追及をした上で、裁判長からかなり強い調子で最後通告のように、以下の指導がなされた。

原告ら申し出の「文書送付嘱託」について任意で提出できるかどうか検討すること、これまでの原告らの主張について反論があれば反論を次回期日までに検討すること、原告らに対する処分一覧表（処分年月日、被処分者氏名、処分内容、処分理由及び処分対象行為を記載した者）の提出をすることの三点だ。

この処分一覧表というのは、「何を今さら」という感があるが、裁判所としてもこの長年にわたりかつ多

数の原告の処分の詳細について、一律なものではないことに関心を持ち、それぞれの事実関係に目を向けたことと、被告が一切処分の合理的根拠どころか、最低限の手続き的な立証すらしていないことによるものと考えられる。したがって、これまで裁判において提出してこなかった校長による状況報告書の開示が必要となると思われる。

しかしながら、被告はここまで言われてもなお、「認否に価するものがあるかどうか検討するが、処分の事実関係としては争いがない。被告らとしてはいつ終結してもらってもいい」との恥知らずな発言。それでも、裁判所からの宿題を持ち帰らざるを得ず、原告優勢のうちに終わった。

■文部省調査嘱託について

裁判長より、書記官を通じて文部省初等中等教育局（小学校教育係・中島）と連絡をとり、一一月一五日（二度目）の時点での文部省の回答は「調査の上電話連絡する」のままであり、今後も調査を促すための連絡をとることが確認された。文部省も一定慎重な対応をしている感触が得られたし、裁判所自身、文部省の回答を追求しようとする前向きの姿勢が感じられた。今後の文部省の対応に、乞うご期待！

＊

懸案となっていた九七年以降の処分についての別訴―併合、そして、今年厳重注意処分を受け新たな原告として参加する可能性、そして、さらに新たな原告が……。次回弁論時には、この別訴について併合されるかどうかの判断がなされることと思う。ココロ裁判は、被告の求める「終結」どころかまたまた始まる。

第一三回弁論——被告の逃げ→原告が怒る!→裁判所は困る……——二〇〇〇年二月八日

■紛糾する法廷での弁論

「四点指導」の合理的必要的根拠などあるはずもない。しかしながらその違法性を被告が「すべて争う」姿勢で処分を強行した以上、責任ある主張・立証はしていただきたい、と何度も述べてきたが、今回被告からの〈それ〉は最終的に主張されないことを前提として、改めて「国旗への正対」「国歌のピアノ伴奏」「起立して正しく心を込めて歌う」という市教委の指導が、いかに子どもの内心に直接はたらきかけ「天皇の永遠の統治を願う愛国心」を誓わせること、すなわち国家イデオロギーの注入であり、国家の信条的中立性に反し違憲であるかを訴えることにした。「強制—命令—処分」以前の問題としてである。その上で、強制—命令がまかりとおった状況でなされる教員の「不起立」行為とは、公教育における子どもたちの思想・良心の自由を守る義務を負う教員の「抗命義務」であることを述べた。以下、準備書面(13)の骨子。

第一、はじめに
第二、公教育における子どもの良心形成過程における良心の自由侵害
一、合理性のない被告主張
二、一切の内心の自由を保障しない本件「四点指導」
1、学校における子どもの思想・良心の自由の確保

■意味不明の「処分等の一覧表」

準備書面陳述の後、今後の進行について協議。裁判所からの再々度の確認に被告はまたしても「事実関係に争いはない。これ以上の主張立証の予定はない」の一点張り。裁判所の苦肉の策として被告へ催促された「処分等の一覧表」に対して被告の出してきたものは、書面とも書証ともつかない「裁判進行上の参考資料」という意味不明の一覧表。あまりの不誠実な被告のとぼけた訴訟態度に原告らが求めたのはそのような意味不明の一覧表ではないと、原告梶川さんのファイルを叩いての力強い追及を皮切りに、被告への釈明と立証を促す意見を表明していった。被告の、立証を逃げるか争点をずらすという対応に、原告は様々な手段を駆使しているがなかなか答えない。処分手続き上最低必要な状況報告書の文書送付嘱託申立についての裁判所からの督促にも、「任意に提出する予定はない」と逃げた。これについては、いよいよ「提出命令」を申し立てるしかないのかもしれないと考えている。あまりの被告の対応に裁判所もなす術がないようであるが、行政に甘い裁判所とはいえ、もっと強く訴訟指揮を行ってほしいものだ。

懸案となっている文部省の調査嘱託についても「未だ回答がありません」の一言。あまり曖昧にやってると、裁判所にも判断を迫るしかない。決して引き下がることなく、じわじわと追い詰めていきたい。最終的に、被告が何もなさないなら原告側の立証を積み上げていくしかない。ぼちぼち立証計画をと裁判所に伝えている。文部省―市教委―校長、この三者を法廷へ引き出すことを課題として、今一度弁論を重ねる。

■「法制化」後、さまざまな人とつながって

今回の法廷では、『日の丸・君が代の戦後史』の著者である田中伸尚さんがあらためて『週刊金曜日』（二月二五日・三〇四号、三月三日・三〇五号）への記事の掲載のため法廷で取材をしてくださった。また、二月一九日の集会でお呼びした京都大学歴史学教員の駒込武さんからも「いつでも証人ＯＫ」の快諾をいただいた。さらに、今回の準備書面で展開した「教育公務員としての抗命義務としての着席行為」を導き出すため

の憲法論を示唆していただいた早稲田大学教員の西原博史さん（著書『良心の自由』成文堂）にもお会いし、今後の裁判を支えていただけることになった。

「法制化」後のココロ裁判は、地元のみなさんの長きにわたる熱い支えに加えて、各地、各界で「日の丸・君が代」にこだわり、自らの「思想・良心の自由」を侵されず確立しようとする多くの人たちの心を、少しずつつなぎ合う事ができてきたように思う。同時に、その責任の重さも感じる。けれども原告団はどこまでも、明るく、お気楽に、「とおくまでいくんだっちゅうのー」とすすみたいと思います。

■傍聴感想記——ココロ裁判を初めて傍聴

バーン！　裁判所に似つかわしくない音が響いた。裁判官は顔を引きつらせ、それまで眠そうにしていた被告側弁護士と、早く終わらないかと時計ばかり気にしていた北九州市教委の面々は、何が起こったのかと目を丸くしている。原告の「処分をした卒業式での状況報告書を提出せよ」という要求に対する被告側弁護士の煮え切らない態度に業を煮やした梶川さんが、手に持っていたファイルを叩いたシーンである。今まで「カオル裁判」をはじめ幾度か裁判を傍聴してきたが、原告が怒りから何かを叩きながら発言するのを初めて見た。裁判長はこのことに怒ったのか審理が終わると、ドアを乱暴に開け足早に法廷を後にした。まるで、一昔前の高校現場の職員会議を思い起こさせる風景だった。校長（裁判官）にファイルを叩きながら抗議する教員（梶川さんをはじめとした原告）、早く終わらないかと退屈そうに時計ばかり気にしてる第二組合員（被告）、そして教員の質問、意見に返答できず逃げるように会議室を出ていく校長（裁判官）。裁判所での審理を学校の職員会議に変えてしまう、梶川さんをはじめとしたうぃのパワーを改めて思い知らされた裁判だった。

審理そのものは、北九州市教委の「四点指導」や「日の丸・君が代」指導の違憲性を学者の論文や資料をもとにした一三ページに及ぶ準備書面を竹森さんが朗々と読み上げる形で淡々と進んだ。その中で、早稲田大学教授西原博史氏の「……文部省・教育委員会・校長によって組織的な子どもの良心の破壊が行われるなら、教師は子どもの人権を侵害するがゆえに違法な学校活動に関わってはならず、反対に、自分の影響力の範囲内にある手段を用いて人権侵害を妨げる責務を負う。まさに抗命義務こそが、憲法による人権保護の帰結である。形式的に職務命令に違反しても、人権保護義務を行使する教師の活動は、違憲性が阻却されなければならない」という指摘は、われわれの今後の闘い方の方向性を示していて、大変参考になった。

竹森さんのまるでアメリカ映画の弁護士を見ているような凛々しい姿（?）（資料の漢字の読み方に自信のないところはトーンを下げて早口でごまかすところが何とも微笑ましかったが）も印象に残ったが、なんと言ってもこの日の主役は、梶川さんだったと思う。

（山村勇次郎／高校教員）

■圧倒する原告弁論

今回準備した準備書面（14）は、「原告らの抗命義務と不服従の権利」という内容。法制化後初めての卒・入学式を迎えて、全国の、とりわけこれまで実施率が低かったとされる地域へ、「法制化されても強制はしない」という政府の公的発言とは裏腹の「徹底した指導」がなされた。それに対して、当然にもさまざまな抵抗がなされたが、結果的に実施率はあからさまに上昇してしまった。このことが逆に、文部省の指導が「強行」的なものであったことを示すわけだが、多くなされた闘いが、この「内心の自由」を確立するための闘いであるということを、事実を上げながら主張した。

■被告、立証もせずに「最終準備書面」

準備書面を読み上げた後、いつものように裁判長からの今後の進行についてのお尋ね。被告は打ち合わせができていないのか、その場で何やらごそごそやった後、八〇歳になろうかという老弁護士の山口さんが、仕切屋弁護士の立川さんの指示に従ってこう言った。「最終準備書面を一〇月末までに提出します」。裁判所も言葉をなくす。が、気を取り直して、一〇月末までに何らかの書面が出るということで了承した上で、以下のような結論を出した。

（1）一〇月末の被告書面を見て、その後の主張のために必要な期間を一か月おいた後の一一月二八日に期日を入れる。

（2）それまでの間が長すぎるので、七月二六日に弁論を入れる。

裁判所は、原告らの主張を受けて慎重審理を迫られているが、一方、被告は全くそれに応じない。苦肉の期日設定だけはやったわけだが、結局、被告に迫っても答えが返ってこないため、裁判所自らが判断を迫られる羽目になってきた。

苦肉の策とはいえ、次回は、原告側がほぼ出し尽くした主張を受けて、裁判所が今後どういう形で進行するのかを判断する場面となりそうだ。状況報告書については、被告も人事委員会の審理においては出してきているにもかかわらず、裁判では一切出していない。処分手続きのみならず、事実関係の争いから被告処分の整合性のなさを暴露されることを恐れているのかもしれない。針の穴をつつくような面もあるが、裁判所からこれを提出させるよう、判断を求めたいと思う。また、文部省調査嘱託についての文部省の回答も、書記官を通じて何度も催促はされているが、「担当がいない」といった対応。しかも、新年度になって「担当が替わったので分からない」という無責任状態だ。このまま放置できないので、回答できないのであれば、責任ある役職の証人による立証を追求したいと考え、以下の「敵性証人」を申請した。

■敵性証人の申請

証人一、小野元之（現在文部省官房長）

証人小野元之は、本件「四点指導」が実施された当時の被告北九州市教育委員会教育長であった。

証人二、御手洗康（現在文部省初等中等教育局長）

国旗・国歌法制化によって、文部省の「日の丸・君が代」指導についての見解及びその変化の有無について、現在文部省初等中等教育局長である。

証人三、石田紘一郎（現在北九州市教育委員会教育長）
被告北九州市教育委員会教育長によって、「黙って座った」だけで懲戒処分を十数年前から強行するという、全国でも異例な本件「君が代」処分について、その処分のねらいや意図を明らかにする。
証人四、石丸浩（現北九州市教育委員会指導部長）
被告北九州市教育委員会指導部は、本件四点指導について毎年卒・入学式の前に校長会における指導を行っている。
証人五、藤延憲幸（現在教育委員会学務部長）
指導部による本件「四点指導」にかかる事項がすべて学校長の職務命令となる法的根拠並びに合理的根拠を明らかにする。

■原告増える！　新たな裁判！

これまで、ココロ裁判に熱い思いを寄せてくださっていた二人の方が、このたび原告に加わることを表明された。横山さんは、今年卒業式で着席しようと思って意思表示したところ、教頭からさまざまな恫喝的言葉をかけられ座れなかったという思いを残し、でも「座りたくても、処分があり座れない」という人はたくさんいるとして、校長の職務命令や恫喝めいた発言そのものを問うていきたいとしている。永井さんは、昨年の卒業式に初めて着席し、厳重注意処分を受けている。今年も、新しい学校で一年生担任として座る気持ちを持っていたのに、これまた校長からのあくどい説得で起立を余儀なくされている。

このような二人の「良心」を守るべく、一緒に裁判という形でやっていけたらいいなと考えている。一七名の原告以外に新たな原告として参加することが、法的にも、実質的にもクリアできるのかどうか、裁判所や被告がそれをすんなり認めるかどうか、それは、今後の課題だ。しかし、「ことは過去のことではない」ことを知らしめていきたい、そういう覚悟でいますので、どうぞ、みなさん、見守ってください。

＊

次回期日は、七月二六日、学校関係者としてはこの夏休みを利用しない手はないということ、もう一つは、そうです、「君が代」処分が出た直後であるということです。裁判そのものへの傍聴による監視だけでなく、処分を強行する市教委への抗議の意味も含めて、全国から、地域からの応援をお願いしたいと考えています。

第一五回弁論――福岡県弁護士会「警告書」を全面に展開――二〇〇〇年七月二六日

■福岡県弁護士会が被告に対して警告書

「君が代」処分について、原告は福岡県弁護士会に対して人権侵害救済を申し立てていたが、二〇〇〇年六月二八日、弁護士会は被告北九州市教育委員会にたいして「警告書」を発した。しかし被告は、「処分が憲法違反とは認識しておらず、警告書は一意見として受け止める。職務命令違反には従来通りの方針で臨む」との開き直った回答を発表。なおかつ七月一九日付で、またしても「不起立」職員二名の処分をなしている。この事実を前提として、今回の弁論では、下記のような主張を展開した（準備書面（15）弁護士会警告書の意味するもの）。

弁護士会警告書が出た年の処分へ抗議行動

第一、はじめに

第二、福岡県弁護士会「警告書」の意味するもの

一、少数者の人権を救済し、認めることの意義

二〇〇〇年六月二八日付福岡県弁護士会による警告書の趣旨は以下の通りである。

「貴委員会は、平成元年以来、同種事例について教職員の懲戒処分を行ってきていますがこれは貴委員会が、事前に組織的に各学校の校長に対して君が代斉唱時に教職員を全員起立させるように指導し、これに対する違反者をすべからく処分の対象とし、不起立行為を重ねる者に対して懲戒処分を課しているものであります。いわば、貴委員会は自ら主導して懲戒処分という制裁をたてに、君が代斉唱時に起立しようとしない教職員に対して、起立を強制しようとしている実態があります。

しかしながら、君が代を是とするか否かは、各個人にとって自己の信条や信仰に深くかかわる問題であり、憲法上、思想良心の自由・信教の自由によって保護を受ける領域であります。従って、卒業式・入学式における君が代斉唱指導が教職員の職務上の義務であるとしても、教職員が自己の信条や信仰を理由として単に起立斉唱しないという行為に対して、懲戒処分という重大な制裁をもって臨むことは、憲法上保障された当該教職員の思想良心の自由ないし内面的信仰の自由を侵害するものであるといわざるをえません。つきましては、貴委員会におかれましては、前記二氏に対する懲戒処分について再考されるとともに、今後、このような懲戒処分をもって教職員に対して君が代斉唱時の起立を強制すると
いう運用を改められるよう、警告いたします」。

昨年〔一九九九年〕の国旗・国歌法の制定後、各地において、学校における国旗・国歌指導の徹底を図る動きが急激に進み、今年春の卒業式・入学式における国旗掲揚・国歌斉唱の実施率は、異常なまでに伸びたが、教員の「不起立」を理由として懲戒処分がなされる例は、現在、存在しない。この点に関して、被告北九州市教育委員会の処分は、なおも異例であると言える。

そのような状況の中、福岡県弁護士会が、原告らによる人権救済申立を受け、不起立教員に対する懲戒処分が人権侵害であり、違法である旨を明確に打ち出した警告書を発したこと、法曹専門集団が現在の実務の違法性を確認したことは、大きな意義があることは言うまでもない。本警告書は、思想・良心・信教に反する法義務を課されない権利という人権ひいては少数者の人権を絶対的に保障するという観点から一貫して判断しており、貴重な判断であるといえる。

二、本件四点指導の求める「愛国心・国家意識の醸成」のための国旗・国歌指導とは何か

三、文部省見解と同様の見解

四、警告書を前提とする多数見解

第三、相次ぐ処分の取消

第四、被告の立証責務と必要性

■「裁判所としては最終準備書面とは考えていない」

いつものように上記の準備書面を読み上げた上で、今後の進行や懸案事項二点について意見を述べた。

①文書送付嘱託申立についての再度の要求（学校長による状況報告書の提出）

②前回提出の原告側証人申請（敵性証人のみ）の採否について

裁判所は合議の後、状況報告書については「関連性がないとは言えないので提出するように」、「すべての処分の事実関係について一つ一つ詳細に主張するよう」求めた上で、「裁判所としては最終準備書面とは考えていませんので」と、被告へ念押しをした（ちょっぴり、裁判所の威厳を感じたね！）。敵性証人の採否については被告主張が出そろった上で判断するという先延ばしの予想通りの判断、文部省の調査嘱託についても未だ回答なしで待ちの状態となっています。

法廷一杯の傍聴席（今回は夏休みということで、全国の学校労働者組合の仲間もかけつけてくれたこと、青柳さんの裁判〔外国人労働者支援が不法就労あっせんとされた刑事事件の被告である青柳さんの裁判〕と重なったことなどのおかげで）に裁判所も圧倒されたのか、原告寄りの訴訟指揮をした後、大きな判断は避けてそそくさと法廷を後にした（もっと、腰を落ち着けて欲しいね）。

＊

次回は、被告のいう「最終準備書面」が出そろい、いよいよ立証段階に入るための攻防となる大きな山を迎える。提訴からまる四年、勢いの衰えないココロ裁判の存在を見せつけるためにも、またまた多くの傍聴をお願いしたいと思います。

3　新しい仲間を迎えて、さらにパワーアップ（二〇〇〇年〜〇三年）

［二〇〇〇年］

7・26　第一五回弁論　準備書面（15）弁護士会警告書の意味するもの

9・27　新しい原告二人だけの初公判　その後並行審理

11・28　第一六回弁論　準備書面（16）被告の言う最終準備書面への反論

［二〇〇一年］

2・20　第一七回弁論　準備書面（17）裁判長の毅然たる釈明権の行使求める

5・22　第一八回弁論　口頭での弁論　被告準備書面出る

9・18　第一九回弁論　準備書面（18）文部省調査嘱託回答を得て

12・26　第二〇回弁論　準備書面（19）被告の挙証責任を追及

［二〇〇二年］

3・19　第二一回弁論　準備書面（20）被告釈明に対する事実関係の主張

6・11　第二二回弁論　証拠申請書（4）

8・28　第二三回弁論　証拠採否

11・19　第二四回弁論　準備書面（21）被告の言う職務命令はなかった

［二〇〇三年］
1・28　第二五回弁論　原告本人（稲田・井上）主尋問
4・22　第二六回弁論　原告本人（山根・石尾・永井）主尋問
8・26　第二七回弁論　原告への反対尋問予定なし。うい竹森への裁判所尋問

新しい原告二名が提訴！――――二〇〇〇年七月二六日

新たな原告二人が、めでたく提訴を終えた。七月二六日の第一五回弁論の開始前に司法記者室にて、提訴に当たってのレクチャーを行い、原告それぞれが「なぜ、今、提訴なのか」との思いを、集まった記者の前で語った。二人に共通することは、「起立して歌えない、歌いたくない」思いを、処分という制裁や校長らによる「指導」という名の圧力によって侵害されているということだ。「座ればあなたの将来にかかわる」とか「地域の目もある」などの言葉を、校長室に呼びつけて何度も説得する校長、そしてその背後にある教育委員会を被告として、私たち一七名の原告団に加わって闘うことになったのだ。九月二七日、二人だけの初公判が便宜上開かれ、次回の第一六回弁論からは「並行審理」の形で、原告一九名でスタートする。

提訴にあたって

横山浩文です。北九州市で小学校の教員をしています。「君が代・日の丸」を学校現場で強制する北九州市を被告として、本日提訴しました。今から、提訴の理由と自分の決意を述べます。

私が北九州市の小学校と養護学校に勤めて、一〇年が過ぎました。この間、入学式や卒業式では毎回、

起立して「君が代」を歌うようにと校長から、職務命令を出されています。みなさん、ご存じのように、北九州市では、卒・入学式において、式場のステージ中央に「日の丸」を掲揚し児童生徒がそれに正対するようにとか、全員が起立して「君が代」をピアノ伴奏で斉唱するように等の「四点指導」という名の強制がまかり通っています。この強制に対して、現憲法のもと、国民主権の世の中なのに、なぜ、天皇讃美の歌を歌わなければならないのか、アジア諸国への侵略のシンボルとなった旗に対してなぜ正対しなければならないのか等の反対意見をその都度、意志表示してきました。もちろん、君が代を歌ったことはありません。私の周りを見ても、良識ある教職員は、みんな歌いません。

しかし、北九州市教育委員会は、歌わず座った人を処分し続けています。ただ黙って座って自分の意志を示した人たちを、次から次へと処分し続けています。全国でも異例の処分行政です。処分をちらつかせ君が代・日の丸を強制してくるのです。このような状況の中、次第にもの言わぬ教職員が増えてきました。反対しても権力を持っているものにはかなわないとか、処分されるのが怖いとか。職員会議の後に残るものは、ただ無力感だけのような感じです。私も六年前に座りましたが、その後は処分が怖くて立ったまんまです。しかし、実は、座ることで強制反対の意思表示がしたいと思っていても、私と同じように、座れないでいる人も多いはずです。そういう人が多いことは、歌わない教職員が多いことから考えても明らかです。

今年〔二〇〇〇年〕三月、市教育長は、「国歌を歌わない沈黙の自由を認めなければならない」「内心の自由は絶対的に保障されなければならない」と市議会で答弁しています。しかし、実際にやっていることは、「四点指導」という有無を言わせぬ強制にほかなりません。この強制こそ憲法で保障されている「内心の自由」の侵害です。こんないかさまがまかり通ってしまう学校教育現場のおかしさは、絶対に問い返されるべきだと考えます。他府県の例でいえば、卒・入学式の司会が「君が代の斉唱は強制ではありません」と説明したり、保護者あての式の案内文で「起立しない、歌わないという選択肢があること、また、選択してもなんら不利益を被るものではない」という趣旨を説明したという事例が、前回のココロ裁判の陳述で紹介されました。このようなことをきちんと保障して初めて「内心の自由」が保障される条件が整ったと言えると思います。人間は、一人ひとり顔や名前も違うように、感じ方や考え方も違います。違って当たり前なのです。他人と違うからとか、少数意見だからといって不利益を被ることがあってはならないのです。そのことを認めないで、ある特定の考え方ややり方を強制するのは、とうてい教育とは言えないと思います。

このような私の思いは、ココロ裁判を何回か傍聴する中で徐々に確かなものとなってきました。ココロ裁判原告団の一人ひとりの教育に対する熱い思いや実践を知るなかで、もっと自分もこの問題に真剣に向き合って考えていかなければいけないと思いました。自分ももの言わぬ教師になってはいけないと強く感じたのです。私もまた「人権を尊重するとはどういうことか」「内心の自由を保障するとはどういうことか」という問いを言葉や理念としてだけでなく、日々接する子どもたちといっしょに自分たちの身のまわりにある差別やいのち、平和に関する問題について調べたり考えたりすることを通して問い返していきたいと思います。

私のように、処分されたことのない人間が提訴するというのは、みなさんにとって一見説得力のない行為かもしれません。しかし、これからの長い教員生活の中で、毎年、卒・入学式で強制されるかと思うと、とても耐えられたものではありません。精神的苦痛です。今回のこの提訴をきっかけに、私と同じ思いの人にも呼びかけたいと思います。市教委や管理職の不当な圧力・強制に屈することなく、自らの声で日の丸・君が代強制反対を発して、立ち上がってほしいと思っています。

（二〇〇〇年七月二六日、福岡地裁・記者会見にて）

第一六回弁論――圧巻！　ずらりとならんだ原告団　原告追加に焦る被告 ―二〇〇〇年一一月二六日

■被告のいう「最終準備書面」に徹底反論！

昨年（一九九九年）五月の弁論時に被告は、「一〇月末までに最終準備書面を出す」と言い放っていたので、それを待っての今回の弁論。だが、その被告準備書面は、これまでの数少ない主張を整理要約した上で、原告らが求め続けてきた「四点指導」の合理的必要的根拠についての拙い作文を追加したような内容だった。それでも、被告なりの努力の跡は見られ、あたかも学習指導要領に法的拘束力があり、それに基づいた本件処分は正当であるといった無謀な主張が、一本の筋を通してなされているようにも見え、「日の丸・君が代」の実施が当たり前になってきているところでは、す～っと通ってしまうような危険な書面である。被告は原告らがこれまでの積み重ねてきた主張を一切振り返ることなく、一方的な主張を展開しているのみ。原告は反論し、下記の通り陳述した（準備書面（16）被告の言う最終準備書面への反論）。

第一、はじめに――被告準備書面（5）が意味するもの
第二、被告準備書面（5）への反論

一、学習指導要領の法的効力について

二、本件「四点指導」は、被告北九州市教育委員会の学習指導要領解釈の誤り

1、被告北九州市教育委員会主張

2、被告北九州市教育委員会の「国旗・国歌」指導は前近代的思想の現れ

（1）入学式、卒業式の意義と「日の丸に正対すること」の矛盾

（2）在日外国人を排除した「国家への所属感」の強調

（3）植民地支配と侵略戦争で踏みにじられた人々への思いを馳せること

3、被告の大阪高裁判決「国旗掲揚条項」解釈の誤り

三、本件「四点指導」に基づく本件職務命令は子どもの思想良心の自由を侵害し違法

第三、求釈明

一、被告北九州市教育委員会教育長石田紘一郎は、二〇〇〇年三月六日の北九州市議会本会議において、国歌を歌わない「沈黙の自由」を「認めなければならない」「内心の自由は絶対的に保障されなければならず、沈黙の自由も認めねばならない」と答弁している。（甲第一三四号証）しかしながら被告準備書面（5）において、入学式、卒業式の指導について（準備書面5の三）児童生徒に対して「国旗に正対すること」「国歌を起立して正しく心を込めて斉唱すること」などが、国旗及び国歌を尊重する態度を育てるため常識的かつ自然な指導内容であることは明らかであるとする。

1、国歌を歌わない「沈黙の自由」は子どもたちに保障されるべきか、否か。明らかにされたい。

2、しかりである場合、その保障のためにいかなる手だてがなされているのか、明らかにされたい。

3、否であれば、右教育長の答弁と矛盾するのではないか。

二、北九州市教育委員会策定の「基底教育課程」における国旗国歌の指導の取り扱いについて、その文書を開示されたい。その上で、本教育課程の編成の原則である学校の実態を考慮すること、自己教育力の育成及び基礎・基本の重視と個性を生かす教育と、本件「四点指導」との整合性について釈明されたい。

三、原告藤堂は教諭ではなく、校務員という現業職員であるが、原告藤堂に対する処分の根拠は他の教諭に適用されるものと同様であるのか、否か。

第四、今後の立証予定と審理の進行と被告の挙証責任について

■審理進行を妨害する被告

今回の弁論は、一九名の原告が初めて原告席に並んだ。大法廷の原告席に本人だけの一九名がずらりと並ぶ光景は、やはり圧巻。被告は、二名の原告が追加されたことがかなりの痛手であったようで、それへの抵抗も含めて、今回の弁論において審理の進行を妨害するような発言を多々なしてきた。原告としては、新しい原告二名の意見陳述の時間を確保したく、冒頭にその時間を求めたが、事件の時系列（現在三件が並行する形で進行している）から、それは後となり準備書面を先に陳述したのだが、その後も被告は元の事件の弁論をすべて終えてから新件に入るよう横やりをいれ、裁判所の指揮にさえ文句を言ってきた。

懸案となっていた文書送付嘱託申立の学校長の状況報告書等の開示についても、被告は任意には提出しない構えで臨み、裁判所からその理由を問われても代理人間で齟齬が生じるなどしどろもどろで、その対応にあきれ果てた裁判所は、原告に対して暗に「文書提出命令」を申し立てるように指示。さらに、今回の準備

書面の最後になした求釈明について被告へ書面で釈明をするよう求めた。自ら積極的に釈明や立証をなさない被告へ本当に長い時間かけて、少しずつ被告のボロを引っ張り出すよう仕掛けてきたが、その結果、今回もまた被告の釈明待ち、次回も弁論のみという結果になった。

そんなこんなで三者の攻防（？）が延々と続き、一時間確保している弁論の場さえ、原告意見陳述の時間が充分には確保できず、素晴らしい陳述を準備していた二人の原告をはじめ、それを期待して来られた傍聴のみなさんにも不満の残る法廷となったことは残念。法廷での攻防は、積み重ねても積み重ねても、なかなか難しいものがある。事前にあらかじめ準備書面を提出したり、こちらの意向を伝えたりしながらも、その場で被告が何を言い出すか、裁判所がそれをどう判断するのか、押したり引いたりのせめぎ合い。今のところ、被告の感情的な応訴態度は裁判所の心証を害しているとはいえるが、裁判所もなかなか毅然とした指揮をなせないところがある。少しずつ、ねばり強く伝えていきたいと思う。

■今後の進行はどうなる

今回の準備書面を書くにあたっては、被告の言う最終準備書面への反論ということで、多くの方の意見を承ってみよう（一人で書くのもしんどくて……）ということで、今後証人となっていただこうと思っている方々へ、事前にお送りして見ていただいた。お送りしたのは、西原博史さん（早稲田大学）、成嶋隆さん（新潟大学）、駒込武さん（京都大学）、佐藤秀夫さん（日本大学）、田中伸尚さん（ノンフィクションライター）など。

駒込武さんには、この被告準備書面に対して駒込さんなりの手法で反論を展開していただいた。それは上記準備書面（16）の第二の二の2「被告北九州市教育委員会の国旗・国歌尊重は前近代的思想の現れ」の箇所で、駒込さんの専門分野である「植民地支配と日の丸・君が代」といった視点で書いていただいたのだ。この問題は、「内心の自由」の侵害を主張する上で欠かせない部分で、学校で「日の丸・君が代」が果たした役割を現在の学校状況と合わせて改めて伝えていかなければならない。

裁判の進行としては、なかなか立証段階へ移行していかないもどかしさもあるが、主張段階でしっかりと証拠調べの必要性を徹底していくことで、一人でも多くの証人採用を勝ち取り、慎重な審理を尽くしていただきたいと考えている。

多くのみなさんのさまざまなご意見をお借りしながら、二〇〇一年もココロ裁判は進みます。新世紀を明るい希望の見える時代へと、少しでもその一端を担うために、ココロ裁判はがんばります。ココロより、さらなるご注目とご支援をお願いしたいと思います。

■あたたかく熱い声援、ありがとうございます。

二〇〇〇年一一月二八日の私と横山さんの意見陳述を前に、これまで同じ職場で働いた方や同職の友人、とうとう小学校五、六年生の時の担任にまで一〇五人くらいの方に私の現状を書き、裁判の支援をお願いした手紙を出しました。

久しぶりに新顔の原告が入るということ、しかも法制化後ということで、できたら法廷が傍聴者で埋まると、被告にそして裁判所側にもプレッシャーを与えられないかなぁと考えました。もう一つは今の政府のねらっているものや、北九州市教委のおかしさを分かっていただいて、今どきこんなヤツ（私のこと）もいるのかと知っていただきたかったのです。そして、傍聴には来れない方もこの『ココロニュース』を読んでいただいて裁判の行方を、市教委の傲慢さを知っていただきたいと、『ココロニュース』の購読依頼のハガキも同封しました。なんと厚かましいことでしょうか。でも、その厚かましいお願いにも、すぐ反応してくださってハガキが少しずつ少しずつ返ってきています。今月に入っても、一枚また一枚とうれしい限りです。また手紙や電話などを下さる方もいらっしゃいます。研修会などでお会いして熱いメッセージを下さる方もいらっしゃいます。

一番多いのは「身体を大切にしてね」です。健康第一ですね。ありがたい言葉です。医者から体重を落とすように言われている私、言いつけを守っているために、出会う人出会う人「大丈夫ね？　やつれとうよ、いじめられとるんやないね？」と真顔で心配してくださって、「美味しいもの食べり」とおひねりを下さった先輩もおられます。また、「力にはなれないけどカンパはさせてもらうよ」と年賀状に書いてくれた元同僚もいました。いろいろな立場や考え方がありますので、カンパという形でも応援していただけることがうれしいです。

特に二番目にお返事を下さった方のメッセージが心に響きました。

「読んで涙が出ました。あなたのしていることはカッコイイですが、少しは格好悪くても自分や家族のことも考えてください。少しはがんばらないといけない○○より」ほんと、そうだなと思いました。保育園の年長組と小三の息子、両親のこともあり、自分の意思を曲げてもいいじゃないか……というやさしい元同僚の言葉がありました。この方は職員会議でもはっきり意思表明し行動的で温かみのある女性で、それ以上ちっともがんばることなんてないような方でした。

他にも「何にも知らなかったから勉強したい、いろいろ教えて！」という友人もいました。今のところ二五人の方から『ココロニュース』の購読注文を受けました。この場を借りて御礼申し上げます。

（新入りの原告　永井悦子）

第一七回弁論——裁判所へ判断を迫っていこう！——二〇〇一年二月二〇日

■裁判所の釈明権行使を求める

弁論一七回目にして未だ争点整理の段階。誰が一番にしびれを切らすのかという粘り腰路線をまっしぐら。もちろん被告は「早く結審を！」と何回も前から言い続け、裁判所は、あまりの被告の杜撰な対応と、原告らの主張、申立、求釈明の連続に、早々の判断もままならずという、要するに原告ペースを維持しているわけだ。だが今回は、原告としても「早く進行したい」という意向で、裁判所へ毅然たる釈明権の行使を求めた（準備書面（17）裁判長の毅然たる釈明権行使を求める）。

その効果あってか、裁判長は、「原告の主張は、学習指導要領の法的拘束性を争うというのではなく、本件四点指導が学習指導要領すら逸脱しているということでいいですか」と学習の成果を披露してくれた。さらに、「その上で、職務命令の違法を憲法などその他主張されている違法を争うということですね」みたいな感じで原告らのこれまでの主張を整理。さらに、原告からの求釈明（子どもの思想良心の自由との関連性）に対して何ら応えていない被告へ再度それを促し、次回までに主張するよう求めた。また、原告ら申請の敵性証人（市教委職員など）についても関心を示し、検討採用をほのめかした。裁判所も、本来被告から主張・立証すべきことが何もなされていないことが進行を妨げているという認識を持っているようだ。釈明権の行使を求めたことと、処分手続きに係る文書についても送付嘱託で任意に提出しない被告に対して、文書提出命令の申立を行った。これも次回、裁判所は判断を迫られる。

以下、準備書面の骨子。おわりの部分では、「女性国際戦犯法廷」での判決に触れている。

第一、裁判長の毅然たる釈明権（民事訴訟法第一四九条）の行使を求める

一、被告は、本件「四点指導」の正当性を明らかにすること

（1）全国でも弁護士会が要請や警告

（2）原告ら求釈明に応えること

（3）文部省の調査嘱託採用との関連において応えること

二、本件処分の根拠となる「命令―現認―報告―決裁―処分」に係る文書の開示並びに立証をなすこと

三、被告立証の必要性

以上、これらの釈明・立証について審理の公正な進行をはかるため、裁判長の毅然とした釈明権の行使を求める。

第二、おわりに

二〇世紀末の昨年〔二〇〇〇年〕一二月八日から、「慰安婦」制度の責任者を裁く民衆法廷「女性国際

戦犯法廷」が東京で開かれた。二〇世紀という「戦争の世紀」に積み残された課題を未だ解決できるどころか、被害者の声にやっと耳を傾け始め、加害者とされた人たちの真摯な証言を聞こうと始めたばかりのこの国における「民衆法廷」の開廷は、女性の手による大きな試みでもあり、画期的なものであった。それは、東京裁判で裁ききれなかった「慰安婦」問題と共に、天皇の戦争責任を「人道に対する罪」として、国家に拘束されない国際的な民衆法廷という場で裁くという意味でも重要な意味を持った。

私たちは、「君が代」強制を憲法に問い本法廷で争っているが、「君が代」の「君」が「天皇」を指すものであり、この「天皇」を頂点とする日本軍の戦争責任を曖昧にしたまま、あたかも天皇が「象徴」として生まれ変わったかのように見せかけたまま、有無を言わせずこの「君が代」を強制している現実が厳然とあることを思い知る。

しかしながら、この国家という司法が司るこの「法廷」で、誰を、どう裁き、何を求めるのかが、今、問われなければならない。私たちは、本件「君が代」強制を強行した被告北九州市教育委員会を目の当たりにし、かつ、裁判所にその判断を迫りながらも、これを原告らが受けたような「処罰」をもって解決しようとは考えない。この国に生まれ生きようとする一人一人が、過去の戦争の加害責任と何らかの形で向き合うことで、それぞれが、その「責任」をどう受け止めるのかを問い続けることを求めることこそ大切だと考える。

だからこそ、目の前に立ちはだかろうとする国家に対して黙って服従してはならないし、沈黙をもってその責任を曖昧にすることはできない。真摯な訴訟指揮を求める。

■一九名がそろって進行！

前回から新しい原告二人が加わって一九名が座っているが、いよいよ原告席は所狭しで、向かい側の被告席からの眺めはなお一層嫌なものだろう。裁判所としては、併合の決定こそ出していないが、同時に並行審理をしていくことは明言している。被告はまだ諦めきれないのか、二人の新原告にわざわざどうでもいいようなこと（なおかつ、ちんぷんかんぷん）を質問し、分離を意識させたいようだった。まっ、無駄な抵抗でしょう。まだまだ増えたらどうする？

さて、被告北九州市教育委員会は、またしても裁判所から釈明を求められいよいよ逃げられないこととなった。前回の原告らの求釈明に対して、今回彼らが出してきた書証に、北九州市教育委員会が全市的に作成した「基底教育課程」がある。自ら「四点指導」の根拠として主張したもので、こちらから提出を求めたのだが、この文書における「国旗国歌指導」の内容は、たった二行、「入学式や卒業式などの計画と実施に当たっては、厳粛なる清新な雰囲気の中で新しい生活への動機付けとなるよう、その意義を踏まえ、国旗を掲揚し国歌を斉唱すること」と小さく記載されているのみ。いったい何を立証したいのか分からない。

本件「四点指導」の合理的根拠なるものを、私たちはとことん追及する。なんで「国旗に正対」したり、「国歌を起立して心を込めて正しく歌う」必要があるのか。合理的な根拠のない「指導」を、処分をちらつかせ「命令」をもって人の心へと押し込んでくることこそ、「国家による人権侵害」にほかならない。こんな分かりやすいことが延々と法廷で争われている、これが今のこの国の現状だ。しかし、こんなことすらできなくならないよう、私たちは法廷ですっくと立って、裁判所へ判断を迫り続ける。

（被告が進行をラウンドテーブル（八八年一月の新民事訴訟法以降、弁論手続きなどに積極的に使用されている、三者が円卓について行なう弁論）で求め、裁判所も原告にそれを促したが、原則法廷でやることになった。ラウンドでも結果は同じと裁判所は判断したようだ）。

＊

今回は、東京から桜井大子さんがわざわざかけつけてくれました！

■傍聴感想記――ココロ裁判はすでに圧勝していた

傍聴には以前から行ってみたいと思っていた。それが今年まで延び延びになったのは、ただ自分のスケジュールとにらめっこしながら、つい行きそびれていただけなのだ。一月本紙『ココロニュース』前号を読んでいるうちに、また「行ってみようかなぁ」というような気持ちが湧いてきたのが、今回の傍聴へと繋がった。今回は考えるだけでなく、つい原告の一人である竹森さんに電話を入れてしまった。またしても近辺のスケジュールをちょっとばかし気にしていた私に、「来たいと思ったときが来る時！　そんなこと言ってたら絶対来れないでしょ?」と一喝。そうだよねぇ、とその場で決定したのだった。行ってよかったと本当に思っている。

原告団が提出した準備書面の表紙には（17）と付されている。一七回目の法廷かと、原告代表である竹森さんの陳述を聞きながらその闘いの年月の重さを感じ（本当は錯覚のようなものでしかないのだけれど）、ニュース紙面では読みとれない何かを感じたりした。実際に傍聴に出かけるということの意味は、やはりこの「何か」を感じることでもあるのだ。「ココロ裁判はすでに圧勝していた」というのは、数週間前に書いた短い傍聴報告での率直な私の印象だ。同じセリフを再度繰り返すのは芸のない話であるが、この印象はやはり外せない。

準備書面にそって主張を展開する竹森さんと、原告席に並んでいた一八名の原告団は法廷全体を制していた。と、少なくとも私には見えた。まず驚いたのは、「法廷」の権威というものを引きずり下ろし、自分たちと同じ高さに立たせているという印象を、傍聴者に感じさせた彼女・彼らの力である。さらにこの法廷で審理されていることが何たるかを、原告団は司法の側に理解させ、そしてその司法を使って自分たちの主張の正当性を獲得していくという、そのようなプロセスが見える法廷であったこと。そのような「権威」すなわち「力」という悪しき常識を覆した法廷にあって、これまで「権威」だけで仕事をしてきたのではないかと思える被告席に座る弁護士の狼狽ぶりは凄まじく、裁判官に意見を求められても目の前に積んだ資料を闇雲にパラパラパラパラパラとめくり続け、沈黙を守ること数分（くらいに感じた）。裁判官は業を煮やし、それでは私の方から提案します、てな具合だ。こんなヤツが結果として強大な力を持ってしまう敵かっ！と、逆に情けなくなる。

私は判決がどのような結果になろうと、この法廷が作り出したことそのものに原告団の力を感じるし、少なくとも司法の場での闘いということにおいては「原告団の圧勝」としか言いようがないのだ。それでも判決の結果が力をもつ社会であることも、哀しいかな事実である。あの法廷のプロセスを一瞬でもかいま見た私には、司法が被告の側に立つとなれば、それは、社会の不正義としか言いようがない。しかし、もともとこの社会にはその「不正義」で充満しているのだ。そこに新たな「不正義」が一つ増やされることとくらい容易に考えられる、だからこそ、本当にがんばって欲しいと思う。

この傍聴記を書きながら、私の敬愛する栗原幸夫の言葉を思い出した。判決は確かに社会的に力を持つかもしれないが、私が法廷、そしてその後の原告団との交流の中で感じた力の方を私は信じる、というお話、短いので引用します。

「運動＝過程の中にしか人間の解放は存在しない、つまり静止した『状態』としての解放などというものはない。解放は運動のなかに成立するコミューン的な人間関係のなかにしかない。そしてそういう人間関係の積み重ねのうえにしか国家の死滅という『自由の王国』は実現しないのである」。

結局、法廷の内容には全く触れない傍聴記となってしまった。が、人に伝えたい何かを感じる法廷なのだから仕方あるまい。ぜひ、多くの方の傍聴をお勧めしたい。

（桜井大子／反天皇制運動連絡会）

第一八回弁論――文部科学省から調査嘱託の回答出る！――二〇〇一年五月二二日

■原告準備書面なしで文字通りの口頭の弁論を

既にまる五年に入っても弁論を続行しているが、原告として一切の準備書面等の書面を提出しなかったのは今回が初めて（鉄の女ならず鉄不足で少々ダウンした私竹森は「もう、なーんも書きません」と開き直って口だけで勝負することに決めたのだ）。しかし、この戦法がなかなか功を奏したといえる。裁判所もいい加減争点を整理し、被告の何らかの主張立証を促したいのである。被告からは前回再三促された準備書面

（6）と処分の一覧表のようなものが出され、裁判所はわずかなこの書面から一生懸命何かを見出そうとしていたが、何ら進展なし。

今回、弁論で確認されたことは

①裁判所：職務命令の内容は「起立・斉唱」でいいのか？

被告：起立・斉唱が職務命令である。

②裁判所：状況報告書の提出命令の申立についての意見は？

被告：事実関係に争いがないので必要ない。文書で再度意見を提出。

③裁判所：処分の要件について、手続きなど処理の事実について文書で提出すること。

被告：要件については言及する必要はない。

裁判所：今後の進行についても意見を含めて書面で出すこと。

④原告：原告らは職務命令の根拠となる「四点指導」の違法を問うており、本件職務命令の内容そのものが指導であり、校長によっても様々であることから、職務命令が成立するはずがないという主張。

裁判所：裁判所もそう認識していますので、そういうことを再度短く主張してください。

以上のようなやりとりが延々一時間ほど続き、弁論終了後感じたことは、提訴以来六年目とはいえこの日の弁論というのは、振り出しにまた戻っていったような気もした。しかし、その実は裁判所、被告をじわじわと追いつめ、大きく一歩前進したのだと自らに言い聞かせた。結局は、こういう一進一退の攻防を積み重ね、そして相手を逃さず当たり前に「おかしい」と裁判所に言わしめることだ。

■文部科学省から調査嘱託の回答

いよいよ文部科学省も回答を迫られたようで、何らかの回答が来るという返事をもらっていたが、下記のような「待った甲斐」のある回答（初等中等教育局教育課程課長布村幸彦名）が六月二五日付で送られてきた。内容はともかく回答を引き出すこと、役人の責任の所在を曖昧にしないということを諦めずにやりきったという意味で大きな獲得となった。内容は以下。

①都道府県や政令指定都市に対して調査を行ったが、個別の公立学校を対象として国旗の掲揚や国歌の斉唱の実施のための指導を行ったことはない。

②文部省は個別の教育委員会における指導の内容については承知していない。

■弁論後、被告準備書面（7）出る

弁論時に裁判所より催促されていた進行や処分の要件、提出命令申立についての意見を述べた書面が、被告から珍しく早々に送られてきた。しかしながらというか、予想通りというか、何を突っ込まれても「これ以上何も出てきません」ということだから恥も外聞もない。たった二枚の書面を要約すると「職務命令を受けたこと、または、職務命令を受けてそれに従わなかったため懲戒処分等を受けたことについては争いがない。このため、原告が主張する被告らの行為の適法性の有無について、裁判所の判断が示されれば足るものである」、さらに「以上のように本件は事実関係に争いがなく、被告校長らが発した職務命令と被告北九州市教育委員会が行った懲戒処分に対する評価の問題であり、御庁の早急なご判断をいただきたい」との逃げ答弁に終始し、終結を待つのみという姿勢なのである。

＊

という展開だが、なーーんも立証しようとしない被告に、裁判所も「匙を投げた」感があり、原告らに対して争点の整理を短くまとめて事実関係についてもさらに争点化するように求めた。夏休み明けまでの宿題に。いよいよ立証に向けて積極的な原告側の攻めに入っていかなければなりません。またまた暑い夏になりそうです。みなさんのさらなるご支援をお願いします。

第一九回弁論――違法行為は「着席」のみ？――二〇〇一年九月一八日

■裁判所の積極的な審理指揮

今年に入ってからの弁論は、被告へは主張・立証を迫り、裁判所へは争点整理と被告への釈明と立証を迫らせるといった、やや白熱した弁論が続いている。

前回何ら書面を出さずに攻防した結果、裁判所から「これまでの主張と進行について簡潔にまとめて」という要望に応えたつもりで、準備書面を提出した（準備書面（18）文部省調査嘱託回答を得て）。いつも、弁論期日の前に書記官への電話と事前の書面提出という、ほんの少し裁判所へのプレッシャーをかけるつもりでやっている。今回も、「こちらとしてもさすがに立証に入りたいんですけど……状況報告書の提出など裁判所が判断される懸案事項が多くあると思うんですけど……」みたいなことを事前に書記官を通じて「お願い」をしておくのだ。そうすると、裁判長が法廷でちょっと張り切って、審理指揮をとる。きちんと、事前に出したこちらの書面にも目を通しているのが分かる。

■勝負に出たいところです！

文部科学省からの調査嘱託の回答を得て、いよいよ被告市教委のなした「四点指導」ないしはこれに基づいた学校長の職務命令についての質問。本件処分は、まさかその根拠を「学習指導要領」におくわけにはいかないわけで、裁判所からの、原告の求釈明に基づいた「違法行為は着席だけでいいんですね」という質問に、被告はしどろもどろ。「いいえ、職務命令違反でして、着席だけではなく、校長の職務命令に違反したと言うことで……」。

裁判所自ら「座って歌うという場合もあるわけですからね」みたいなことをやりとりして、今ひとつ格調の低いやりとりがなされていた。原告らとしては、「起立して、正しく、心を込めて歌え」などという職務命令が成り立つはずもなく、明らかな憲法違反を正面から突破していきたいのは山々。だが、ここまで「司法」の壁を突き崩すまでに、長い弁論を積み上げてきたと言える。裁判所も、被告市教委の傲慢な態度やいい加減な答弁に、最初の心証とは違うものを感じていると思われる。次回は勝負に出たい！　これが原告団の希望。立証に出て、来年は証拠調べへと、また、延々と……⁉

第二〇回弁論――だめ押しだめ押しの弁論！――二〇〇一年一二月二六日

■とうとう二〇回目の弁論に！

何だか「ああ言えばこう言う」弁論をだらだらと継続しているかもしれないという一抹の不安もあるけれど、被告市教委の「逃げ」と「ごまかし」の弁論に引き回されることなく、また、裁判所の優柔不断な指揮に惑わされることなく、とことん被告市教委の違憲・違法を追及し、白日の下に晒すには、しつこく食い下がるしかない。前回、この期に及んでの被告代理人弁護士の「請求原因の確定を！」という全くもって非常識な発言に再度反論を展開した（準備書面（19）被告の挙証責任を追及）。

■裁判長「被告別表に間違いはないか？」

被告が唯一提出した原告各自の事実関係に関わる主張とも書証ともつかない「表」があるが、要するに職務命令が出て、着席して、処分が出たということを年月日を記して表にしたもの。そんなものに、「認否」ないし「反論」をしろというのだから困ったモノだ。が、しかし、裁判所も「まあ、被告も別表の認否が細かく出れば、原告の求釈明などにも応えると言ってるのだから……」と、被告のワガママをとりなす形で何とか進行しようという指揮だった（実際は、ここまで至るのに四〇分くらいのやりとりをしている）。結果、原告が別表への認否を二月半ばまでにして、その後、被告がさらに主張・立証への意見をまとめるということで落ち着いた⁉ その他、本訴訟は三件が並行した形で審理が進んでいることの整理（併合するかどうか）、敵性証人の採否、文書提出命令の決定など、次回へと持ち越された。

しかしながら、次回は裁判長も交替かと思われる時期（すでに現在の小山裁判長は四年目に入ろうとするところ）。ずるずると多くの懸案事項を引きずるわけにもいかないという感じで、年度末の次回弁論に一定の審理の整理と進行が目論まれているとの感触を得た（ホンマカイナ⁉）。乞うご期待！ 今回も多くの傍聴のみなさん、ありがとうございました。

■傍聴感想記――音楽は魂からでたもの

一二月二六日、絶好のテニス日和。原告の竹森さんはテニスの出で立ちで法廷に登場。私は前々から一度「ココロ裁判」を傍聴してみたいと思っていたが、その前日竹森さんに電話してみたところ、弁論の後テニス大会、そして夜には忘年会があると聞き、テニスの大好きな私は大阪からテニスラケットを持ってウキウキして出かけたのだった。

さて弁論だが、原告と被告のやりとりを聞いているとどうやら、被告は自らはろくに認否もしないくせに「争点が明確でない」とか言い、被告が作った「原告だれそれは、いつどういう処分を受けた」とかいう外形的事実のみの一覧表について原告が認めるかどうか回答を求めてきたようだった。これに対し最初原告側は「争点のどこがはっきりしないのか」、「被告の方こそ認否に答えてないのに何だ」と反発。傍聴席からも「どこが争点かはっきりせえへんねん！」「争点がわからんのはおまえらの頭が悪いからじゃ！」とヤジが飛び、私も「そやそや、おまえらの頭が悪いからやないか！　おまえらこそ、ろくに認否もせえへんくせに何や！」と怒鳴ってやった。すると裁判長が「傍聴席からは発言できません」と注意。結局、裁判長のとりなしにより原告が次回までにその表について回答することになった。

私も後でその表を見せてもらったが、争いのあることには触れず、誰がいつどういう処分を受けたかという外形的事実だけを羅列し、「争いがない」とし自らの主張はせず、結審させ法解釈については裁判所に助けてもらおうという魂胆がミエミエ。行政相手の裁判ではよくあるパターンだが、当事者が主張もしていない理由で判決を書くのは民事訴訟法の弁論主義のルールに反するもので許してはならない。そのためには、今回被告が提出した表のカウンターパンチとして、逆に「こんな争いがあるよ」ということをアピールする表でも提出するなりして早く立証に入り、被告側の人間を証人尋問しボロを出させたいところである（また被告側の人間を法廷に引きずり出し追及し見せしめにすることは単にこの訴訟上の立証だけでなく、今後の処分に対する牽制にもなる）。

話は変わるが、私は大学に入ってからろくに楽譜も読めない状態で大学のオーケストラに入りヴァイオリンを始めたが、それ以来音楽をする魅力に取り憑かれ、もう二〇年以上アマチュアオーケストラで音楽活動をしてきた。ロマン・ロランは彼の代表作「ジャン・クリストフ」の中で主人公に「音楽は魂から出たものでなければならない」と言わせているが、まあ、「魂から出たもの」まではいかなくとも、少なくとも「音楽」は「音」を「楽しむ」と書くのだから、ココロから楽しめるものでなくてはならない。よって他人のココロを踏みにじって無理矢理歌わすような歌は「国歌」に値しない以前の問題として「音楽」に値しないのである。処分を振りかざして歌いたくない歌を強制するようなココロの貧困は、本来子どもの感性を育てるべき教育者として全く情けない。

この裁判によってどうか学校に「ココロ」を取り戻して欲しいと思います。私も遠く大阪から応援していますので、ねばり強くしなやかに闘ってください。私もまた法廷をにぎやかにしに行きたいと思います。

（高橋靖／吹田市交響楽団）

第二一回弁論――小山裁判長、最後の判断は今ひとつでしたが……――二〇〇二年三月一九日

■先延ばしの感の裁判長指揮

原告側は事前に裁判所からの要求であった被告の別表に対する詳細な認否をなした準備書面（21）を提出し、それを受けて被告はこれまで積み残されている求釈明などにこたえるはずであったが、期待はできなかった。被告はいつものとおり「職務命令が出た事実に争いはないでしょう」「なんで状況報告書が今さら必要なのか」「人証の予定もない」との一貫した（?）姿勢。さすがに、裁判長から原告準備書面に対する認否だけは念を押された。しかし、状況報告書への文書提出命令申立に対する判断も、今後の進行の中で必要性が明らかになってくることを待ってからの判断というような曖昧な形で保留。そのため、原告側が申請している敵性証人の採用もとりあえず保留とし、次回に全体的な原告立証計画をだすようにとの強い要望がなされた。

また、「一番大きいのは四点指導でしょ」との裁判長のこの言葉に表れているように、原告の立証計画についても、北九州市独自の「四点指導」を問題だとした上で、これによる損害や違法・違憲を立証していくモノを想定しているようだった。

最後に、いったん法廷を後にしかけて戻ってきた裁判所の判断したことは、これも懸案事項の一つであった併合問題。行政処分の取消に関する二件は併合とするが、損害賠償請求として訴えた二人については、「並行審理」のままいくこととされた。うう一ん、どれもこれもちょっと煮え切らない判断ばかりでしたねぇ。

■予定通り裁判長交替！

次回から、予定通り裁判長が交替することが分かった。

新裁判長はつい先日、佐賀地方裁判所で出された自治会神社費拒否訴訟〔自治会費に含まれる神社費の支払いを拒否したため、自治会を除名されたのは「信教の自由」に反するとした訴訟〕の判決を出した亀川裁判長。この裁判は、私たちも提訴当時から注目し、傍聴支援を続けていた裁判で、裁判長の指揮もずっと見てきた。

その判決は「画期的判決」と言われるほど、内容のあるものだった。主文はともかく、原告らの被侵害利益について「信教の自由は、憲法が保障する人権の中でも中核的な人権の一つで、私人間でも法的に保護された利益であり、充分に尊重されるべきである。信仰ないし宗教上の行為に参加を強制したりすることは、個人の価値観自体を否定することを意味し、大きな危機にさらされることになる」と判示している。判決当日の報告集会で勝訴の報告がなされ、このような、正面から「信教の自由」という基本的人権の問題を、憲法に則って判断するという気持ちの良い判決を聞くことができ、とても感動した。一人の原告の意志が裁判所に通じたと思い、胸が詰まった。

私たちも、ココロ裁判をこれまで二一回の弁論を積み重ねて、さらにこのような判決を出した亀川裁判長と出会っていく。新たな気持ちでココロを引き締めて、裁判長とも向き合っていきたいと思う。

■「着席」行為が焦点化!

被告が言うような、「立ったか、座ったか」が問題で、事実関係に争いがなく、その評価だけに絞られるほど本件は単純なものではないはずであるが、一九九九年八月九日の「国旗・国歌法」制定以降の学校現場での卒・入学式の攻防は、この点に焦点化されつつあるというのが現状だ。これまで実施率の低かった、広島、大阪、北海道、東京といったところで、どのような形にせよ、「日の丸・君が代」実施が一〇〇%となる中で、つまるところ一人一人が起立して歌うのかどうかという選択を迫られるようになっていることは確かだ。しかも、「処分」という得体の知れない怪物が個人の前にたちはだかってきながら。

二月の半ばと三月はじめという卒業式を控えた時期に、大阪の枚方市と北摂地区の集会に行ってきたが、大阪などではまだまだ「起立」を職務命令として出されることもなく、処分などは出ていない。一人一人に問われるとはいえ、まだまだ複数で着席もできている。しかしながら、これまで当たり前のように「日の丸」も「君が代」もなかったところで、一気に「君が代」が実施される中、これにどう抵抗するのかということに身につまされた教員たちの必死の思いが伝わってきた。ある意味ここまで問われて、初めて「日の丸・君が代」の本質も見えてくるのかもしれない。あのハタの前に屈して、あのウタを口ずさむことになるのかどうかは、自らの良心を問うことだから。

いよいよココロ裁判の担っているモノの重大さが身にしみてきたところです。今年はホントに正念場！（毎回言ってる！）全国のココロあるみなさん、ご支援よろしくお願いします。

第二二回弁論——多数の証人申請で新裁判長を圧倒したかな？——二〇〇二年六月一一日

■原告側の立証計画をすべて申請

これまで長い間被告の挙証責任を追及し続け、とうとう原告側から敵性証人を申請せざるをえない状況に追い込まれながらも、裁判所もこれを保留としたまま、相変わらず被告は自らの立証を拒み続けてきた。最終的に、これまで申請してきた敵性証人とは別に原告側証人を三一人申請し、すべての原告側立証計画とした。証人申請は以下の通り（証拠申請書（４）の抜粋）。

一、他府県の「日の丸・君が代」実施の実態と本件処分の異例性

証人1、赤田圭亮（横浜学校労働者組合・副委員長）

証人2、松岡勲（高槻労働者ネットワーク委員長）

証人3、北原良昌（アイム89・東京教育労働者組合）

二、子どもたちへの具体的な人権侵害状況

証人4、深江守（北九州市民運動に関わりわが子を北九州市立小中学校へ通わせた）
証人5、近藤光代（部落解放運動を闘い学校での「君が代」に異議を唱えている）
三、学者関係
証人6、岡村達雄（関西大学教授・教育行政学）
証人7、駒込武（京都大学教育学部）
証人8、佐藤秀夫（日本大学文理学部教授・日本教育史）
証人9、成嶋隆（新潟大学教育学部・教授）
証人10、野田正彰（京都女子大学現代社会学部教授・精神病理学）
証人11、横田耕一（流通経済大学法学部教授・九州大学名誉教授・憲法学）
証人12、西原博史（早稲田大学社会科学部教授・憲法学）

本件四点指導に基づく職務命令及び処分は、子どもの思想・良心の自由を侵害するものであり、そのため職務命令及び処分を受けた原告らの基本的人権に反し、違憲・違法であること。準備書面（13）第二、公教育における子どもの良心形成過程における良心の自由侵害、準備書面（14）で主張した第二、原告らの抗命義務と不服従の権利について。

本件四点指導は「指導」という名の下に行われた「強制」であり、教職員へは「処分」をちらつかせた「命令」であり、「君が代」が歌えないという子どもを目の当たりにしながら、教師は「歌え」としか「指導」できない状況であった。したがって、こういった状況では子どもたちへの拒否権や不参加、歌わない自由を否定せざるを得ないこと。こういったことは、明らかに子どもの思想・良心の自由を侵害することであり、本件不起立行為は、これらの人権を保障するための最低限の教師としての抗命義務であり、権利であること。

四、原告　稲田純他一八名

これらすべての証人に対しては、証人12の西原氏のところに記されているような立証趣旨をそれぞれ記載しているが、省略させていただく。第一は、独立組合関係の人証で、北九州市の異例性を強調することが目的。事実、全国的には「日の丸・君が代」のない卒・入学式が続いてきたこと、法制化以降「歌わない自由」などが保障されつつある実態などを立証したいと考えている。第二では、子どもたちには強制しないといいながら、つまるところ、教職員への強制・命令・処分は子どもたちへの強制につながっているということを、保護者の目によって立証していきたいという趣旨。第三の学者証人は、これまで準備書面で主張してきた、「日の丸・君が代」そのものの歴史性からみた違憲違法性から、教育行政にかかわる職務命令の違法性、学習指導要領の法的拘束性など、あらゆる違憲・違法、そして、歴史的事実などについて、七人の学者の方々に証言や意見書などをお願いしている。

どれだけ採用されるか否か全く予想はつかないが、これまで準備書面で主張してきたことをすべて自分たちの手で立証していかなければならない。これら申請した証人は、誰一人として欠かせない人たちだが、裁判所にこちらの意気込みを見せつけるという意味でも、この人数で圧倒したことと思う。

■亀川新裁判長の審理指揮は?

亀川裁判長は本人訴訟であることをそれなりに理解してくれたようで、分かりやすいていねいな審理指揮であったように思う。原告からの自己紹介も快く受け止めてくれた。その上で、被告に対して従前から伝えてきたことだが、被告の立証計画があれば出すようにと念を押した。さらに、原告に対しては、どの人から聞いてもらいたいか、進行上の意見などがあれば出すようにとの指示があり、次回期日前に直接意見を聞くこともあるとの意向が示された。まあ、感触としては学者だけでなく、保護者や学校労働者についても採用の可能性があるかどうか。本来私たちが求めてきた被告側証人を採用して欲しいところだが……。

＊

というようなわけで、次回期日は夏休み中！　証人の採否が行われる。どうぞ、みなさん！　裁判所の証人採否を監視するためにも、ぜひぜひ多くの傍聴をお願いしたいと思います。よろしく！

第二三回弁論――原点に帰ろう！　とおくまでいくんだっちゅうの！――二〇〇二年八月二八日

■証拠調べは原告本人から

前回提出した原告側の膨大な証拠申請書を受けて、まずは被告の意見。前日にぺらっと一枚出てきた紙（意見書ともいえない）には「原告らの提出した証人申請書を見る限り、立証趣旨が本件事案の争点とは関連性がないものが多く、これらの証人について証人尋問を行っても、いたずらに審理を遅延させるのみである。被告らとしては、当該証人らの陳述書の提出で事足り、わざわざ証人尋問を行うまでもないと考える」という、「関連性がない」とか「いたずらに審理を遅延」とかいうまったくもって木で鼻を括ったようなものだ。いたずらに審理を遅延させ、自らの主張立証を拒んでいるのは被告自身であることの自覚がない。早く終わりたいならさっさと自らの処分の正当性を立証しろ！　それが明らかにならない限り、争点はいつまで不明のままである。根拠をあいまいにしたいのだ、矛盾を暴露されるのを恐れているのだ！

前回の原告側の申請に関する意見をどれほど真面目に聞いていたのかどうか分からないが、「初めに結論ありき」の裁判所の姿勢は見え見えではあった。原告から立証するのではなく、被告からの立証を！という私たちの意見にはなかなか耳を貸さない。被告へ強く立証を促さないばかりか、敵性証人の採用はハナから考えておらず、裁判所としてはとにかく「原告から」という意向らしい。それでも、しつこく被告の挙証責任を主張した上で、裁判所の合議を待った。かなり長い時間の合議がなされた。待つこと一〇分近く。若い女性の右陪席、まるでぼっちゃん風の左陪席と、新しい亀川裁判長はいったいどんな議論をしているのか。

やっと戻ってきた裁判長の口からは「原告からいきたいと思います」「もちろん、被告の立証はその都度考えます」というようなニュアンスではあった。結果、一九名の原告の中から原告らが必要と思われる者を数名ピックアップして、時間配分などの計画を一〇月末までにだすこととなった。まあ、原告についてはかなり柔軟な採用ではあった。原告をこれから数名調べるだけで、一年以上かかりそうだ。本人訴訟ではじめたこの裁判、また証拠調べに入って「原点に戻る」しかないのかもしれない。事件のすべては原告の中にあるのだから。

■次回はどうするか

ということで、採否の結果に若干の心残りを持ちながら法廷を後にし、いつものことながら、次回はどうするかと頭を巡らすことになるのだ。提訴から丸六年、「君が代」処分を当局と争いはじめて一五年近く。ただ、黙って座っていたことでなぜ懲戒処分なのかという単純な疑問をぐるぐるとさまざまなところから探り、考えてきた気がする。係争中には「法制化」という歴史的な転換とも言えるような事態も迎えた。しかし、私たちは淡々と北九州市の学校現場での「日の丸・君が代」問題にこだわり続けることで、小さな希望を見いだしてきた。ここを基軸に仲間もでき、支援者も増えた。当局との関係も変わってきた。面と向かって、「日の丸・君が代」の議論ができる関係も生まれたとも思う。つまるところ、個人の精神的な自由の確立をめざすという私たちのたたかいの原点を、いつも意識しながら裁判をも楽しめたらと思っている。戦時であろうが、有事であろうが、「平和」であろうが、個の精神的な自由を求めてやまないのは、人としての当然の思いのはず。裁判所、公務員、教員という立場を越えたところでのたたかいを見据えながら、ココロ裁判はもう一度原点に返り、そして、とおくまでいくんだっちゅうの！

全国に散在するココロ裁判の応援団のみなさん、末永くおつきあいくださいね。

その後、原告団が集まって対策を練った。後から原告に加わった永井さんから、「なんで本人訴訟なのかが竹森さんの書いたもので改めて分かりました」みたいなことを言われ、「うん、もう一度この原告団でやっていくことの意義を確認しよう！」とも思った。原告団は、うい組合員と福教組組合員が混じり合いながらも和気あいあい、カオル裁判で勝訴した牟田口さんもいたり、遊び心いっぱいで楽しんでる仲間も多く、とてもいいムード。法廷で縮こまることなく、のびのびとやっていくことを再度確認しました。

うん！　がんばろう!!

■傍聴感想記——腹を立てても仕方がないので考えたこと

原告と被告とのディスコミュニケーション、ただそれしか存在しなかった。北九州市の子どもじみた態度に対して、今さら腹を立ててみたところでしょうがない。それでもむかついたけど、あれには、もうちょっと何とかしろよ……。

このディスコミュニケーションこそが問題にされなければならない。これがもたらされる大元は言うまでもないことだが、日の丸・君が代だからである。だからこう言うことができるだろう。日の丸・君が代はディスコミュニケーションの象徴であると。コミュニケーションをとること、これは対等な関係がなければならない。そして、それには他者が存在しなければならない。しかし、あのウタとハタは絶対的にそれを阻害する。なぜか？　歌わせる人と歌う人、拝ませる人と拝まされる人しか、その下では存在しないからだ。要するに、命令と服従しか存在しない関係性を作り出すのである。このことは同時に、ウタとハタの前では平等は存在しないことを意味する。そのような中で、一体どうやってコミュニケーションを取ればよいのだろうか。というよりも、不可能である。命令と服従しか存在しない中では、他者が存在しないからである。単に命令させる、服従するだけの存在を他者と言えるのだろうか？

法廷で見たディスコミュニケーション、あれは当然の帰結、つまり他者が存在しないものに対して、コミュニケーションなどはそもそも存在しない、どこまで行っても話は平行線をたどるしかない。そしてまたそのディスコミュニケーションは法廷に限られたものではない。そこにあったものは、日の丸・

君が代に関わる私たち一人一人が、常に向き合っている、向き合わなければならない問題なのである。日の丸・君が代によって作り出される他者の喪失された関係性において、いかにしてコミュニケーションを取り戻していくか、いかにして他者を見るか、そして自らを他者として現せるのか。私たちはその問題を引き受けていかねばならないだろう。

（丸田弘篤／フリーターユニオン福岡）

第二四回弁論――ここに理想とする法廷があった！――二〇〇二年一一月一九日

■本件職務命令はなかった！

第二四回弁論は、原告本人からの証拠調べの予定であった。釈然としないままの前回での決定を受け尋問の準備に気も乗らないとき、予定した原告・稲田さんの「一一月一九日は学校行事で出られない」との電話。渡りに船ではないが、それから裁判所との水面下？の攻防が続く。「メインの証人が出られない」「期日の変更申立をする」「期日が変更できないなら弁論だけで」。何度も書記官とやりとりしながら、弁論だけに落ち着いたが何を主張するのか⁉と頭を巡らせる。まあ、これまでの繰り返しと言ってしまえばオシマイだが、亀川裁判長に代わってから彼がどこまでこの事件を「重大事案」と位置づけているのかを試す良い機会となったのは間違いない。

以下、西原博史さんからも重要なアドバイスをいただいて書き上げ、今回の弁論に大きな功を奏したといえる準備書面の趣旨を掲載する（準備書面（21）被告の言う職務命令はなかった）。

はじめに――本件職務命令に対する原告らの認識と争点整理のために

原告らは、本件「職務命令」とよばれるものの根拠となっている、被告北九州市教育委員会が一九八五年以降なしてきた学習指導要領すら逸脱した「四点指導」そのものが違法であり、これに基づいて出されたとされる本件「職務命令」とよばれるもの並びにこれに基づく本件処分が違法・不当であることを主張してきた。「四点指導」が違法であれば、当然職務命令は違法であり、明らかに無効となる。しかし被告から未だこの「四点指導」の合理的必要的な根拠は立証されておらず、今後原告らも含めてこの違法性について立証をしていく準備があるが、本準備書面ではひとまずこの立証についてはおくとして、この「四点指導」を受け、学校長が発したとされる本件「職務命令」といわれるものの存在そのもの、そして実体的な成立要件を満たすものか、否か、あらためて整理したい。

原告らの現場感覚及び認識にてらして述べれば、各学校長は卒・入学式の際して、概ね教職員に対して「式が滞りなく行われるようお願いします」「式次第にのっとってよろしくご協力お願いします」という発言の中に、「君が代」を起立して斉唱することを含むようなあいまいな指導をなしている。「君が代」に対する反対意見が出されたり、「着席」をした教職員がいた場合に「起立するようお願いします」とか「起立して斉唱するように」との発言がなされるが、学校長としての学校運営上の合理的な必要性などの説明を求めてもそれがなされたことはない。したがって、原告らはこの発言が懲戒処分を伴うような法的な職務命令であるとは認識できない。原告らが職務命令として明確に認識できた職務命令は、ストライキの実施の中止を出されたときであり、これは当然文書で一人一人手交されている。原告らの認識としてはこれが職務命令である。

さらに、原告らの思想・良心・信仰の自由を侵害されてまで、「立って歌う」ことが「処分」「制裁」を伴ってなされる学校運営上の職務とはとても認識できず、よしんば「職務命令」との文言を使ったとしても、それは職権を濫用した一部校長の不当発言でしかないという認識であった。原告らはこれまで重ねた弁論の中、本人訴訟という法的知識は未熟ながらこういったことを主張してきたが、被告の原告らの主張に具体的な認否もしないまま、「事実関係に争いがないので立証の必要がない」といった不誠実な応訴態度によって、ここまで論点整理ができず立証にも入れなかった。したがって、的確な審理・立証を行っていく上で下記のように再度主張を整理した。

一．職務命令・職務命令違反行為の存在について

（1）職務命令は存在しなかった（略）

（2）職務命令違反行為は現認されていない（略）

二．本件職務命令といわれるものは実体的な成立要件を満たさない。

（1）本件職務命令は「職務遂行」に関わるものではない（略）

（2）本件職務命令といわれるものは原告らの基本的人権を侵害し、違法（略）

（3）本件職務命令は子どもの強制状態による教育上の権限逸脱状況を発生させ違法（略）

三．今後の進行について

（1）被告の立証がない場合　原告らが文書提出命令申立をなしている・状況報告書（学校長の職務命令の有無、違法行為の現認、学校長の職務命令の学校管理上の合理的理由）・事情聴取調書（原

告らの証言）・委員会議事録（違法行為に対する処分判断）の開示をはじめ、これ以上の被告立証がないとするならば、本件職務命令は存在せず、また必要的合理的根拠も立証されないままであるので、本件職務命令は無効であり、処分は違法となる。原告らの中で、学校長から「国歌斉唱時には起立して斉唱するように」との発言の存在についての立証は可能な者もあるが、被告のいう法的な本件職務命令が不存在であることを原告らが立証することは不可能であるので、被告の立証が先決であり、不可欠である。それがなければ被告の言う職務命令は存在しないということとなり、本件処分の違法が確定する。

（2）被告立証があり得る場合　被告が学校長の職務命令が形式的に要件を満たして存在したことを立証し、さらにその実体的要件、さらにはその合理的・必要的根拠をさらに立証した上で、はじめて本件職務命令の適法性及び処分の適法性が判断される土俵にのることになる。原告らは、その上で本件職務命令の違法・不当性を立証するための証拠申請をなしているものであるので、今後の立証の必要性について貴庁の慎重な検討と慎重な審理が必要である。

■亀川裁判長、法廷を仕切る！

上記書面を法廷で全面展開せねばと気合いを入れて法廷に入った私だったが、裁判長の第一声「はい、原告の主張はよおく分かりました」。がくっときたが、まあ、様子をみようと彼の言葉に耳を傾けた。

「あえて、事実関係に固執しなくても何が問題かは分かっています。あなたがたはこの処分の違憲性を問うているのでしょう」「これまでのあなた方の主張は充分尽くされています」「裁判所は審理の途中でどちらかに有利は発言などはできませんが、まあ、違憲な法律を裁く審査権というものも司法にはあるのですから」。さらに裁判長は被告の異議にも屈せず、「別に請求の趣旨を書き換えるまでのことではないでしょう」と一蹴。ついつい、原告席で頷いてしまう私に、「原告言いたい放題路線はどうする?」と原告団はやや混迷。まあ、二、三の意見を言ったが余裕の亀川裁判長は好意的な対応に終始した。

つまるところ、「原告からの生々しい現場の声をまず聞きたい」。そこから、学者証人や敵性証人の採用を考えていくということがはっきりと言われた。そこに行き着くまで、延々一時間、ほとんど裁判長がしゃべりっぱなし(ホントですって、私はほとんどしゃべりませんでしたのよ!)。弁論で一時間、裁判長がしゃべるなんて前代未聞! ここまでしゃべらせた私たちって⁉ 感動でした。安心して、今度は原告本人尋問の準備にとりかかれそうです。うふっ!

■傍聴感想記――「環」を確実に

以前からの、公判を傍聴させていただきたいという願いが叶いました。

原告席は椅子がはみ出るほど賑やかでした。法廷映画では発言はとても厳粛ですが、原告席からまるで交渉みたいに次々と発言があって雰囲気が自由だなあと思いました(被告の市教委が「ハイ!」と学校みたいに手を挙げて発言していたのと対照的でした)。その原告団の発言は、綿密な打ち合わせがあるようで即興ライブのようでもあり、回数を重ねたあうんの呼吸で恐れ入りました。何よりビックリしたのは裁判長で、九州の裁判長はこんなにおしゃべりなのかっと傍聴席で呆然でした。

「あなたたち（原告）の言うことはよく分かりました」「被告は立証を出すべきでしょう」「違憲の法律だってあるんですよ」「次回の原告の本人訊問を聞いた上で、学者等の訊問を考えます」……って、法廷見学に来ていた学生たちの前でえんえんしゃべり続けました（しゃべった彼もちょっと満足げでしたね）。裁判長に「被告側立証」について理解をさせ、このようにしゃべらせたわけで、原告団の高等戦術は随分勉強になりました。

しかし、一番感服したのは何回も続く公判にもかかわらず、忙しい職場を後に疲れも見せず、元気に法廷に立つ原告団のガッツでした。高槻の職場の急激な右傾化にうんざりし、両肩の下がる事が多い私ですが、遙かに厳しい状況の北九州でこんなにやってらっしゃるのを見て、自分を「小っせえ、小っせえ～」と元気に振り返ることができました。

原告団のみなさん、お疲れのことも多いと思います。けれど「冬の時代」が深まるにつれて、声高な右翼も増えるでしょうが、静かな支持者はそれ以上に増えることでしょう。私も私なりにやってみようときっかけを頂きました。

「環」を確実に拡げられているみなさんに敬意とエールを送ります。

（長谷川洋子／学校労働者ネットワーク・高槻）

第二五回弁論——原告本人尋問第一弾 良心の自由侵害が明らかになる——二〇〇三年一月二八日

■いよいよ立証へ 届け原告の生の声！

七年以上ひっぱった挙げ句の原告証言第一弾の日。今さら緊張もないのだが、朝から下痢と嘔吐、薬局へ走り全ての病状を押さえ法廷での万全を期そうと焦った私（ちと、大げさですな！）。二時間で原告二人の思いをできうる限りひきださなければいけない。そして裁判所へ、被告へ、傍聴席へ届けなければならない。今こそ、このココロ裁判の目指してきたことを法廷に響かせなければと、はやる自分がそこにはいた。

しかし、準備は万全！ 二〇年近い原告との長いつき合い、権力と対抗するそのときどきの事実関係や思いを共有してきたことと、さらに積み重ねてきた法的理論（大したことない……）を重ね合わせながら、短時間でどう組み立て何を証言するかは自ずと見えた。

私は、原告がすっきり証言できたことと、傍聴者が私たちのねらいや思い以上に受け止めてくださったことに、充分な達成感をもつことができた。そのことは、その後の裁判所の審理指揮に現れたように思う。

■次回も原告本人尋問

ほぼ時間通りに尋問を終え、裁判所もほっと？した様子。一九名の原告から七名を絞って申請しているが、今回二名、そして次回どうするかについての弁論。裁判所はかなり緩やかな指揮で、反対尋問はまとめて後でという私たちの意向を尊重、次回もゆとりをもって三時間にしてもよいといった意向を提示してくれた。私たちはできるだけ凝縮した形で、次回も三名程度の主尋問を二時間以内でやることにした。足りない部分については、陳述書かすべての証拠調べが終わった後でも良いのではないかと考えている。できるだけ早めに敵性証人として市教委や校長、そして学者証人の証言へとつなげていきたいというのが私たちの強い思いだ。とりあえず次回は原告本人尋問の第二弾です！　みなさん、ぜひぜひ傍聴のほどを！

■傍聴感想記――ひとりから始まり、ひとりの踏ん張りが変えること

初めてココロ裁判を傍聴した。七年目にして今回やっと証拠調べに入ったとか。原告本人尋問でトップバッターは稲田純さんと井上友晃さん！　法廷に入って「すごいなあ」と思ったことは、原告がほぼ全員出廷していたことである。どこかの「原告であることを既に忘れてしまった」人たちが多い訴訟とは違って、本人訴訟の心意気が伝わってきた。

まるで弁護士のような竹森真紀さんの尋問に、稲田さんは赤裸々に答えていった。初めての小学校の職員会議で、子供たち自身についての話し合いがあまりないことに驚いたこと。卒業式前に「君が代は民主教育にふさわしくない」と言っても無視されて、二年目も同じように言ってもやはり無視されたこと。他に意見を言う教師は誰もいなくて、辛かったこと。卒業式当日、ドキドキしながら座っていたが、かえって重荷がとれ自分の良心を維持することができたこと。教育委員会の指導という名の脅しや、みんなの前で晒し者にされたり、みせしめ的にレッテルを貼られていった恐怖や怒り。校長が「仰

げば尊しの方が好きだから」ということで今まで歌っていた歌を変えたり、校長の押し付けにどうしようもならないような実態の暴露。八九年、九四年、九九年と相次ぐ処分。私の心も怒りで震えた。しかし、いくつかの小学校を体験して、やっと初めて五、六年生を担任したことを知って、稲田さんの希望が叶うこともあるのだとちょっと明るい気持ちになった。子どもたちに在日コリアンの体験を話してもらったり、修学旅行で長崎の被爆者との交流などもしたそうだ。その年の卒業式でＰＴＡ会長が卒業生に「あなたたちは、普通できない体験をしているんですよ。貴重なすばらしい体験を……」と言った言葉は、稲田さんに対する暖かいエールだと思った。見ている人は見ているし、解っている人は解っているのだと、私の目にも涙があふれてきた。

井上さんは、「立てない」と言った子どもと二人ですわっていたこと。その後、教育委員会が指導に来たこと。入学式に少し遅れてきただけなのに処分を受けたこと。以来、放送係ということで放送室に押し込められたこと。新しい校長が赴任しても、すでに教育委員会から「井上に注意！」のマークが付けられていたとか。

あまりの現実の厳しさに、私は溜息が出そうになった。「日の丸・君が代」の強制は、天皇賛美の強制だから。どんなに押し付けられても、したたかに返していこう。なんでも「ひとり」から始まるんだ。ひとりの踏ん張りが周りを変えていくことを信じて！　ひとりひとりの思想・良心の自由を求めて、一緒に闘っていこう。私自身この裁判を傍聴して、新たに闘うエネルギーをもらった。傍聴案内をくれたみなさんに感謝！

（大分のぷんぷんおばさん・島田雅美）

第二六回弁論――涙と感動を誘った原告本人証言第二弾！――二〇〇三年四月二二日

■たくさんの傍聴、ありがとうございました

前回の原告証言第一弾が好評で、原告証言を聞き逃してはならないと（ホンマカイナ！）あらゆる方面から、多くの方々が傍聴に訪れてくださった。

証言者の石尾さんがクリスチャンであることから日本基督教団の牧師さんたちが、同じく山根さんにはこの証言に関わる当時の子どもたち（もちろん今は立派な社会人となったステキなレディ！）が来てくれた。そして広島からリュックを担いでの菊間さん、地元の靖国訴訟の関係の方々などが集まってくださった。さらに、これまで北九州市でずっと私たちのたたかいを陰に日なたに支援をずっと続けてきてくださった北九州の市民運動のみなさん。申し入れ行動やビラまき、集会を共に取り組んできたみなさんだが、福岡の裁判所ではなかなか顔を合わせることができなかったので、本当にうれしくありがたく、心強いことだった。ありがとうございました。そして最後に東京から北村小夜さんが法廷に飛び込んでこられました！

■二時間目一杯、法廷に証言が響きわたる

山根弘美さんには、「君が代」斉唱が子どもの思想良心を侵害した事実を、学級での日常から、子どもの日記などからごく当たり前のこととして証言してもらった。学校は社会の縮図だから、さまざまな課題や生

き方を抱えた子どもたちの集まるところであるにもかかわらず、「学校」はそれを画一的にできるだけ違いが見えないようにすることで成立させている。このことが明らかに子どもの権利を侵害していることに、全く気づかずになされていることがたくさんある。また、国家はこれを意図的にマインドコントロールしているのだろう。山根さんの証言で、本名では通えない「在日」朝鮮・韓国の子どもたちが目の前にいること、信仰をもった子どもたちが心の中で強い信念をもって生きていること、違いを認め合ったり、社会の問題をていねいに伝えればしっかりと自分の頭で考える子どもたちは、どこにでもいることを示すことができた。そして、「君が代」が子どもたちの内心に踏み込み、それを有無を言わさず押しつけてくる「国家」に対して、教師の抗命義務としてのぎりぎりの行為が「着席」であることが証言された。

石尾勝彦さんは、原告唯一のクリスチャン。やはりそのことを抜きにしては語り得ない。日本社会の中で、ましてやこの公教育の中で、クリスチャンであることを認められることは厳しいということが、この「君が代」処分に象徴されているのだ。ただ座っただけで「減給三か月」までなされる権力の前に、個人の非力も見せつけられる。しかし、だからこそここで抵抗を止めれば、かつての天皇を絶対とした軍国主義の日本と同じことを繰り返すのだ。教会もそうだった。教師もそうではないか。歌や旗が個人の思想・良心・信仰以上の絶対的な権威をもち、経済的にも侵害され人と人とのコミュニケーションまで奪い、人間性を滅ぼしていく。――そう、とつとつと証言した。

永井悦子さんは、法制化後初めて着席し、新しく原告に加わった経緯を話した。「日の丸・君が代」論は理念的で、それ自体の問題はなかなか議論にはならない。しかし、学校現場での権威の象徴として現れてくる、それは校長を通じて。もちろん、その影に教育委員会、文部省。しかし、普通に教員をしていれば目の前の子どもたちとの関係を一番大切にし、そして共に働く教員同士を尊重し合うことが基本だ。それを破壊してこようとする校長の高圧的・権威的な言動にこのままではいけないと行動を起こしていったのが永井さん。そう、だれでもが考えることをそのまま行動に……。それをしなければ危険だと！　最後は教育長宛の手紙。初めての事情聴取に身体を震わせた永井さんだったが、とうとう証言台に立つことになったのだ。おつかれさま！

証言後、進行について弁論があった。裁判長より、被告に対して状況報告書の開示について再々再々度くらいの要求があったが、任意には出さないとの被告の答弁に、裁判長は「文書提出命令の申立に対して判断を出さなければなりません」と言い置く。原告に対しては次回の反対尋問の際に、原告うぃの請求原因について事実関係に争いがあるので職権で裁判長が尋問をすることでいいかとの確認。したがって次回は、原告五人への反対尋問と原告うぃ（代表竹森真紀）への裁判長からの尋問がなされる。次々回への進行のための重要な弁論だ。

ここまで譲歩して原告本人からの証言に入ったのだから、ぜひとも被告の立証を求めて、敵性証人の採用を勝ち取るぞーといきたい。みなさん、またまたココロ裁判は山場です！　ぜひぜひ、万障をお繰り合わせのうえ、傍聴をお願いいたします。

第二七回弁論――原告「憲法判断してくれますか⁉」――二〇〇三年八月二六日

■被告による原告らへの反対尋問はなし

今回は、これまでの二回にわたる原告五人の証言に対する被告からの反対尋問が予定されていた。主尋問証言通りに語るだけで特に対策を練るまでもない。とはいえ、これまでの経験から予想してもしきれない被告代理人による突拍子もない尋問が飛び出すので、とにかく冷静に対応するということのみを確認して、反対尋問に備えた。やはり、五人とも緊張して開廷を迎えた。ところが、裁判長より「どの程度の時間が必要か」と聞かれた被告、おもむろに立ち上がると「いろいろ検討した結果、反対尋問はしないことにします」。聞き間違えたのかと思えるような一声。原告証言が決まった時点から何度も裁判所からどれくらいやるのか、どの原告に対してやるのかなど予定を聞かれていたにもかかわらず、当日になって「しない！」とは……。また、してやられた！

裁判所は「しないということも別に問題はない」と、被告をフォローするような発言。ということで、次に予定されていたのは、裁判所の職権尋問で原告うい代表者である竹森への尋問。予定が狂っていきなり証言台に立つことになったのは、他の原告の尋問のことしか考えていなかったこの私だった。

■左陪席さん、あなたもですか？

原告ういが市教委から請願権を侵害された事実についての尋問。三〇歳そこそこの若い坊ちゃんのような左陪席が担当。被告準備書面に書かれたとおりに私に聞いてくる。被告の主張を聞いてくるのかと「あーーあ、おまえもか」と尋問を受けながら何だかぐったり。「はねかえす会のメンバーはみんなういでですか」とか「申し入れには何人くらいで行ったのですか」とかどうでもいいじゃん！　そんな事実関係に重大な争いありました？

やっと終わり、裁判所は被告へ「反対尋問は？」と尋ねる。被告「休憩して相談する」？？？？　長い休憩のあと、被告「反対尋問をします」。被告はここぞとばかりに私たちの請願行動についての予断と偏見に満ちあふれた「過激派キャンペーン」尋問を始めた。「ドアの前で大きな声で『不当処分撤回』などと叫んだか？」「市庁舎の前で宣伝カーで抗議行動をしたか」などなど。予想された尋問とはいえ、あまりの悪辣さに頭がクラクラした。それなりに冷静に答えたつもりではあるが、情けなくて涙がこみ上げた（若いね！）。

「私たちは、ただ君が代斉唱時に黙って座っていただけでなぜ処分なのか、なぜ君が代を起立して心を込めて歌うことが命令なのか、そのことについてきちんと話をしたかった、説明をして欲しかった。話し合うことを目的にしていただけだ。しかし、市教委は一切その話し合いに応じなかった。人数などの問題ではない」。そんなことを必死に証言。巨大な力で、人のココロを踏みつけにしておいて、知らん顔。権力のない弱い者たちが必死で異議を唱えると「過激派」呼ばわり……。彼らの常套手段とはいえ、卑劣な応訴態度に精一杯の誠意を尽くす証言であったと思うが。

■裁判所、傍聴の子どもたちへ不当発言！

私の尋問の最中、突然裁判長が傍聴席に向かって、「静かにしなさい。じっとできないなら出ていくかどうするか決めなさい」「目障りです」と発言。私は正面を向いているから分からないが、傍聴席からは一言も話し声は聞こえなかった。一体だれに？　最前列に座っていた原告の永井さんの子ども二人の男の子に向かって言っているらしい。彼らは昨年も夏休みの法廷に傍聴に来ていたが、そのときはこちらが心配するほど法廷を走りまわっていたが、裁判長からは一言もなかった。なのに今年は？　一年経って、子どもたちも成長し、きちんと座って聴いていたのにである。ごそごそ手遊びしてはいたらしいが、大したことではない。隣にいた支援者も全く気づかなかったほどだ。

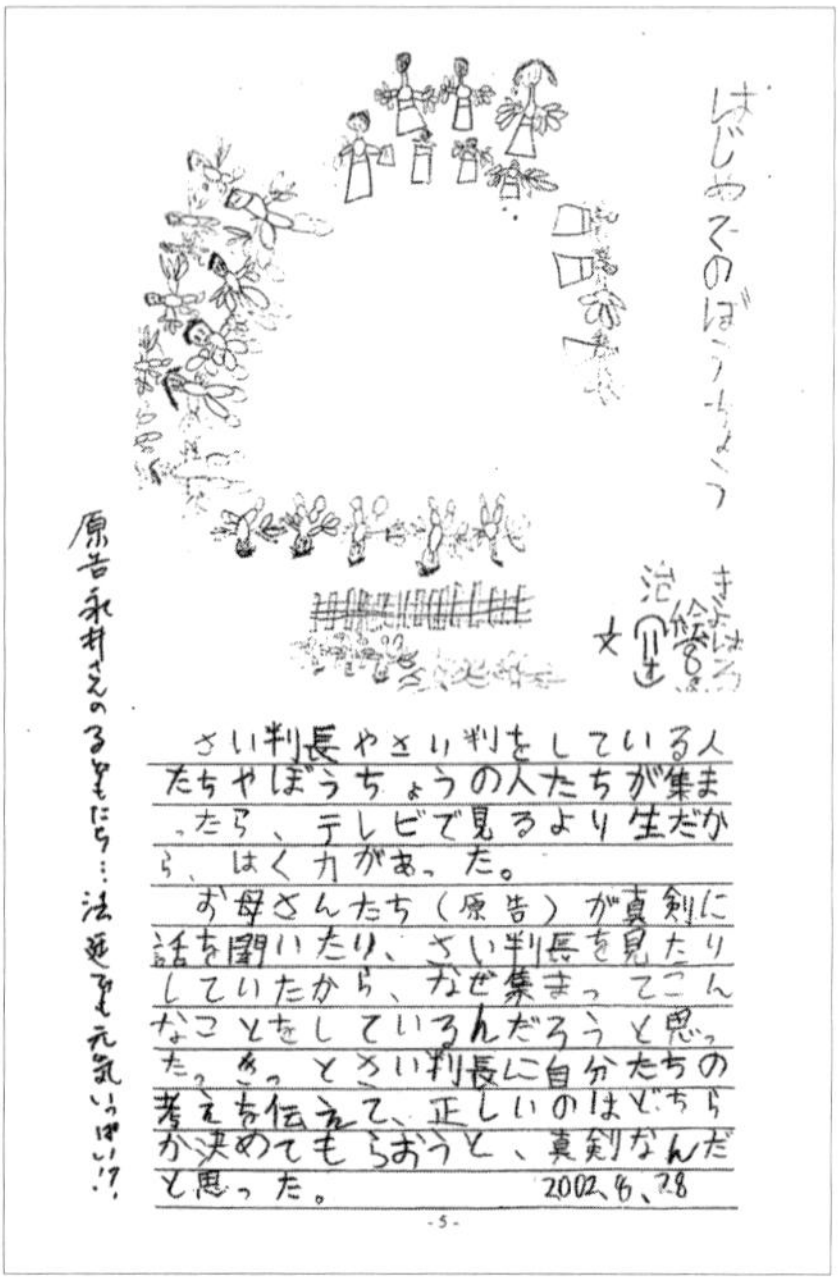

子どもたちの傍聴記（2002年8月）

裁判長よ、見せかけの厳粛さや権威が壊れるのが恐いのか。子どもに恐れる国家権力の姿がよく見える。証言席にいたので異議申立ができなかったが、子どもたちの傍聴権を明らかに侵害する発言を私たちは許さない。彼らは法廷の後、私に「リーダーふんばっとったね」と声をかけてくれた。被告の嫌がらせ尋問に対抗する私の姿をしっかりと見ているのだ。裁判長、子どもを侮るなかれ！

子どもへの対応で権力の姿勢が見える。法廷の権威をどのようにして維持するのか、どのような権威を維持するのか、裁判所の懐の浅さが、人権意識が見え隠れした。

■逃げるなかれ！　裁判所

原告尋問が終わった。ここまでの裁判所の審理指揮で次回への証拠調べへの期待が難しいことを感じざるを得ない。とにかく早く終わりたいのだ。まず、これまで求めてきた処分の最低限の手続文書である校長の状況報告書についてさえ、「必要なし」として文書提出命令申立を却下。そして、敵性証人もなし。学者証人もすべて必要なしとしたのだ。事実関係に争いがなく、学者証人についてもこれまで出された書証で充分事足りるというのだ。

原告らは説得力のない裁判所の言葉に腑に落ちないものを隠せず、「処分根拠を明らかにするための合理的必要性の立証が欲しい」「客観的証人による証言や学者による法的理論に耳を傾けて欲しい」と訴えた。しかし、裁判所は「もう、八年にもなりますから……」との本音をポロリと覗かせ、とにかく終わらせたいという意思だけを露わにした。そのとき一原告から「憲法判断してくれるんですね」との一言があった。裁判所は、顔をこわばらせながらしどろもどろで「そ、そ、そんな憲法判断をするとかしないとか、そんなことは答えられません」としか言えなかった。

被告は他に術がないとはいえどこまでも逃げてきた。しかし、裁判所よ、逃げるなかれ。私たち原告と真正面から向き合ってほしい。これまで私は裁判所に判断を仰ぐのではなく、迫るのだと言ってきた。今、「迫る」という言葉もなじまない。ずっとずっと迫って、迫って迫って、この裁判の重要性を突き付けてきたから、後は受け止めることをしたい。亀川裁判長は一年前の法廷では私たちに向かって「裁判所は法令が違憲かどうかを審査することもできるのですから」「原告の主張は充分出し尽くしてある」「重要な審理」とまで、裁判の理想を語った人である。結果裁判所は、最後まで「迫った」原告らに対して、学者らの意見書、鑑定書などの準備期間だけを与え次回期日を設定した。被告には再度必要な追加する証拠と書面を準備するように告げた。

■まだまだやります！　傍聴をお願いします

今後の課題は、ずらりと申請した学者証人の方々に意見書、鑑定書をお願いしていくこと（憲法では横田耕一さん、西原博史さん、教育学では岡村達雄さん、成嶋隆さん、歴史は駒込武さん、梶村太一朗さん、そして、被害状況を野田正彰さん）。他の保護者や子どもたちの声も、そして原告もさらに陳述書を準備しよう。状況報告書の文書提出命令申立却下については異議申立をし、なぜ、必要なしとしたのかについて文書で明らかにしてほしい。私たちは被告に求めることのできなかった納得のいく答えを、司法に求めたし、聞いてもらえなかった主張を聞かせることを一つの目的としてきたのだから。

八年は長い。しかし、私たちはいたずらに引き延ばした審理を望んではいない。慎重で公正な審理を合理的にやってもらいたい、やりたいのである。法廷で何も明らかにならないままに判断をするのであればそれは、単なる拙速裁判にすぎない。まだまだ裁判は終わっていない。次回弁論に乞うご期待！　ぜひ傍聴をお願いします。

■傍聴感想記――受けてきた教育の貧しさから出発

私は、大学で「教育基本法と自分が受けてきた教育の違いについて」というテーマを与えられたのがきっかけで地元北九州の小・中・高時代を振り返り、自分の受けてきた教育の貧しさに気づき、もし本当に教育基本法に書いてあるような教育を受けていたら私はどんな人間に成長していただろうかと深く考えるようになりました。

私が通った県立の高校は、校歌の練習や集団行動、服装検査に命をかけていて「学校」と呼ぶには程遠いまるで刑務所のようなところでした。無意味なことを、真剣に元気よく繰り返しやらなければならないことは苦痛以外の何ものでもありません。毎日が緊張の連続で、そんなことが続くと、いつのまにか感情を麻痺させて淡々と現実に従っている自分がおり、高校では権威的な対人関係、先生に応じて使い分ける人格が身につき、意欲・判断力、豊かに会話する能力は不必要となっていました。多くの物言わぬ先生に落胆し、学校なんてそんなものだとあきらめ、高校を卒業して今まで思い出したくもないその頃の話しをすることはなるべく避けてきました。黙っていたら、自然と忘れられるだろうと心のどこかで思っていました。

しかし、ココロ裁判を知り、ういのみなさんと出会えたことで私の考え方は大きく変わりました。ういのみなさんは、憲法の保障する内心の自由を勝ち取るために、市教委（国家）というものすごい敵と真正面から堂々と闘っていて、何ものにも屈せず、自分たちの信念をもってひたむきに頑張っている……その明るい姿勢に感動し、こんな先生たちもいるんだと本当に嬉しく思いました（私はみなさんのような先生たちに学校で教えてもらいたかった！）。なんだか、つらい思い出はただ忘れようとしているだけの自分が恥ずかしく感じ、私も自分が受けてきた教育をしっかりと受け止めて心の整理をして、生まれ育った北九州の特殊な教育の現状を目をそらすことなく真正面から調べ、先生や生徒、教育に携わるすべての人が、活き活きと生きていくためには私たちに何ができるのかをこれから考えていきたいと思っています。

私は今回の裁判が初の傍聴だったので、厳粛な雰囲気を想像して緊張していましたが、次々と裁判長に意見を言う原告と、それに対しおどおどしている裁判長の姿がちょっと滑稽でそんな光景を見れただけでも行ってよかったと思いました（不謹慎ですみません。）それにしても、市教委は反論しないなんて本当に卑怯ですよね！　腹がたちました。裁判所は結審に持ち込みたいようですが、学者証人や鑑定書を準備してまだまだ対抗していく決意をされていた原告はたくましい感じがしました。一一月の裁判また楽しみにしています。いろいろと大変だとは思いますが、心から応援してます。

（阿部紀世子／京都女子大学野田ゼミ生）

4 少しだけ風向きが変わった——学者証人採用と文書提出命令（二〇〇三年〜〇五年）

［二〇〇三年］
10・23　東京都教委、都立高に「卒業式・入学式等儀式的行事における国旗及び国歌等に関する実施指針（通知）」
11・4　第二八回弁論　準備書面（22）今後の立証予定や求釈明
［二〇〇四年］
1・13　第二九回弁論　準備書面（25）。文書提出命令勝ち取る。状況報告書の開示。
4・14　第三〇回弁論　準備書面（26）。原告原田陳述書、憲法学者証人採用。
7・21　第三一回弁論　西原博史さん証人調べ。準備書面（17）、崔善愛さん陳述書提出。
10・12　第三二回弁論　原告陳述　学者である駒込武、横田耕一、岡村達雄、意見書提出。
［二〇〇五年］
1・25　第三三回最終弁論　最終準備書面陳述。
3・10　大阪弁護士会勧告書（「君が代斉唱」歌わない自由の事前説明を）

第二八回弁論――迷走する裁判所……どちらを向こうとしている?!――二〇〇三年一一月四日

■裁判所「文書提出命令申立は却下していません」

前回弁論でいよいよ結審かとの勢いを見せた裁判所の指揮であった。いつもの「何かあれば……」程度の裁判所の要求に、被告は準備書面(10)と、何と証人申請書を事前に提出。前回の請願行動に係る原告うい(竹森)への尋問に物足りなさを感じたのか、ここしか突っ込むところはないと痛感したのか、申請された証人は私たちの中では名の知れた処分ピーク時の学務部主幹小石原であった。私たちの請願行動を「過激」なものと強調し、一部の跳ね上がりの主張とでも言いたいのだろう。準備書面もそのことを上塗りするような「独自の思想」集団呼ばわりであったし……。しかし、裁判所はすでに証拠調べも終わり終結に向かおうとしているのに、何をわざわざ引き延ばすようなことを……とも思える。しかし、原告側は何が飛び出してきても「転んでもタダでは起きない」路線を突っ走るしかない。いよいよ終結か!という緊張感と合わせて反撃の手は緩められないというところ。

まずは、前回弁論で、状況報告書などの処分手続き文書の文書提出命令申立を却下されたことをもってその異議申立書を事前に送付していたところ、裁判所書記官より何か慌てふためいた様子で電話があり、「あれはまだ却下決定はしていないので、異議申立は保留にさせてくれ」という。はっきりしてほしい旨を伝え、内心は「一本とったかな」というところ(迫ると逃げるという優柔不断は、一つの良心と言えるだろうか? 究極の命題である)。とにかく法廷ではっきりさせるということで保留にした。また、被告準備書面、とりわけ、原告らの「独自な思想」というものが処分理由に当たるのか否かといった内容に触れる点についての求釈明申立書も同時に事前に送付した。

■裁判所、のっけから被告へ釈明命令

法廷外でのやりとりが功を奏したのか、裁判所はのっけから積極的な審理指揮。原告の求釈明に答えるよう被告に指示した後、以下のような裁判所からの釈明事項が提示された。

①処分理由は「学校長の職務命令違反」のみであったか。

②職務命令は平成八年事件原告ら及び平成一二年事件原告らとに対して同一であったか。

③職務命令は「国歌斉唱時には起立して、心を込めて、国歌を斉唱すること」であったか。

「慎重に検討してください」との裁判所の言葉が漏れ聞こえた。被告弁護士は「はい、早急に……」という端から、教育委員会職員が「いや、もう少し時間を……」とのドタバタ対応。う~ん、被告へ釈明命令を出したことは評価できるが、何を今さらという感と、被告よりの判決文のための整理でしかないのかとも思える内容である。

さらに、被告証人申請について原告側意見をあまり聴こうともしないまま、「これは事実関係に争いのある部分ですから採用します」とあっさり言う。さまざま意見を述べたが、そのうちの一つくらいは聞き入れられたかと思うしかないし、結果はしばらく後にしか現れないという、転んでもただでは起きない「わらしべ長者」路線（?）を突っ走るしかないのか。

■格調高く原告準備書面を陳述

前回の予定では原告らの鑑定書などの提出予定を書面で提出するということであったが、さらに攻勢をかけるため、準備書面（22）となった（今後の立証予定や求釈明）。法廷ではやはり書面が「武器」であることは間違いない。今後の進行について原告側の意見が続いていたが、裁判所は「とにかく次回期日を入れなければ」という意味不明な言葉で押し切り、年明け早々に次回期日が入った。被告には二週間程度で釈明を求めた。裁判所は予定していた原告側の立証予定については何も触れずに、「被告の釈明を聞いて、立証の範囲も変わってきますから」と前にも聞いたことのある言葉を残して早々に奥へ引っ込んだ。これで一時間弱。その場では前に進んだのやら何が何だかよく分からないのが法廷劇。すでに八年目になろうというのに、ココロ裁判では未だそんなやりとりが続いている。裁判所は迷走しているとしか言いようがないのだ。

■出ました！　被告釈明文書

二週間の約束を少し過ぎた頃、教育委員会へ電話をしたついでに担当の職員に「どうなっている？」と尋ねたところ「今日送る予定です」と言う。心待ちにＦＡＸを待つが、届いた紙は二枚ぽっきり。即座に折り返しの電話で、「途中で切れてるけど」と言うと、「あ？　あ、それ二枚で終わりです」。私「いい加減にしろよと言いたいところを押さえるけど、何ねこれ？」と言うと「はあ、担当としては個人的にはちょっと思うところもあるのですが、会議の結果こうなりました」と言う。原告らの求釈明には何も応えていないのである。

あ〜あ、この二枚ぽっきりの紙から何かを生み出すしかない「わらしべ長者」路線を行くのか……。これが国家（国歌）とのたたかいとは情けないが、「お上」のいうことだけをそのままに遂行し、半径二メートル内の自分を守るために、疑問を持たない人々。これが今のまったり・ファシズムであり、どこから切り込めばいいのかと頭を悩ます毎日である。ということで、みなさん、次回はまったりとした正月明けです。

■傍聴感想記──生き方を問われているのだから──空路、駆けつけたわけ

教育法を学んでいる「勤労学生」です。以前からこの裁判には興味・関心を持っていました。君が代斉唱時に、ただ着席しているだけで懲戒処分が出るなんて、信じられない思いがしたからです。しかし、今、この信じられないことが北九州から広島、さらには東京にまで拡がりつつあります。まさに、この裁判の行方が大きな焦点になって来つつあると思います。

裁判の傍聴は初めてでした。初め裁判長の声が小さくて聞き取りにくく思いました。しかし、こういうおごそかな雰囲気のもとで審理が進んでいくのが裁判なのでしょうか？　向かって左側の裁判官のニヤニヤした顔。裁判長の被告に対する求釈明発言。凛とした竹森さんの準備書面朗読。裁判の進め方に対する原告の毅然とした「異議」。この間、わずか三〇分あまり。いろいろな思いが交錯し凝縮されていたようでした。裁判が終結に近いと聞いていたので、一回くらいは傍聴に行かないと「手遅れ」になると思い、文化祭の代休を利用して空路、福岡に駆けつけたのですが、まだまだ裁判は続きそうな気配でした。

最近、教育現場は次々に「管理」と「効率」が迫ってきています。管理職はただただ「お上」の言うとおりです。「下級」教員も、あまり物を言わなくなりました。こういう情況を許しておく訳にはいきません。おかしいことは「おかしい！」と言い、ダメなものは「ダメ！」と言わなければ情況はますます悪くなるばかりです。

とりわけ、思想・良心の自由に関する侵害には敏感になるべきです。生き方を問われているわけですから。政府筋は、公式的には、生徒の思想・良心の自由は保障すると答弁しています。ただ、教員の思想・良心の自由については、かたくなに否定の態度をとっています。君が代斉唱時に教員が起立することが、生徒の思想・良心の自由に影響を与えることは確実です。「国歌斉唱！　一同起立！」と発声され、教員が一斉に起立したらどうでしょう。それを見て、生徒の多くは起立するでしょう。そうなれば生徒の思想・良心の自由が保障されているとは言えません。

わざわざ神奈川の地から、この裁判のために身銭を切って、空路、駆けつけたことで、奇異に思われた方があるかもしれません。しかし、自分の生き方にとって、とても大きな裁判だと思います。今後もこの裁判の行方には大きな関心を持っていきますし、機会があればまた傍聴に来たいと思います。今の職場でできる限りの「抵抗」をすることが「ココロ裁判」の原告や支援のみなさんへの熱き連帯となると思います。月並みな言葉ですが「みなさん、がんばりましょう！」

（西脇秀晴／神奈川大学大学院法学研究科）

■ココロ裁判でおもったこと――わたしたちが法を使う

北九州市は私の出身地であり今でも思い出すことは多い。しかしそれ以外では一九九八年八月二五日に行われた、ういの北九州市教委交渉に参加したときのことを一番に思い出す。前日から小倉のひびき荘でおこなわれていた全国学校労働者交流集会が終わった後、各組合から一人ずつが参加したものだ。始める前に庁舎の中にある喫茶店で打ち合わせをした。その席で東京の例を出すと、「東京はいいよなあ」と言われた。「良すぎて参考にならないよ」とも言われた。今から考えると、そのときにやられていた新宿高校の加配問題を契機とする管理運営規則の改悪は、その後の東京の教育がどんどん悪くなっていくターニングポイントであったのだ。そのときの交渉の中で当局側が「教職員には憲法が一時停止されるときもある」という意味のことを言ったときにはびっくりした。そして、腹が立った。こんな発言ができる根拠は何だと思った。北九州市教委が一九八六年から「君が代」斉唱時の不起立者に対して処分を連発していることは知っていたが、ここまでひどいとは思っていなかった。

全学労組の仲間とも何度も申し入れをした

あれからわずか五年半、その間に、北九州のようにはならないはずだった東京も急速に悪くなっている。管理運営規則の改悪のあと、業績評価制度が導入されたその仕上げとして、事務職は今年（二〇〇四年）四月から、教員は七月から、「評価」の低いものに対する昇給延伸が始まる。一昨年六月からは、教特法二〇条二項に基づく教員の研修権が実質的に剥奪された。主幹制は昨年四月から敷かれ、校長、教頭とともに学校の運営を取り仕切る。そして七月に出された異動方針は、経験地域の見直し、一二〇分までの通勤、原則三年での異動対象、校長の人事構想に合わない者は一年でも異動させる、見込まれた者は七年目も残留を可能とするものであった。

都教委の教職員に対する管理強化策で給与・異動に続くものは「心の支配」である。昨年一〇月二三日に出された「入学式・卒業式における国旗掲揚及び国歌斉唱の実施について（通達）」で、教職員が校長の職務命令に従わない場合は、服務上の責任を問われることとなった。そして「実施指針」は「旗」の位置・揚げ方・時間帯、「歌」については式次第の書き方・司会者の発声の文言・教職員の席と立ち方・ピアノ伴奏を規定、さらには演台の位置・児童生徒の席の向き方・教職員の服装まで規制するものであった。これはすでに都立高校での周年行事にも適用され、現在はそれに従わなかった一〇名弱の教職員にどんな処分が出されるかを待っている状態である。戒告二回で研修センター送りということが、人の口に上り、その後は不適格教員としての転職・免職がまっている。「歌」やその他を併せると全部で「一二点指導」になる東京は、今や決して「良すぎて参考にならない」と言われるどころではなく、「東京みたいにはなりたくない」と言われる地域になってきた。

「ココロ裁判」は決して北九州市だけの問題ではない。為政者にとって都合の良い戦争のできるフツーの国にするために教育を使うこと、子どもたちの心をそうもっていくためにはまず、教員の人権が抑圧されることは、歴史が証明している。しかし、憲法・教育基本法が実質的に改悪されている状態であっても、今私たちが必要なことは、職務命令であっても侵害できない基本的人権が存在することを確認し、抗命義務を行使して、子どもたちの思想・良心の自由を保障し、教職員の思想・良心の自由を守ることではないだろうか。北九州がっこうユニオン・ういの方々は、「事件関係は原告が一番よく分かっているし、その思いが伝えられるのも原告本人ですから（『日の丸・君が代の戦後史』〈田中伸尚著〉の中の竹森さんの言葉）」本人訴訟として、このたたかいを長い間やってきている。しんどいことだと思うが、そのたたかいの中にいつも明るさを感じるのは、たいへんさのなかにも、理論や実践が自分たちのものになっていくという実感があるからではないだろうか。そして、そこには「わたしたちが法を使う」ということが入っている。

アイムは今、五件の裁判や人事委員会審理に関わっている。どれも弁護士を立ててのものであるが、訴状準備や相手の準備書面を読み、反論点を考えるなど、やはりたいへんである。しかし、私たちも楽しみながらやっていきたいと思う。

（小橋奉天／アイム'89）

第二九回弁論——とうとう勝ち取りました！　文書提出命令——二〇〇四年一月二三日

■裁判所の舵は原告の方へ向いたような気が……します！

前回弁論で、裁判所よりこの後に及んでなぜ今この釈明なのかと思われるような二点の釈明命令がなされ、期日前に被告は釈明をしてきた。一つは、職務命令は「起立して斉唱すること」か「起立して、心を込めて斉唱すること」かというものであり、これにたいして被告は「起立して斉唱すること」と釈明。これまでもそのように答えてきた経緯もあるから、まあ、順当な釈明である。二つ目の「信用失墜行為」は処分理由に含まれるのかついては、「処分理由である」と釈明。

この釈明命令の前提には、原告からの求釈明があった。にもかかわらず、被告は原告からの求釈明には一切触れず、裁判所の釈明命令にのみ答えるという不誠実さ。したがって、この釈明をふまえ、主張すべきことを準備書面、陳述書、証拠申請書、さらに被告の証人申請（請願行動に関する小石原主幹という職員申請及び採用）についての意見などなどに託して弁論に臨むことにした。

事前に準備して提出した物は以下の通り。

①証人採用に係る意見書　②準備書面（25）　③証拠申請書（5）　④陳述書（信用失墜行為の事実はなく原告らの行為は子どもや保護者からの何ら批判の対象であるどころか、信頼をおかれた行為であることを示す陳述書。北九州市の処分がいかに全国的に異例なものであるかについて、大阪府吹田市立中学校教員増田賢治さんと横浜市立中学校教員赤田圭亮さんの事例を記した陳述書）。

■被告「心を込めて」も職務命令!?

書面にすでに目を通して登場した裁判所は、開廷するやいなや毅然とした雰囲気で、争点整理をきっちりやりたいというようなことを言い、被告へ再度釈明について確認をおこなう。ところが、被告はなんと、文書での釈明と異なり、「心を込めて」も職務命令であるとの回答をしたのだ。なぜ、そう答えざるを得なかったか。それは、「心を込めて」を明らかに職務命令として発した校長が存在したという事実を、原告らの主張や証拠申請においてはっきりと突き付けたからにほかならない。それにしても、そんなことはとうに被告が認識していなければならないことであるにもかかわらず、被告代理人弁護士はその場であたふたして訴状や書面を確認するなど、対応のいい加減さを法廷で露呈。事実としてつきつけられたため、職務命令として認めたのだ。おいおい、今頃職務命令の内容をころころ変更していいのかよぉ、「心を込めて」が職務命令ですなんて、そんなに安易に認めていいのかよぉ。裁判所も、この対応にかなり不信を持ったようで、裁判所の舵を原告側へぐぐっと切る音が聞こえてきた。さらに、処分理由についても、文書での釈明の通りではあるけれど、これまで「学校長の職務命令違反」のみを処分理由にしてきたにもかかわらず、明確に信用失墜行為を処分理由として挙げ、これについては「争う」姿勢をみせたのである。原告にもこの点についての確認がなされ、「争う」ことが確認された。

この確認の後、裁判所は長い合議に入る。その間に原告席から傍聴席へ、原告竹森の方からそのやりとりについて説明をしたりして(被告も聞いていた)好評⁉だった。

合議を終えて出てきた裁判長は、毅然として「文書提出命令」を発する。被告が、「心を込めて」を職務命令として発した校長がいる事実を認めたため、すべての事案について、学校長の状況報告書の開示が必要と判断されたわけである。私たちは処分に係る一切の文書を開示するようもとめていたが、事情聴取記録や議事録については不存在という形で、学校長の状況報告書のみについて命令が出されたのだ（先日、弁論調書が裁判所より送られてきた）。あたり前に開示されるべき学校長の報告書なのに、ここまで被告が拒んできた理由がはっきりした。昨年夏の弁論で、こんなことも明らかにされず、校長すら証拠調べすることなく結審してしまうのかと落胆し、もう一度仕切直しをした私たちにとって、この「命令」の言葉は胸に迫り、自分たちの手で大きく風穴を開けることができたと実感！

■事実は何にもかえがたい

冒頭、上記のようなやりとりが三〇分程度なされた後、残りの三〇分で原告らの主張や陳述書を、口頭で読み上げたり、説明をしたりすることができた。

まず、原告安岡正彦さん。

「強制はしないと言いながら、処分という脅しで強制することの方がよほど現場に支障をきたします。現認を怠るまいとキョロキョロ見回す管理職の姿は異様です。式当日『君が代』斉唱時に不起立であったことを後日古田校長に伝えると、大変狼狽していました。古田校長『あんた、立っていたでしょう！　私が見たときは立っていましたよ』。私『一呼吸おいて静かに着席しました。最前列だから職員も子ども達も保護者も知ってますよ』。同僚の権藤奈々枝さんは、私の行為をその場で認めながらも、何も驚くこともなく黙って式に参加していました。たぶん気持ちは同じである教員は多いのでしょう。古田校長『あらー、私の現認ミスだ』。私『僕が座ったのが分かっていたら、教育委員会に報告したんですか？』。古田校長『当たり前でしょ！　あんた、絶対このこと言っちゃダメよ』。

何を、誰を守ろうとしての発言か分かるでしょう。自分の現認ミスで、自分が教育委員会から叱られたり、処分されることのみを気にしているのです。四月の入学式では、教頭に命じて写真係の私の動向を監視させ続けました。式場内できちんと任務内容を果たしていたにもかかわらず、教頭から式終了後呼ばれました。会場にいたかどうか聞かれました。ドア係として後ろのドアを開閉し、入場してくる新一年生の写真を撮っていたにもかかわらず。そして、翌日再度校長室に呼ばれました。式場内にちゃんといたのかとまたもや聞かれました。本当にひどい話です。ハレの日の舞台裏では、職員を守るどころか、陥れてやろうとするかのようなことさえ進行しているのです。一体誰のための卒業式・入学式なのでしょうか。その後、二〇〇一年度の卒業式も同様、卒業生担任で、『君が代』斉唱時に不起立の行為をとりました。クレームも式全体に何の支障もなく、もちろん処分もありませんでした。感動的な出会いと別れのひとときに参加できたことは嬉しく思っています。

ういやココロ裁判原告たちは特異な思想信条をもち、過激な行動ばかりを行う集団だという被告側のレッテル張りは間違っています。子どもを信じ、教職員として子ども達にできうることを日々追求し、理不尽な事には沈黙ではなく、はっきりと異議申し立てできる一人一人をぼくは誇りに思います」。

続いて、原告稲田純さんの生徒の保護者Mさん。

「先生達にもそれぞれの信条があるので、君が代がどうだこうだというよりもいかに子供達の事を中心に考え、教え、学び、導き、究極にはともに生きることのすばらしさを伝えてくれる存在であってほしいと思っています。そんな観点からすると卒業式で君が代斉唱の時に先生が着席されたことは保護者である私達にとって何の問題でもありません。それは先生個人の信条なのですから。そしてそれは憲法にも信条の自由として保障されていることです。私達保護者にとっては担任の先生が子供にとってどんな先生であるかが問題なのです。その先生の人となり、存在が学校に行っている間は子供の全てなのですから。そういう点からすると初めに述べたように稲田先生は子供達に真剣に対峙し、ほとばしる情熱と純粋さで教育という現場に身を置いて頑張っておられることに敬意を表したいと思っています。稲田先生の行為は決して私達保護者の信頼を裏切っていないことをここに強く訴えたいと思います。そして、裁判においては処分を是非撤回していただき、一日もはやく、憂いなく教職の現場で稲田先生らしい活躍ができるようにしていただきたくお願いいたします。稲田先生に連なっている子供達と保護者の代表として先生に応援のエールを贈ります」。

同じく、原告梶川珠姫さんの生徒の保護者Kさん。

「今、学校教育の中で人を思いやる心が育っているでしょうか。卒業式・入学式では必ず、君が代が歌わされ、日の丸に礼をさせられます。わたしが最初に知った差別のあるわけは天皇です。わたしが部落解放運動で知った言葉は、『貴族あれば賎族あり』です。なぜ、そのわたしたちが差別の根源とも言える日の丸・君が代を敬ったり、歌ったりさせられないといけないのでしょうか。子どもたち自身が、自分たちを大切に思う心を育てたいと願う保護者は間違いでしょうか。たとえ部落の子でも同じ人間であって、大切なんだということを感じて欲しいのです。頑張れるときに頑張って自分のことを伝えたらいいと、差別が間違っていることを表現すればいいと、ゆっくり育って欲しいと思っています。しかし、現実には、そんなことは許されず、学校は必ず卒業式・入学式では表現を要求してきます。その学校で自分の思いを大切にすること、他人の思いを大事にすることが育っているでしょうか。安心して子どもを任せられるでしょうか。わたしは、ひとりひとりの命を大切にする国であって欲しいと、人にはいろいろな違いがあっても同じ人間であることを認める国であって欲しいと思っています。最後に、裁判長にわたしは聞きたい。あなたの子どもが実際に差別されたらどう思いますか。どうしますか。差別がこの世から無くなることを願って陳述を終わります」。

事前に、これらの書面のすべてに目を通して臨んだ裁判所の審理指揮が今日の結果であったことは間違いないと確信した。さらに法廷では、口頭での陳述という形で、法廷に集まる傍聴者の前で、また被告に対してもあらためてその事実の重みを突き付ける場となった。原告の生の声が響く法廷は、やはり緊張と感動が起こる。そして、変えることができると……。

＊

次回弁論は、またまた元のゆったりペースに戻る。年度内結審、判決を睨んでいた夏の時点での裁判所の思惑は外れたようだ。もちろん、被告も同様だ。これも、単に長びいているという理由だけで終結させようという理屈など通らないことを、原告みんなの力で押し返したのだと思う。また背水の陣をひくように、全国の学校労働者のみなさんに多忙な中で書いて頂いた、膨大な陳述書やエールも大きかった。原告側に向けて舵をとらせる法廷となり、それは今後へ続くと思っています。またまた心機一転してがんばりますので、次回からのココロ裁判をお見逃しのないように、みなさん、これからも末永くご支援、傍聴をよろしくお願いします。

第三〇回弁論――いつも以上の原告ペース！――二〇〇四年四月一四日

■被告、弁論直前に状況報告書を開示

今回は、とにかくいつも以上の原告ペース、楽しく痛快な弁論となった。昨年の夏、「これで終わりか」とうなだれた（？）日が嘘のような……そんな記念すべき第三〇回弁論を、共に闘ってくださるみなさんと共有できたこと、多くの方に支えられていることにあらためて感謝します！

さて、裁判所より「期日二週間前に開示を」と求められていたにもかかわらず、今回も被告はぎりぎりまで「検討中、関係各署と調整中」などといって開示をしぶっていた。電話で問い合わせたときに、被告は文科省などにも問い合わせるようなことを言っていた。しかし、最終的に学校長の状況報告書についてはすべて明らかにし、残る処分手続き文書（決裁書、委員会議事録など）については命令に反しても開示しないと言う判断をしたようだ（事情聴取記録については不存在）。弁論の三日前に裁判所に届けられた状況報告書を、コピー代を負担して自分で取りに行ったのだが、全部で約一〇〇枚＝五〇〇〇円支払うことに。一番古いもので八九年の処分なので、原告は一五年前以降に出された学校長の報告書を、今初めて目にするということに。

当初の人事委審理では開示の姿勢で臨んでいたにもかかわらず、本裁判では一切の文書を開示せず行政処分としての一切の挙証責任を果たそうとしない、そんな被告をじわじわと追い詰めてきた結果だ。生の校長の「声」というものがこの報告書にはにじみ出ている。それは、事実であるかどうかというよりも、その状

況においての校長の立たされた立場や見え隠れする個人の資質といったものも含めてリアルなもの。これまで被告の主張してきた「立ったか、座ったか」だけが事実関係であり、後は法的な評価であると言い逃れてきた真相が明らかになった気がする。詳細については、さらに分析を加えて次回弁論に主張していこうと思う。法廷にはやはり、生の声としての立証（物）が不可欠だとつくづく思わされる。

■現在の卒入学式の状況を準備書面と陳述書で提出

今回も準備書面と原告の陳述書などを提出し、法廷に臨む。亀川裁判長は余裕を持ってこれまで通り原告らにその陳述の時間を保障したが、陳述書の読み上げに対して被告代理人弁護士は、「異議のための異議」を唱え、傍聴席から失笑と怒りを買う。原告は、今年の卒入学式にかかる職員会議や式での状況を中心とした準備書面（26）を提出。

裁判長は双方の書面を踏まえ、「文書提出命令は信用失墜行為の有無や、争いとなる点があったので出したが、被告の処分理由書は提出されなかったので、信用失墜行為は理由に含まれないと判断します」と述べた。前回被告が主張した信用失墜行為については、処分理由ではないとその場で判断がなされた（亀川裁判長は毅然としていた！）。動揺した代理人弁護士立川さんは「原告の求めている裁判の意味が分からない」とか「認否もしてないままに判断してもらっては困る」「憲法判断を求めているのだが、憲法判断するのか」（被告の言う言葉じゃないと思うのですが……）など意味不明の発言を繰り返す。裁判所は「憲法判断もなすべきところはなします。その他事実関係についての争いのある部分もあります」などとまたしても毅然とした態度。

そして、くるりと原告の方を振り返り、「裁判所としては次回学者証人として侵害行為を立証できる方を採用したい」とした上で原告側の進行についての意見も聞くという余裕の審理指揮ぶり。今後の進行において被告立証がなければ「出せる物は出したと言うことなので、出した物で判断するしかない」とも付け加えた。

■次回はいよいよ西原博史さんが登場

前回の文書提出命令に続いて学者証人の採用と、これまで私たちが求め続けてきたことが一つ一つかなえられてきた。法廷だけだと、毎度同じことを繰り返しているようで、遅々として進行しないように見えるが、毎回の弁論で現場での闘いや原告の思いを紡ぎながら法廷で主張することによって、被告を追い詰めることに成功したように思う。改めて裁判所に伝えることの大切さを、実感した。そう、「思想・良心」とは何なのか……。その憲法上の権利とは、それを獲得するとはどういうことなのか……。

次回はこのことを早稲田大学の西原博史さんに、学者としての考察を徹底して証言していただく。西原さんは、法制化以降ご自身の専門分野である「良心の自由」について、公教育における「日の丸・君が代」の強制の実態を目の当たりにしながら、現場にそのことを根付かせることの必要性を多くの場で主張してこられた。他の裁判や審理でも、鑑定や証言をなされている。充分な準備をして臨みたいと思う。

＊

みなさん、本当に次回はココロ裁判の超山場です！　万障繰り合わせて傍聴をお願いします。夏休み初日の暑い日ですが、ぜひ西原さんの証言を聞いてください。

■傍聴感想記――はじめての傍聴で、「勝訴は真近だ」と確信を得ました

四月一四日、「学校現場に内心の自由を求め、『君が代』強制を憲法に問う裁判』北九州『君が代』訴訟」＝「ココロ裁判」第三〇回口頭弁論を初めて傍聴しました。そして、本人訴訟を傍聴するのも初めてです。

一五時三〇分に開廷されて、まず最初に思ったことは、「この人が亀川裁判長か」ということでした。というのも、この前「小泉純一郎首相靖国神社参拝違憲訴訟」で画期的な違憲判断を下した裁判長だからです。同じ福岡地裁第五民事部で「ココロ裁判」の裁判長ですから、何かしら期待するものがありました。公判が始まってからも裁判長の物言いが何となくホットな感じがして、「この人物なら原告が求めている憲法に問うことに応じて、憲法判断を一定以上するのではないか」と思ってしまいました。また、右陪席判事の表情も面白かった。高齢故か（歳で判断してはいけませんが）被告代理人の論旨不明瞭、否、トンチンカンな陳述に対して、あからさまに冷笑の表情を浮かべるのです。判事たる者、こんな態度をとってもいいのかなあ、と少し心配したくらいです。

前回の第二九回口頭弁論で、裁判長は被告に対して処分手続に係わる文書、即ち職務命令の内容、処分理由及び校長の状況報告書等の文書提出命令を出しました。原告は、一九九六年に戒告処分等取消請求訴訟を起こして以来、一貫して提出を求めてきました。しかし、被告の北九州市教育委員会は頑に拒み続けました。前回公判で原告は、厖大な陳述書を提出することで、北九州市教委の他に類を見ない異様なばかりの「君が代」処分の実態を浮き彫りにすることができました。そして、被告は、「心をこめ

て（歌う）」も職務命令に含まれると言ったり、処分理由に「信用失墜行為」を新たに付け加えるなど、処分に至る事実関係についても双方に相違があり、今後の争点として明確化されたのです。

被告は、裁判所の命令に従い、卒・入学式に係わる「校長の状況報告書」のみを公判の三日前になって裁判所に提出したそうです。しかし、この状況報告書に基づいてなされたであろう、教育委員会が懲戒処分を出すに至った市教委の議事録や委員会の決裁書等は未だ提出されていないのです（原告に対する事実確認の文書も不存在のままだそうです）。このことから分かるように、被告の意図するところは、原告が学習指導要領に基づかず地方公務員法に違反したから懲戒処分（減給三か月一名、減給一か月二名、戒告二回七名、戒告一回四名）をなしたのだと単純化することにあるのです。乃至は、「東京都日野市ピアノ伴奏拒否処分判決（二〇〇三年一二月三日）」での憲法判断「公務員は、全体の奉仕者であって（憲法一五条二項）、公共の利益のために勤務し、かつ、職務の遂行に当たっては、全力を挙げて専念する義務があるのであり（地公法三〇条）、思想・良心の自由も、公共の福祉の見地から、公務員の職務の公共性に由来する内在的制約を受けるものと解するのが相当である（憲法一二条、一三条）。〔中略〕思想・良心の自由も、公務員の職務の公共性に由来する内在的制約を受けることからすれば、本件職務命令が、教育公務員である原告の思想・良心を制約するものであっても、原告において受忍すべきもので、これが憲法一九条に違反するとまではいえない」とあるように、公務員は、職務にあたっては、公共の福祉によって思想・良心の自由という基本的人権も制約されるという論理。即ち、適法な職務命令の前には、公務員の基本的人権は制約されても仕方がないという論理を導き出すことにあると言えます。

公判が始まる直前に、原告に係わる各校長が書いた、一〇〇枚は超えるであろう状況報告書の一部に目を通すことができました。それによると、各校長が発した職務命令は、その内容に違いがあったり（心をこめてが有るもの無いものなど）、職務命令が曖昧なものや、明確な命令を発していない校長すら存在しているのが分かります。

そこには「四点指導」という強制（命令）を受けた校長が、職務命令の法的根拠や確信もなく、ただ自らの保身だけを考えた心情が伝わってきます。しかし、報告書は教職員、児童生徒、保護者の基本的人権を蹂躙する役割を果たしたことに変わりはないのです。現在では、校長らが原告達に対して、卒・入学生の当該学年でない場合は式場外の職務につかせるなど、校長自らが累積処分を回避するための対応として「席を外す」自由を認めていると聞いています。苦肉の策とはいえ、「校長としての最低限の良心」を垣間見ると同時に、当時と現在を比べると、「隔世の感」がします。

前回公判で、被告が「信用失墜行為」も処分理由に新たに付け加えたことに対しても、裁判所は文書提出命令を出したのですが、今回公判で被告の立証がないことから、裁判長は原告らの行為は信用失墜行為にあたらないとの認識を示しました。

何と言っても第三〇回口頭弁論で特筆すべきことは、裁判長が、憲法判断のために学者証人を採用するという訴訟指揮を予め決めていたことです。原告団と裁判長との協議の結果、次回学者証人として、早稲田大学の西原博史さんが採用されたのです。採用の理由は、「着席などの違法とされる行為に対して、本件処分が相当性を持っているかどうかを判断するため、また原告らに対する処分が憲法で保障する基本的人権の侵害に相当するかを判断するため（憲法判断）」です。

次回公判で、西原博史証人に主尋問、反対尋問合わせて一二〇分が保障されました。

「ココロ裁判」八年の歴史において、原告団の熱い思いと学校現場の実態が裁判所に伝わった瞬間、傍聴席を埋める支援者たちの行動が裁判所を突き動かした瞬間、同じ空間と時間を原告団と共にできたことを幸せに思います。公判後の報告集会で、竹森真紀さんが胸を詰まらせる姿を見た時、私自身も思わずもらい泣きしそうになりました。

（増田賢治／全国学校労働者組合連絡会代表・大阪教育合同労働組合）

第三一回弁論――「日本社会で思想良心の自由があるかどうかを決する」――二〇〇四年七月二一日

■西原博史さんの真摯な証言が響く

早稲田大学の西原博史さんの証言（調書第三五項「十何年も処分が続く中でも覚悟して選ばざるを得ない教師の良心、最後の一線の行為というものがあるのだろうか」）は、次のように述べている。

「法律学、法哲学の用語で市民的不服従という言葉がありまして、それこそ違法であることを覚悟で具体的な行為をしなきゃいけないという類型があるんですが、私は、本件の場合は市民的不服従の問題、つまり、本来違法な問題ではなくて、そこで構造的に子どもの権利に対する権利侵害があり、そしてまた教職員の思想良心の自由に対する侵害状況がある。その中でも処分が貫徹されていること自身は現実として受け止めざるを得ないのですが、これはやはりあってはならない処分、最初からあってはならない処分であったわけだし、正にあってはならない処分に直面しながらも自分は教育者として子どもを守る立場にいる以上は、あってはならない処分は受けざるを得ないかもしれないけれども、教員として、教育公務員として自分の職責を果たすという事柄として理解する必要があるのではないかと。だから、その意味で言いますと、やはりこの四点指導を出発点とし、四点指導に基づく職務命令違反の現認措置等々というもの全体の、あるいは一つ一つの要素が持っている、それぞれの当事者に対する権利侵害要素というものをきちんと認定していくことが必要だろうと考えております」。

学者証言という大きな山を越えた原告たち

前回弁論で学者証人採用が決まって、手放しで喜んでいた原告ら、そして私。二〜三か月ごとにやってくる弁論までの緊張とプレッシャーは、何とも言い難いものがある。しかし今回は尋問だけに全力投球すればいいという、妙な解放感があった。ところが、「学者尋問」は初の経験。西原さんの「脳」を理解し詰め込まねばならないというパニックに陥った！　その西原さん自身、鑑定書の六月中提出はならなかったが、その理由にプレッシャーとスランプがあったとか。お互いに慰め合い、叱咤激励しながらの進行となった。

それでも、そもそものはじまりである「四点指導」の違憲性を切り口としていくという意見の一致を見てからは早かったように思う。七月初めに鑑定書が完成し、届いたときは、その綿密ですっきりした内容に確信を持てた。とはいえ、逆に、これまでの長い間問題意識を共有してきた関係だからこそ通じるもので、裁判所をはじめ客観的に通用するのかという危惧もあった。また、「学者」の文章とはこんなにも手ごわいものかと、改めて壁にもぶち当たった。「日の丸・君が代」問題は国家と個人の関係を本質から問うものであり、「良心の自由」という精神的自由の核心とはいえこの国ではなかなか確立されていない領域であること、私ごときの手に負える内容でないことも承知の上。

しかし、立ち戻るべきところは原告の生の声であり、子どもたちの現実であり、学校現場の実態から見えてくる今の「公教育」の姿だ。これまでもそうしてきたように、裁判所に伝えるべきことは、原告らの見たまま感じたままの「被害状況」だ。私は『とおくまでいくんだっちゅうの』という原告の意見陳述集、提訴時に発行した『子どもの人権パンフ』に立ち戻りながら、西原鑑定書を活かすシナリオをつくった。結果、そのことは成功したように思う。また、西原博史という一人の学者が、なぜこの証言台に立って公教育における「君が代」問題について語ることになったのか、その一部分でも裁判所に伝わればという思いもあった。これも一定成功したのではないだろうか。

■準備書面と陳述書

今回提出した準備書面（27）の骨子は以下である。

一．アイヒマンとしての校長の状況報告書
（1）被告市教委「四点指導」徹底に奔走する校長
（2）原告らの発言からみえるもの
（3）わずかに見えた子どもの姿——富野小学校松川校長
（4）状況報告書記載に関する求釈明
（5）小結（略）
二．本件処分は適正手続が保障されていない——処分手続き文書の不存在と非開示の違法不当性
（1）憲法をはじめとする適正手続保障の根拠
（2）本件処分手続における適正手続違反
（3）本件処分手続における適正手続違反の重大性
三．学者西原博証言の位置づけと今後の進行

また、ピアニストの崔善愛《チェソンエ》さんに陳述書を寄せていただいた。

〈1〉はじめに
〈2〉朝鮮人を日本人にするために
〈3〉いまなお遺骨を引き取りにくる人々
〈4〉アジアの恨にいかに向き合うか
〈5〉父の最期のまなざし

■鑑定書と証言が訴えたこと

まず、西原さんの鑑定意見書（「卒業式・入学式の国歌斉唱時における市立学校教職員の不起立等による職務命令違反の懲戒処分および指導措置は適法か？」）の内容から。

c. 北九州市における「四点指導」体制と「内心に立ち入っての強制」
d. 国家意識に関する教育上の例外を否認する子どもの良心形成の自由
e. 小括

（2）教師への権利侵害による「四点指導」および「四点指導」実施目的で発せられる職務命令の違法性

a. 教師の「内心に立ち入っての強制」としての「四点指導」
b. 教師の教師としての良心に基づく職務命令不履行
c. 教師の個人的信条に基づく職務命令不履行
d. 制約根拠としての「範を示す」ことの意味
e. 職務命令に対する不服従が可能な場合の識別基準
f. 小括

おわりに

この日、法廷では熱のこもった証言がなされたことは言うまでもない。しかし、証言調書を読みなおして改めて感動した。私は尋問しながらも、その場の証言を一字一句聞き覚えることはできていなかったので、調書を読み直して本当にここまで証言してくださったのかと思わされた。四〇頁にわたる証言はどの部分を切り取っても意義深いものだ。

■被告代理人弁護士は来ず――一審はとうとう最終コーナー

書面の目次の引用ばかりになり、しかも全文が掲載できないままで申し訳ない。私は、とにかく尋問の途中で頭がぶち切れないよう集中していたつもりだが、傍聴席の様子はよく見ていた。裁判長は本当に身を乗り出すように真剣に聞いていたし、被告代理人弁護士は来ず、市教委の職員はただ黙ってそこにいるだけ。まるで傍聴者に向けての尋問だったような気がする。

西原さんが思う存分話してくれたので安心した。九九年の出会いからまる五年。まだかまだかと待っていたこの日でもあった。学校現場と司法・行政という権力へ、学者の知恵を介しての国家への異議申立が緻密になされたような満ちたりた空気を感じる。一つの出発点でもあるような地平を切り開くことができたような気もする。プロの弁護士は尻尾を巻いて退散。地裁では勝負しないとでも言いたいのだろうか？

この日、私たち原告は傍聴支援者とともに、何かが確実に動いたという実感を持てた。もう、薄っぺらな判決などいらない。次回書証整理のための弁論を経て、一月最終弁論と、判決までに、まだ裁判所へ思いのたけを伝える場がある。みなさん、最後まで一緒に見届けてください。

■傍聴感想記――手応えは充分！

〝……憲法九条のみならず、私たちは「戦争はイヤだ」と言える不服従の権利を貫くためにもこの「思想良心の自由」の保障を求めてやまないのです。処分はイヤだけど……みなさん、このTシャツを着て、身近な人たちにもこの思いを伝えてくださいね。そして私たちの裁判を支えてください。〈ココロ裁判原告団　ココロ裁判Tシャツを買って下さった方へ〉〟。そのTシャツ（新品だ）を身につけ、支援の意思表示と歴史的必要性のため、春日井を立ち、空路、福岡に向かった。

着いた福岡も、やたら暑かった。ちょっと歩いただけで汗がドバーっと出てきた（何せココロTシャツは生地が厚い上に、胸にゼッケン付きなんだから）。濡れたTシャツを公園で乾かし、さっぱりしたところで地裁に入った。すぐに原告のうい三人組に遭遇！　しばらく休憩してから法廷に案内してもらった。開廷前にもかかわらず既に何人もの傍聴者が集まっていた。その後も次々と数が増えた。大阪、静岡、高槻と顔馴染みの人たちもいた（さすがに全国区だ、ココロ裁判は！）。

入廷した時、やはり一回目の傍聴時と同じ印象を受けた、明るいなあと。もちろん、明るくしているのは採光ばかりではない。何よりも原告の数とその表情が法廷を明るくしている。裁判官が入廷しても、起立するのは被告代理人のみ、これも明るさの原因だ。

この日はかねてより原告団の求め続けてきた学者証

全国学校労働者組合の仲間がいたからこそのココロ裁判

人、西原博史さんの証言。原告竹森さんのキリッとした声が法廷に響き渡り、巧みに西原さんから貴重な証言を引き出していった（この人、プロになれる）。西原さんは、少々早口ながらも、北九州市教委の「四点指導」が子どもの権利・成長を侵害する点において、いかに憲法・教育基本法上許されないものであるかを、「四点指導」を受けての職務命令が教師の心の中までをも支配する点において、いかに憲法に違反するものであるかを、澱みなく証言された。

聞けばこの裁判長、「小泉首相靖国神社参拝違憲訴訟」で画期的な判断を下した人だという。この裁判長といい、証人といい、原告団といい、傍聴支援者といい、充分期待が持てそうだ。行こうかどうか迷ったけれど、やはり参加してよかった。能古の島の魚も美味かった（関係ないか）。

（渡辺真臣／春日井学校労働者組合・懲戒処分無効等請求事件勝訴人）

第三二回弁論——すべての主張・証拠を出し尽くしました——二〇〇四年一〇月一二日

■結審前の貴重な弁論の場

西原証言を終え、裁判所は結審の方向を示し、双方主張立証の整理のための弁論と位置づけた、第三二回弁論。原告らとしては貴重な大詰めの法廷の場ということで、一九名のうち、本人証言をしていない原告の中から、意見陳述をすることにした。できる限り思い残すことのないように、提訴から八年、処分への変わらぬ思いや深まる思いなどを陳述した。被告からの、予想していた妨害はおろか一言もなかった。原告六名がたっぷりと、よい意味での緊張と臨場感をもって陳述し、それは裁判所をはじめ傍聴席へもずしんと伝わった。本当に法廷での原告の言葉は何にも代え難く、一つ一つの言葉が響き、落ち着いた緊張感のある法廷だった。

以下、陳述のタイトルだけご紹介する。梶川珠姫こと神谷珠姫「教員としてどちらの側に立とうとするのか」、友延博子「子どもとそして自分のために」、稲葉とし子「加害国にも被害国にもならないために」、牟田口カオル「『君が代』強制も処分もない学校をもとめて」、油谷芳弘「ヒトが人となりヒト以下になる前に」、永井悦子「学校における子どもの良心の自由はだれが守るのか」。

■三人の学者の意見書

京都大学教員の駒込武さんとは、法制化直後のころからのおつき合い。二〇〇〇年三月に「まつろわぬものたちの祭り」と称して、「日の丸・君が代」法制化反対の集会を東京で開催し、「あんちひのきみメーリングリスト」を主催されている。このMLのおかげで、全国的な情報交換などを活発にすることができるようになった。台湾をはじめ植民地支配の問題が専門で、現地での深い調査研究に基づいた論文などを発表されている。今回、この貴重な研究成果をココロ裁判で展開してただいた（駒込武「国策によって破壊されてきたもの、忘れ去られてきたものを取り戻そうとする真摯な営みをこそ」）。

また、政教分離や天皇制がらみの裁判などで欠かせないのが、九州大学名誉教授で、現在流通経済大学教授の横田耕一さん。横田さんには私たちの処分が出始めた頃から、ずっとさまざまなアドバイスを頂いてきた。絶対に言って欲しい、この「君が代」の違憲性についての意見書（「違憲な『君が代』の公的斉唱も当然違憲、原告らにはそれを拒否する『義務』がある」）を、今回やっと念願かなって提出することができた。

そして関西大学教授の岡村達雄さんの意見書（「本件処分および行政措置の違法・不当性を論証する——指導・命令・強制と『指導としての教育支配』をめぐって」）。一九八五年の君が代徹底通知の際に、京都市全校に配られた「君が代」テープに係る住民訴訟に中心でかかわられた。私たちの裁判での立論も、その京都「君が代」訴訟に負うところが大だった。長いつきあいとなったが、変わらぬ熱い思いと地道な研究成果を、お借りすることができた。

■次回はいよいよ結審！

以上、第三二回弁論は原告の一人舞台。被告はうんともすんとも言わない。代理人弁護士の一人（より年配の方）は、いつも私たちにたいして「若い人ががんばってください」と裁判所の廊下で声をかけてくる。責任ある役職の者を一切出廷させなかった被告。一体だれがこの裁判（処分）の責任をとるのだろうかと思ったりする。とにかく、法廷は原告ペースで終了した。

以上の意見書及び参考文献など、追加の書証をすべて一〇月中に提出するという裁判所との約束を果たし、またほっとしている。九六年からまる八年間係争してきたココロ裁判も、学者のみなさんの意見書提出を最後に、できうる限り（本当に最大限の最低限ですが……）の主張立証をやってきて、最終弁論を迎える。そして、次回最終準備書面を提出する。改めてこれまでの法廷で主張してきたこと、学者のみなさんの意見、証言などなどの集大成となる予定。時間は限られているが、何とかやり尽くしたいと思う。みなさん、いろいろ良い知恵がございましたら、アドバイスなどもよろしくお願いいたします。当日、法廷にまた原告の声が届くような最後の弁論になればと思います。みなさん、ぜひ傍聴をよろしくお願いいします。

第三三回弁論――拍手あり、涙あり、笑いありの大法廷――二〇〇五年一月二五日

■シナリオは一人一人の原告のココロの中に

最終準備書面という過大な荷物を背負って年末年始を過ごすことになった私としては、他の原告にも課題をと、一人一人の被侵害利益についてのまとめ（書面用）と、陳述のための「一分間スピーチ」を要請した。初公判以来「三時半開始、一時間」という変則的な弁論時間を確保してきたココロ裁判であるが、本人訴訟ゆえの裁判所としてのぎりぎりの裁量なのだろう。しかし、一九名の原告ら最後の舞台としてはそれほど長い時間ではない。貴重な一時間をどれだけ有効に活かせるのか、毎回の攻防ではあったが、また最後の場面でその「たたかい」に臨まなければならない。一人一分でも一九分だ、一人が二分になれば四〇分近くなるという単純計算をすると、原則一分はかなり厳密に守られねばならず、一人一人は処分からの長い年月と思いを凝縮することにかなりココロを砕いたようだ。私は書面づくり、他の原告は陳述づくりへと、年末年始そしてぎりぎり弁論の日までを過ごした。結果は、できあがった最終書面や傍聴者などの感想に委ねさせていただく。

■たくさんの方の傍聴うれしかった！

年明け一月二五日という日はあっという間にやってきた。その日法廷には、初公判同様かそれ以上の傍聴者が集まったように思う。三三回という長い歳月で傍聴者が増えたことに、全国的な状況の厳しさも思うが、やはりよかったと言っていいのだろう。原告らの気合いも入るというものだ。遠くから近くから、何度も足を運んでくださった方々、本当に頭が下がります。ありがとうございました！

一〇分程度遅れた開廷後、裁判長は事前に提出された両者の最終準備書面などを確認する。その後、亀川裁判長から原告らへ陳述を促す言葉はなかった。原告からの読み上げの申し出に対しても「最終意見といった陳述は特に必要ないと考えています」といったコメントだけ。それを深く受け止めた私は「わかりました。最終弁論の要旨を述べます」と始めた。これまでどおりのパターンではあるが、緊張度は高まっていた。最終書面に展開した原告らの被侵害利益を、要旨説明の中で全員が述べるという原告らの「予定」を裁判所は了解して、五〇分程の「舞台」を黙って見守っていたように感じた。蛇足ながら、被告代理人も終始だんまりのままであった……。

■原告らの声を法廷で表現することの意味

最終準備書面第一章の「原告らの被侵害利益――未だ継続するあってはならない処分」「1　原告らの侵害の訴え」の項として、原告の稲田さんから永井さんまで、一人ずつ原告席から、それぞれ一分という制約で陳述を行った。以下は、その短い陳述から、さらにほんの一部分。

「校長からは『何をしても報告を上げる』と言われ、追い詰められての着席であり、その結果は減給一か月」（稲田さん）、「出会って一週間しか経っていない校長から『私の式辞の時に入ってきましたね。なぜ遅れてきたのですか』と聞かれた瞬間、心が縮み重苦しくなりました」（井上さん）、「着席しながらも着席をしっかり生徒に表明できず、着席する生徒にすら繋がれないままに過ぎている」（梶川さん）、「じっと耐えて座っているだけで減給三か月という仕打ちは紛れもなく私のキリスト教信仰への侵害と言わざるを得ません」（石尾さん）、「着席という行為は、処分という大きな圧力の中で、私にとっては良心にそったぎりぎりの行動です」（友延さん）、「『歌わなくても良いよ』『強制は間違っている』とも何も言わずにただ座っているだけです」（佐藤さん）、「君が代は人権より優先されてしまうものだと。『本番では通用しない』この言葉を聞いてぞくっとしたことを忘れることはできない」（牟田口さん）、「晒し者にされた屈辱感にまみれながらも座ったまま静かに耐えました」（安岡さん）、「子どもたちの意思や心情を無視して点数をつけたり、そういうやり方に抗議の気持ちもこめて着席しました」（原田さん）、「子どもたちやその家庭で信仰している宗教があるだろうし、思想信条の自由を侵すことはあってはならないことと思います」（導寺さん）、「管理職はステージの大きな子どもの絵の上から日の丸を無理やり貼り付け、何とか委員会の命令通りしようとします」（原さん）、「校長は教育委員会から評価され教諭も校長の恣意的評価で給与も身分も評価される上意下達しか通用しない学校現場」（油谷さん）、「校長から心を込めて歌うよう命令されましたが、私は肉体労働者ですから力を込めよと言われれば込めますが、心を込めることはできません」（藤堂さん）、「校長から呼ばれ『卒業式当日、着席する子がいれば、委員会に子どもたちの名前を報告する』と言われました」（山根さん）、「『あなたには思想信条の自由もあるかもしれませんが、職業選択の自由もあるのですよ』。田代主幹が事情聴取の時に私に言った言葉です」（稲葉さん）、「『ひとり立たないで君が代を歌わなければ地域の人

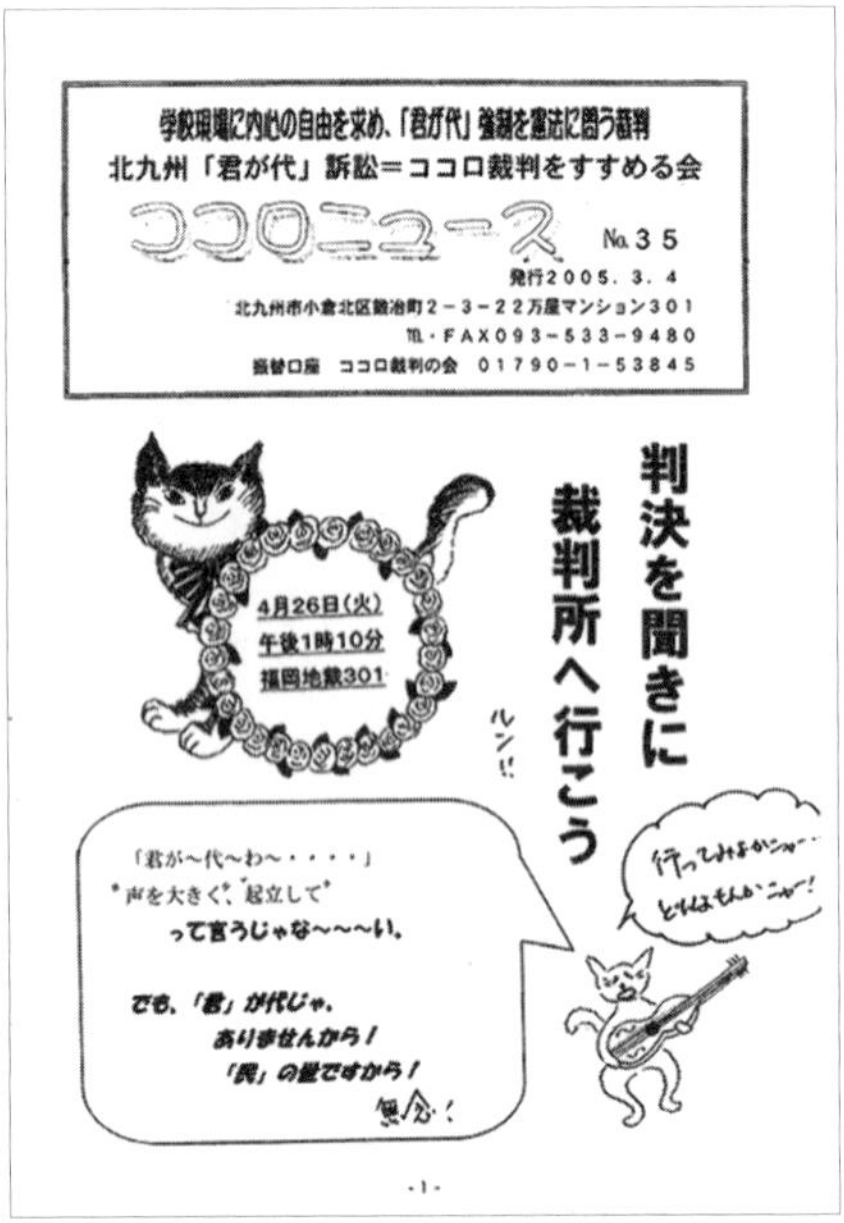

の信頼を裏切る行為になる』などの発言は、着席することで自らの良心の自由を守るために最低限の意思表示をしようとした私に精神的苦痛を与える」（横山さん）、「私の心の内がなぜ人目にさらされないといけないのでしょうか、それは憲法違反です」（永井さん）。

以上、原告らの訴えが法廷にしんと響き、被告も含めてその場にいた人たちすべてに届いたように思えたのは錯覚だろうか。判決期日を調整し法廷を後にした原告の顔は清々しいものであった。だれも、その結果を案じるようなことは考えてもいない、そんな表情であった。そして、今学校で原告らは「四点指導」から二〇年目の職員会議をくぐり、卒業式・入学式を控えているが、かつてとは違う確信を秘めてそれと向き合っているように思う。それだけで、この法廷での営みは私たちに「勝利」をもたらした。

司法の責務としての判断が迫られるその日は、四月二六日（火）午後一時一〇分、福岡地裁三〇一号法廷。

第4章○一審一部勝訴の意義とだめ押しの控訴審

地裁一部勝訴。傍聴者やメディアの関心も高く、
高揚する判決後の裁判所前

1 良心の自由、一歩前進（二〇〇五年）

［二〇〇五年］
4・26 判決公判 減給処分取消、四点指導は「不当な支配」、教育基本法一〇条一項違反。
その後、原告、被告双方控訴。

第一審判決公判――ココロ裁判、第一ラウンドの判定は――二〇〇五年四月二六日

■初めての傍聴抽選

初めて傍聴券が出た！　提訴以来傍聴券など出されたこともなく、大法廷を確保してきたとはいえ平日昼間の傍聴席はそれほど埋まることもなく、また被告側「支援」傍聴もないままのココロ裁判。この判決の日もぎりぎりまで裁判所との話で傍聴券は必要ないということで進めていたが、前日になってマスメディアの数が増えたことなどもあって、急遽傍聴券が出されることになった。当日は八〇名程度の傍聴席のために

一〇〇名を少し越える支援の方々が並んで、判決の日に初めての抽選となり、ココロ裁判の判決への関心は提訴時とは違う意味をもったようだ。

一審判決。緊張と期待で法廷へ向かう原告団と支援者

全国の独立組合の面々をはじめ、東京、大阪、京都などからこの判決を見守るためにたくさんの方が駆けつけてくださり、これまで北九州や福岡での地元で一緒に闘ってきた市民のみなさんの顔も揃った。裁判所門前での判決前集会は、爽やかな初夏の青空と緑の風に吹かれながら、裁判所もテレビカメラを少し制止する程度で、何ら制限もなく幕や旗を拡げてのびのびと行うこともできた。初めての「君が代」裁判での違憲判決を予想した報道陣の数は、私たちの予想を超えて多かった。カメラの光を感じながら玄関を入って、いつもの三〇一号法廷へと向かった。

■いよいよ判決言い渡し

言い渡しは一時一〇分定刻だが、掲示を見ると一時間の枠がとってある。事前に上申書を提出して「これまでの弁論どおり判決の内容が分かるような趣旨説明をお願い」しておいたが、主文のみでない要旨説明が準備されていると思えた。裁判官入廷前に書記官から「カメラ撮影などもありますので傍聴者は座ったままでお願いします」といった案内も笑え、和やかな雰囲気で裁判官の入廷を待つ。

そして、三人の裁判官入廷後、亀川裁判長は「主文、被告北九州市教育委員会がなした……」と「ひ」で始まる主文を読み上げた。やった……勝ったと確信。傍聴席からも拍手と喜びの歓声が上がったが、私は聞き逃してはいけないという緊張感の方が先に立って感動が今ひとつ。三人四件の減給処分取消が言い渡され、その余の請求はすべて棄却するという主文が終わり、裁判長はやはり「判決要旨」を淡々と読み上げた。A４判四枚の要旨をすべて読み上げた亀川裁判長は、「判決全文をよく読んで検討してください」と丁寧に伝えて法廷を去った。私は判決主文よりも、なぜかこの裁判長の最後の言葉が強く心に残った。手前勝手に解釈すれば、「これまであなた方の言い分を聞いてきて裁判所なりに充分に検討した結果だが、あなたたちはこの判決をどう評価しますか」と問うているように思えた。そこまで考える余裕があったかどうか不思議だが、この判決の日も私にとってはいつもの一時間の弁論の三四回目であり、裁判所と私たち原告とが向き合い、せめぎ合う場所としてあり続けたことがうれしかった。そう、判断を仰ぐのではなく、獲得するものとしての判決であった……。

■主文と判決要旨

以下、裁判長の読み上げた主文と要旨の全文を掲載する。

主文

1

（1）被告北九州市教育委員会が平成一一年（一九九九年）七月一九日付で原告稲田純に対してした減給一か月の処分を取り消す。

（2）被告北九州市教育委員会が平成九年（一九九七年）七月一八日付で原告石尾勝彦に対してした減給一か月の処分を取り消す。

（3）被告北九州市教育委員会が平成一〇年（一九九八年）七月一七日付で原告石尾勝彦に対してした減給三か月の処分を取り消す。

（4）被告北九州市教育委員会が平成一一年（一九九九年）七月一六日付で原告稲葉とし子に対してした減給一か月の処分を取り消す。

2　原告らのその余の請求をいずれも棄却する。

3　訴訟費用は、第一事件、第二事件を通じ、原告稲田純、同石尾勝彦、同稲葉とし子と被告北九州市教育委員会との間においては、同各原告らに生じた各費用の二分の一を被告北九州市教育委員会の負担とし、その余は各自の負担とし、同各原告らとその余の被告らとの間においては、全部原告らの負担とする。

1　君が代が国歌であることについて

君が代は、国旗国歌法の制定前においても、国歌としての地位にあったものであり、君が代の「君」が天皇を指すとの解釈を前提としても、君が代を国歌とすることが、憲法前文、同法一条に違反するとはいえない。

2　卒業式、入学式（以下「卒業式等」という。）に関する校長の権限について

校長は、学校教育法二八条三項により、教育内容を含む学校教育の事業を遂行するために必要とする一切の事務を行う権限を有するから、学校全体の行事である卒業式等に関し、その裁量の範囲内において、式次第を決定し、その実施のために、所属教職員に対して、職務命令を発することもできる。

3　職務との関連性について

卒業式等は、教育課程の一部である学校行事として行われるものであり、その運営への協力は、教職員としての職務に関するものといえる。

4　君が代斉唱の教育課程における位置付けについて

（1）学習指導要領の定めとの関連について

ア　教科における国歌の指導に関する定めは、国歌を尊重する態度を育て、日本人としての自覚を養い、国を愛する心を育てるために、必要かつ合理的な大綱的基準といえ、教員に対し、国歌に関する指導をしなければならないという一般的、抽象的な義務を負わせる拘束力を持つものといえる。

しかし、卒業式等において国歌を斉唱するよう指導するものとする旨の定めは、特定の行事を指定して指導方法を定める細目的事項に関する定めであり、大綱的基準とは言い難い。したがって、校長が卒業式等において国歌斉唱を実施し、各教員がこれを指導しなければならないという義務を負わせる拘束力を持つものと解することはできない。

イ　もっとも、卒業式等において国歌を斉唱するよう指導することは、国歌を尊重する態度を育てるという教育目的に沿うほか、学校生活に有意義な変化や折り目を付け、集団への所属感を深めるという目的にも沿うことからすれば、卒業式等において国歌斉唱を実施することは、正当な教育目的

に対して、一定の教育効果が期待できる教育活動ということができる。

校長は、上記の定めを尊重し、裁量権の範囲内において、国歌斉唱を含む式次第を決定することもできる。

(2) 国家、教育の信条的、宗教的中立性との関係について

卒業式等における君が代斉唱は、特定内容の道徳やイデオロギーを教え込むものといえず、国家、教育の信条的中立性に反するものではないし、また、宗教的行為ともいえないから、憲法二〇条一項及び二項、教育基本法九条二項に反するものでもない。

(3) 児童、生徒の思想、良心の自由との関係について

君が代斉唱の実施・指導は、教育活動の一環として、合理的範囲を逸脱するものとはいえず、人格の形成、発展を助けるという教育の本質からすれば、それが内心に対する働きかけを伴うものであっても、児童・生徒の思想、良心の自由を不当に侵害するものとはいえない。

5　本件職務命令と原告らの人権との関係について

(1) 憲法一九条等違反の主張について

原告らの差別撤廃を求める意思、戦争に対する嫌悪、教育のあり方についての意見は、憲法一九条等にいう思想、良心といえるが、君が代を歌えないという考えは、原告らの人間観・世界観と直接に結び付くものではなく、本件職務命令は憲法一九条等に違反しない。

(2) 憲法二〇条一項及び二項違反の主張について

本件職務命令は特定の宗教に結びつく行為を強制するものとはいえないから、本件職務命令は憲法二〇条一項及び二項に違反しない。

6　校長の裁量権逸脱の有無について

（1）教員の不起立が、教育活動における教育効果を減殺するものと考えられることからすれば、本件職務命令には必要性、合理性がある。

（2）原告らのみならず、児童、生徒や保護者にも君が代斉唱について嫌悪感、不快感を有する者があるが、他方、卒業式等において君が代斉唱を実施することを当然と考える者がいることはもとより、君が代斉唱において起立をしない教職員がいることに嫌悪感、不快感を覚える者もいると考えられることなどからすれば、本件職務命令が、ただちに、校長の裁量権を逸脱するものとはいえない。

（3）また、被告教育委員会が行った指導は、一定の国歌斉唱の方法を提示するにとどまらず、それを実施しているか否かを監督するものであり、各校長は、その指導に従わざるを得ないという事実上の拘束を受けていたといえるから、教育基本法一〇条一項にいう「不当な支配」を受けたといえるが、本件各職務命令は、その内容は様々であって、最終的には、各学校の状況を把握しているはずの各校長が自己の判断によって発したものといえる。

（4）前記諸事情を考慮すると、本件職務命令が、裁量権を逸脱して発せられたとまで認めるには足りず、無効であるとはいえない。

7　処分理由に信用失墜行為が含まれるかについて

処分理由書に記載されているのは職務命令違反行為のみであり、被告教育委員会は、文書提出命令に反し、議事録等を提出しないので、本件処分の理由にはいずれも信用失墜行為は含まれていないものとみなす。

8　処分の相当性について

（1）戒告処分については、地方公務員法上の処分として最も軽い処分であること、教育活動についての職務命令違反を理由とする処分であること、原告らは同様の職務命令違反を繰り返し、すでに厳重注意、文書訓告を受けていたことからすれば、裁量権の範囲を逸脱したということはできない。

（2）減給処分については、式の進行に混乱がなかったことや、原告らの教員としての適格性を疑わせる他の事情の存在が認められないこと等を考慮すると、式の進行を阻害したり、積極的な扇動行為と評価される場合は格別、給与の減額という直接に生活に影響を及ぼす処分をすることは、社会観念上著しく妥当性を欠き、裁量権の範囲を逸脱したものといえる。

9　原告らの損害賠償請求について

（1）教員である原告らに対する本件職務命令や戒告処分、指導は適法であり、不法行為となる余地はない。

また、学校用務員は、そもそも卒業式等の行事に参加する義務を負わないものと解されるが、式に参加する場合には、式の円滑な進行に対して協力すべく一定の制約を受けることを受忍しているものと解されるから、学校用務員に対する職務命令も裁量権を逸脱するものとはいえず、それに違反したことを理由とする文書訓告、厳重注意も適法であって、不法行為にはあたらない。

（2）減給処分についても、違法な処分を受けたことによる信用の低下や精神的苦痛は、特段の事情のない限り、その処分が取り消されることによって回復され、減給処分を受けた原告らに、当該処分が取り消されてもなお回復されない損害が発生したと認めるに足りる証拠はない。

■その瞬間での判決評価！

言い渡し後、すぐに旗出しをしなければならない。いくつかの旗と垂れ幕の案を準備をしていたので、想定の範囲での勝訴には間違いないが、今ひとつピンとこない原告団の面々を見ながら、稲田団長らと「一部勝訴」を取り出し横山さんへ渡し、玄関前で待つ支援者に向かって走った。横山さんと私は大きな声で「一部勝訴！　減給処分が取り消されました」と叫ぶと、法廷に入りきれなかった地元の支援者たちが喜びの声を上げてくれた。そして、稲田、安岡、私で司法記者室での会見へ向かう。「違憲判断」を期待していた（?:）記者たちが、たくさん待っていた。分厚い判決文を必死で繰るのだがなかなか頭に入ってこない。とりあえず、要旨の部分で勝った部分を評価ししゃべっているうちに胸が詰まってきたが、そんな余裕もなく、稲田さんが「教育基本法一〇条一項違反」部分について補足し、私も大きく頷いた。この一報を終え報告集会へ向かうと、会場では原告たちが「一部勝訴」の内容に見合う幕を探していた。原告団で予想した垂れ幕の中から、「これを貼ろう！　良心の自由、一歩前進」と、原告のみんなに言って確認した。

早速、支援者の前で判決評価を語らねばならず、とにかく勝ちを確認することを優先するだけで精一杯だった。冒頭、「減給処分取消という一部勝訴を勝ち取りました」と言うと、会場から大きな拍手が湧き、ほっとした。そして、私は戒告以下の処分については、「裁判所が少しくらい処分されてもがんばれ」と言ってくれたと、手前味噌の評価をして締めくくった。その後、まだ動揺を隠せない原告一人一人が判決についての最初の感想を述べた。そして、興奮さめないままに会場は交流会へと移り、大勢の方と勝利の乾杯を味わうことができ、本当によかった。

■傍聴感想記――さらに遠くをめざしたいっちゅうの……

主文が「被告」で始まる判決は原告の勝訴、という予備知識をすっかり忘れていたため、感動は数秒遅れました。が、「被告・北九州市教育委員会の行った」の後に、「原告・稲田純の減給処分を取り消す」と続いた判決に、原告席と傍聴席から大きな歓声と拍手が湧き起こりました。「静かにしてください」と亀川裁判長。更に続けて数人の減給処分取消しが読み上げられました。「処分を取り消す」との裁判長の声を聞いたところから、私は涙が溢れて止まりませんでした。

しかし判決要旨に入ると、校長の職務命令・裁量権を全面的に認める、「君が代」の実施・指導による子どもの思想・良心の自由の侵害は無い、と厳しい内容が続き、冒頭で湧いた法廷は静まり返りました。四種類用意された垂れ幕のうち、「一部勝訴」が使われました。戒告処分取消と損害賠償請求の棄却、違憲等の憲法判断無しのため、「一部」勝訴でした。けれども「日の丸・君が代」戒厳令下の東京から見れば、劇的とも言える勝訴に思えました。二日後の都教委では、処分四度目教員に対する措置を決定するとして注目される最中、「君が代不起立」程度で減給あるいは更に重い停職になどできるのかと問われることは必至であり、都は大変な重圧を背負ったはずでした。

判決後の報告集会の中で、東京からの挨拶として、ココロ裁判の九年間の闘いに敬意を表し、今日の勝訴が東京の厳しい闘いにとってどんなに大きな意味を持つか、これまでもココロ原告団の先駆的な闘いにどれほど勇気を得てきたか、話しました。弁護人無しの本人訴訟で、大変な労力と時間を費やし、この「減給処分取り消し」をもぎ取るように勝ち取った原告団に対して、「本当にありがとうございます」。その言葉が何て素直に、ココロの底から出てきたことでしょう。

「着席による戒告処分は取り消されなかった。しかし戒告のリスクを負いつつ、思想・良心の自由を追い求めて頑張れよ、と裁判所が言ってくれたと思う」と、竹森真紀さん。その真紀さんに、交流会の宴たけなわの中、「佐藤さんっ、六時半の飛行機でしょ！」と二回も叫ばせてしまったのは、私ののんびりした性格によるものだけではありません。「処分を取り消す」という法廷の言葉に、違う国のような錯覚を覚えるほど落差の大きい東京に、また帰って闘い続けなくてはならず、勝訴の感動からも冷めやらず、去りがたくなっていました。しかし、「『君が代』不服従は不滅！　繰り返したってクビにはならない！」そんな声が聞こえてくるようでもありました。

――遠くまで行くんだっちゅうの！――というわけで行って来た北九州と、まだまだ同じ地点には立てないけれど、「君が代不服従・勝ち組」の後を追って、さらに遠くを目指したいっちゅうの。歴史的勝訴に勇気を貰った帰り、飛行機の窓から、澄んだブルーの空に燃えるような金色とオレンジ色の、美しい夕陽が見えました。

（佐藤美和子／ピースリボン裁判原告・教員）

■裁判所を揺さぶった結果の判決！

二〇年近くこだわり発信し続け、九年間積み重ねた弁論で問い続けたその司法の判断は、処分の取消という最大の勝利を勝ち取った。これまでの「君が代」処分で係争されたケースにおいて、行政の手続違反で取り消された事案はあるが、本件は「式の進行に混乱がなかったことや、原告らの教員としての適格性を疑わせる他の事情がないことを考慮すると、直接、生活に影響を及ぼす処分をすることは、社会通念上著しく妥

多くの支援者が集まった一審判決後の報告集会

当性を欠き、裁量権の範囲を逸脱した」との事実上の取り消しである。さらに、被告が二〇年にわたってなしてきた「四点指導」(この一つが「国歌斉唱時には起立して心を込めて正しく斉唱すること」という指導内容)に対して、「教育委員会による指導は、国歌斉唱の方法を提示するにとどまらず、実施状況を監督するものであり、校長は従わざるを得ないという事実上の拘束を受けていたとし、このことは教育基本法一〇条一項の『不当な支配』に当たる」と断じた。また、被告が「四点指導」や「学校長の職務命令」や本件処分の法的根拠としてきた学習指導要領の法的拘束性についても本判決は、「学習指導要領は大綱的基準であるとした上で、卒業式の細目にわたっての拘束力を持つものではない」との判断をなした。

　さらに、「着席行為」が信用失墜行為にあたるという点についても、判決は被告がその事実を立証できなかった(文書提出命令にも違反し提出しなかったことをもって)として、被告主張を退けた。すなわち、原告らの「着席」

行為は何ら公務員としての信用を失墜するものでもなく、減給処分取消の理由としてあるように「式の進行に混乱がなかったことや、原告らの教員としての適格性を疑わせる他の事情がない」ことをさらに裏付けた。

この一部勝訴は、原告一人一人の力で勝ち取った「総合優勝」のようなもの。減給三か月までの処分を受けた石尾さん、一か月の稲田さん、稲葉さんの処分を無にすることなく、他の原告の陳述、証言などが共鳴し、裁判所を揺さぶった結果だ。

■控訴断念の申し入れ、そして控訴へ

学校現場に内心の自由を求め、「君が代」強制を憲法に問う裁判一審判決に係る申入書

二〇〇五年五月二日

北九州市長　末吉興一　様

北九州市教育委員会

委員長　梅本静一　様

教育長　駒田英孝　様

ココロ裁判原告団

北九州がっこうユニオン・うい

去る四月二六日福岡地方裁判所民事第五部は、一九九六年（行ウ）第二二号、二〇〇〇年（行ウ）第四号の戒告処分取消等請求事件並びに二〇〇〇年（ワ）第二五〇八号損害賠償請求事件の判決言い渡しにおいて、被告北九州市教育委員会（以下、被告市教委）のなした減給処分の取消を命じました。

この処分取消の判断は、行政の手続違反や事実誤認といった事務手続上の取消ではなく、「式の進行に混乱がなかったことや、原告らの教員としての適格性を疑わせる他の事情がないことを考慮すると、直接、生活に影響を及ぼす処分をすることは、社会通念上著しく妥当性を欠き、裁量権の範囲を逸脱した」として取り消されました。すなわち、本件「君が代」処分すべてにわたって原告らの教員としての適格性の問題でないことを明示し、被告市教委がこれまで処分を累積し濫用し続けてきたことへの断罪であり、法を無視した行き過ぎた処分であることを判示したものと言えます。

さらに、被告市教委が二〇年にわたってなしてきた「四点指導」（この一つが「国歌斉唱時には起立して心を込めて正しく斉唱すること」という指導内容）に対して、「教育委員会による指導は、国歌斉唱の方法を提示するにとどまらず、実施状況を監督するものであり、校長は従わざるを得ないという事実上の拘束を受けていたとし、このことは教育基本法一〇条一項の『不当な支配』に当たる」と断じました。また、その前提として被告市教委が、「四点指導」や「学校長の職務命令」や本件処分の唯一無二の法的根拠としてきた学習指導要領の法的拘束性についても、「学習指導要領は大綱的基準であるとした上で、卒業式の細目にわたっての拘束力を持つものではない」と判示しました。

本件は、端的に言えば、「学校長の職務命令違反」として「君が代」斉唱時の着席行為が違法行為として処分がなされてきましたが、判決は被告市教委の主張である「着席行為」が信用失墜行為にあたるという点についても、被告市教委がその事実を立証できなかった（文書提出命令にも違反し提出しなかったことをもって）として、その主張は退けられました。すなわち、原告らの「着席」行為は何ら公務員としての信用を失墜するものでもなく、減給処分取消の理由としてあるように「式の進行に混乱がなかったことや、原告らの教員としての適格性を疑わせる他の事情がない」ことをさらに裏付けたのです。

私たちは、司法判断を待つまでもなく、原告らが問い続け、抗い続けてきたこの二〇年近い年月は、現場的にはすでにこの判決が示した地平を築きつつあるとも言えます。被告市教委が一九八六年以降二〇年間なしてきた「四点指導」及び、それに伴う実施調査は明らかな人権侵害と法違反を侵したまま何の見直しもなく続けられ、処分を振りかざしてもなお受け入れることのできない「指導」であることを改めて示されました。このような実態に鑑みても、本司法判断を真摯に受け止めるべく下記のことを申し入れます。

記

1. 本判決判示によれば学習指導要領の細目的事項には拘束力がなく、被告市教委による「四点指導」及び調査は、教育基本法第一〇条一項に反し、校長への「不当な支配」となるので、直ちに止めること。
2. これまでなされた減給処分を撤回すること。
3. 本判決を受け入れ、控訴をしないこと。
4. 以上の項目について早急に検討し、回答と話し合いの場を設けること。

判決後の五月二日、私たちは市教委へ控訴を断念し、即刻「四点指導」を止めるよう申し入れた。朝から判決記事等を盛り込んだビラを一二〇〇枚ほど市庁舎で配布し、一一時から原告三名で教職員課の担当主幹らと交渉。裁判の担当主幹は四月に赴任したばかりだったが、早速判決を何度も読み、これまでの書面などにも目を通しているとの真摯な受け答えではあった。しかし、トップダウンの市教委行政で主幹レベルの意見がどれだけ尊重されるのか全く疑問で、結果、市教委はこの話し合いの直後裁判所へ控訴の意向を伝えたようだ。全国のみなさんからも控訴断念の意志を伝えていただいたが、市教委の控訴は想定の範囲でもあり、私たちは五月九日市教委の控訴を確認した後、即控訴状を提出した。

ゆっくりとじっくりと一審や判決を振り返る余裕もないまま控訴、そして既に一か月近くが経とうしている。それでも、この判決という大きな節目によって、私たちが想像していた以上に反響もあったし、長きにわたって発信し続けたおかげで全国に同じような志をもって闘う仲間が増えた。招かれて行った国立市のお母さん（鹿児島出身ですが）は、判決当日に向けてたくさんのクッキーとマドレーヌを手作りして贈ってくれた。新聞やテレビを見て喜んでメールを下さった方々、判決報告の原稿依頼もたくさん、本当にどれだけの人の力をかりてきたかはかりしれない。それだけでも、原告らにとって大きな宝なのだ。

さて、控訴理由書の期限は控訴から五〇日以内、そんなにのんびりもしてもいられない。かなり手前味噌で獲得したことばかりの判決評価を広めてきたが、事実、今回の判決で教育委員会の主張の大部分は弾劾されたといえる。しかし、私たちはそれだけではなく、「四点指導」やそれに基づく職務命令や処分の違憲性（思想良心の自由侵害）を遠く求めて続けてきた。今回、この点について裁判所は「違憲とは言えない」と退けた。結論から言えば、「まだまだこれからかな」というのが私の受け止め方だ。もちろん、この国の状況はいよいよ思想良心の自由なんてなくなって、物も言えないヤバイ感じだ。裁判所の思考停止も煮詰まってるだろうし、そうやすやすと憲法判断なんてできやしないだろう。まだまだこれからなんてこと言ってる場合じゃないと思われるかも知れないが、しかし、まだまだなんだと思う。

「良心の自由」が保障された学校とはどういう状態なのか、それ自体が裁判所の想像をこえるものなのではないか。ましてや、子どもの良心形成過程の自由を保障することが、原告らの着席を認めることなんてことまでに想像が及ぶだろうか。これは、私たち原告ですら、いや、今の「学校」の中でも蓄積されていない。私たちが二〇年問い続けてやっと「君が代」強制の問題が個人の精神的自由の問題として提起できるようになったのもここ数年である。私は、最終準備書面で「果たしてこの国に戦後は存在したのか」と大上段に問うたが、戦後も連綿と「学校」にあり続けた「日の丸・君が代」を空気のように受け入れてきたのは誰であるのか、もう一度問い直されなければならない。私たちはこのことを、屋上に「日の丸」をはためかせた裁判所に通い続け必死で問い続けてきた。それでも今、国家が肥大化するこの時代に、今こそこの個人の自由が国家に押しつぶされないよう守られなければならない。控訴審では、改めてこのことを高裁裁判長に突き付け教え諭し、凝り固まった脳味噌に柔軟剤を流し込んでいくしかない。この国で「良心の自由」とは何なのかということを、自然に空気を吸うように根付くには遙か長い道のりであり、また歩み続ける以外には求められない。

判決から一か月、私自身ももちろん、原告らもやっと冷静に判決と向き合い、また控訴審という第二ラウンドへ、それぞれの思いで進んでいける勇気と仲間を確認できたことが最大の喜びだ。一人一人の原告は豊かな言葉をもって語り始めています。じっくり噛みしめて読んで頂き、またココロ裁判を励まし見守り応援してください。そして共に一歩前進！しちゃいましょう！

■じっくり積み上げられる中で獲得されていくもの

原告　稲田純

「権力に対しては毅然とし、子どもや親の前では泣き笑いできる教師が一人いれば違いますよ」教師になるか否か迷っていたときに言われた言葉だ。唯一の恩師と思っている大学時代の教官である岩城さんのその言葉をどこか支えに、なんとか自分を失わずに学校現場にい続けることができた。その岩城さんが判決にきてくださった。そして、今回の判決で取り消された減給処分を受けたときに受け持っていた当事の卒業生のS君も判決に立ち会ってくれた。彼は「日の丸・君が代」のみでなく学校という抑圧装置と苦い闘いを続けてきた。わたしのすべてを見抜かれている貴重な若き友人だ。また、裁判をずっと傍聴してくれ、精神的にささえてくれた家族もきてくれた中で迎えた判決日。わたしはとても幸せな気持ちになることができた。

結果を度外視して始めた裁判だった。まさか、処分取消が言明されるとは思いもしなかった。冷静にみればどこかの学者が新聞でかいていたように大岡裁きだろうが、行政訴訟で一部でも取り消されるとは本当に信じられなかった。しかし、余談になるが、前日に取材があった読売新聞の記者は、なんと原告完全勝利判決（違憲判決）を予想していて、その原稿を用意していた。没となったその原稿を見せてもらったがなかなかすばらしいものだった。残念ながら判決はそこまでは行かなかったが、これは日本の司法では、そしてこの政治情勢では、まだ、まだ一〇年二〇年もかかる問題なのだろう。これから続く多くの裁判を含めた闘いの中で、じっくりと積み上げられていく中で獲得されていくものだと思う。当日、判決には全国の学校労働者の仲間をはじめ、全国で頑張っておられるいろいろな方々に来ていただき、本当に心強かった。

裁判の舞台は控訴審に移る。教育委員会の指導を不当な支配と認めながら、校長の裁量権を最大限認めた判決の裏には、校長を決して証言台に出さないという教育委員会側と裁判長側の暗黙の合意があったように思う。もちろんこれに乗ればすべてかしからずんば無かという判決にしかならず、逃げられない立場に亀川裁判長も追い込まれただろう。法は（判決は）技術であるのだ。一審で証言も行ったわたしとしてはもう十分で、はっきりいってこれ以上することはないのだが、あえて控訴審をするなら、ほとんどない可能性を踏まえても、校長を証言台に引きずり出す道をさぐるしかないと思っている。そのためには、私たち原告の現場での苦しみと校長がいかにかかわっていたのかを明らかにしていく必要があるのではないかと思う。

■この転機に……法廷でも、現場でも

原告　梶川珠姫

教員になってずっと「日の丸・君が代」にこだわってきた。二度と子どもたちを戦場へ送らないと、職員会議で闘う教師の後ろ姿に学びながら「同和」教育と対峙し「教師の正義」としていつしか心に根付いていった。しかし現場はじりじりと処分と命令で追い詰められ私の「正義」は行き場を失った。同時に、のびのびとやりたいようにやっていたことがお伺いを立てないとできなくなった。出張とか研修とかも〝する〟から〝させられる〟へと変わった。そんな息苦しく不完全燃焼の日々をゆったりと送りたい、押さえつけられたり忍耐を必要とすることを当然とする環境を疑うことを、新しい組合ういに求めた。

しかし、「日の丸・君が代」の強制は責任の所在ははっきりしない。誰に強制されているのか分からない。物言わぬ教職員の中で言い続けることは結構力がいる。裁判に踏み切ったことが、処分された私の力になっ

た。処分されても私たちは正しいという証のように思った。流される学校の中で抗う通行手形のように私の心にあった。しかし、この一〇年近い日々、ういの交渉では仲間と校長に直接言うばかりで、職場はますます忙しくなり、会議があっても、自分の不満は言っても他の職員を巻き込むことはしない。上意下達でさらに発言は難しくなった。いつのまにか裁判だけが意見を言う場、生き生きできる唯一の場になった。ココロ裁判はこの一〇年全国化もしその中で私たちの正当性が評価もされた。はじめは、子どもたちは巻き込まない、自分自身の権利侵害に絞っていたが、教師の「抗命義務」とまで言われるまでになった。人の輪が築かれていった。闘うことが必要とされていると感じる毎日だった。

一方現場では、校長が言うがままの「改革」を実行し、日の丸常時掲揚の下、させられる校務は超過勤務の連続。裁判しているからと、現場で闘う通行手形ではなくなっていたかもしれない。今回の判決と拡がりの一〇年は、そんな自分を反省させられるものでした。知らず知らずのうちに、評価される保障された闘いだけに安穏とし、自分をごまかすことがあった。良い教師をめざしているわけではない。私たちの在り方が唯一正しいとも思っていないが、私は自分の生き方に後悔したくない。普通に息をしたいし、言いたいことをきちんと言いたい。現場で闘うことが唯一正しいことを、今回の判決は明確に示してくれた。そう、やっぱり現場なんだね！　だんだん後ろ向きになっていた自分を反省し、高裁でさらに、法廷でも、現場でも、楽しく言いたいことを言いたいと思います。たとえ、現場が変わろうとも、楽しく、疲れないで頑張りたいと思っている。せっかく、控訴審をやるからには、今度は反省しないですむようにやらないとね！

■闘いは拡がる

原告　佐藤光昭

四月二六日、判決の日、それは良い天気だった。あたたかい日差し、心地よい風。

ちょうど一年前、私は病休で入院していた。市教委からの上意下達の日常化した職員室では反論も議論もなくなり、私自身、発言の無駄さを繰り返したたき込まれ、「もうどうでもいいや」という気持ちになり、その果てに〝うつ〟になりとうとう学校に行けなくなっていた。病院ではガラス越しにしか日の光を浴びられず、少し開いた窓からしか外の空気を吸うことしかできなかった。とにかくシャバの空気を吸いながら外を自由に歩きたいと思っていた。それから一年。自己否定から徐々に肯定へと力を蓄えていくことができた。支えの一つに「ココロ裁判」があった。私が休職で何もしていない間も、闘い続けている稲田原告団長、竹森弁護士（?）をはじめ一八名の原告と、共に闘っている仲間たちに感謝していた。その一員であることは、「おかしいことにおかしいと言える」「自分が自分である」ことを誇れる力であった。

だから、裁判所の前に立ったとき、とにかく気持ちが良かった。自由に外を歩ける自分だけでなく、裁判を闘っている一員になれているうれしさを感じていたから。最悪の全面敗訴を想定し、「判決結果ではなく、闘っていること自体に価値がある」と仲間に感謝する（勇気づける）言葉を準備して、よい子ぶるつもりで判決に臨んだ。ところがである。亀川裁判長は、教育基本法を用いて指導要領は大綱的基準であり市教委の「指導」は行き過ぎ、不当な支配であることと、減給処分は重すぎることを戒めたのである。確かに教職員と児童・生徒への思想良心の自由への侵害までは勝ち取ることはできなかった。けれども、間違いなく大きな成果だと思った。一度に大きく勝てたり、変えたりすることは、歴史的にあり得ないし、それではおもしろくないのかもしれない。

京都「君が代」訴訟で勝ち取ったことに続き、「ココロ裁判」で勝ち取り、さらに各地での闘いの勝利へつながっていくことを確信できた判決であった。

■原点

原告　牟田口カオル

裁判長は、一人ずつ名前を挙げて、「……処分を取り消す」と、減給処分を取り消していった。あり得ないと思っていた処分取消。それが現実となった。減給を「取り消す」と聞いた稲葉さんは、目頭を押さえていた。傍聴席が、歓喜と驚きでどよめいた。

翌二七日。晴れ晴れとした気分で出勤。職員は「おめでとうと言っていいのか、どうなのか」という反応が多かった。私はすかさず「大勝利よ」と返す。それから、新聞記事をいくつか貼り付けコピーしたものを配ってまわり、職員朝会で、判決で何が獲得できたのかを解説した。棄却された部分については、従来北九州市教委がやってきたことを裁判所があえてくつがえさなかっただけで、これからの獲得課題なのだ……と。

思い返せば十数年前、「君が代」着席で処分される人が続出した。処分が出るたびに「はねかえす会」と市民とともに、北九州市庁舎の教育委員会へ出向き、話し合いを求め、申し入れを行った。忘れはしない、あのとき、教委の数十人が人垣となり、部屋の入り口に無言で立ちはだかり、私たちの入室さえ拒絶していたことを。そうした教委の一方的で傲慢な態度に憤りつつ、私たちは数時間も廊下で抗議を続けていた。それを何度（何年）繰り返したことだろう。心身ともに疲れはて、私などはその場（廊下）に座りこんでいるときも、竹森真紀さんなどは、ハイヒールなどをはいて毅然と立ち続け、無言の教委相手に語り続けていたなあ。こういう体験が私たちの裁判闘争の原点にある。

裁判は、話もできず一方的に処分してきた教委と対峙し、「君が代」強制が不当であることを力いっぱい論じ、被害の思いの丈を語ることを可能にした。片や教委側は、弁論内容も乏しく、早く終わってくれという逃げの姿勢に終始してきた。私としては、判決を待つまでもなく、経過で勝利してきていると思っていたので、まして判決で獲得できたことが一つでもあれば、それは超大勝利と思うのです。控訴審が待っています。思想・良心の自由がますます危うくなりつつあるこの国で、「思想・良心の自由を憲法に問う」ことを、もう少し続けることができそうです。

■わたしがわたしらしくあるために闘い続けるのです

原告　稲葉とし子

「被告北九州市教育委員会は原告稲葉とし子に対する減給一か月の処分を取り消すこと」。

思わず涙が出ました。正義が勝った！　この世も捨てたものじゃない！　感動に胸を熱くした瞬間でした。しかし、その後から読み上げられる判決文に、？？？が浮かぶようになり、最終的には、憲法判断により「内心の自由」をきちんと保障してほしいという原告側の要求はことごとく裏切られることとなりました。……最初はショックでした。けれどもよくよく考えてみると、これが精一杯の判決だったのかもしれない、とも思えるようになりました。控訴審のことも考えて、「戒告以上の処分は妥当ではない」とすることで、ぎりぎり生活権が守られるように考えたのではないか。この部分が勝利し、きちんと保障されれば、全国の「君が代・日の丸」の強制に反対し闘っている人たちの思想信条の自由を結果的には保障することができるのではないか。そのためにも、控訴審をしっかり闘い、勝ち取らなければならない！　という気持ちになってきました。

この裁判を通して様々なことを学びましたが、自分の中で一番変っていったのは、「君が代」に反対する気持ちです。不起立処分の前までは、平和教育や「同和」教育の視点から今までの自分の実践に嘘をつきたくないという正義感から、また推し進められる管理体制に抗うために闘ってきたように思います。けれども今は少し違います。「君が代」を生理的に受け付けられなくなってきたのです。不起立の処分を受けるたびに味わってきた苦痛と屈辱、将来に対する不安や焦燥感（実際にだんだんと追い詰められ、退職後のことも真剣に考えざるを得なくなっていきました）。私にとって実に腹立たしい、嫌な記憶です。その記憶が「君が代」への嫌悪感に結びついたような気がします。戦争中日本に痛めつけられ人間の尊厳を奪われていったアジアの国の方たちが、「日の丸」や「君が代」を嫌悪する気持ちが、ほんの少しかもしれませんが実感できたような気がします。

だから私は闘います。自分の内心の自由（人間の尊厳）を守るために。そして自分らしく生きるために。そんな自分であってこそ、子どもたちの前で語れると思うから。〝遠い夜明け〟（という映画がありましたね）、けれども明けない夜はない。明日を信じて、まだまだ遠くまで行きますよ！　応援してくださった皆さんありがとうございました。そして、これからもよろしくお願いいたします。

原告　**横山浩文**

■最後まで気持ちよく走り切りたい

「一部勝訴やね」……。原告席の仲間からの声に押されるように、法廷を出た。そして、垂れ幕を手に階段をいっきに駆け下り、裁判所の玄関へ。腕を上下にしっかり開いて「一部勝訴」。フラッシュの光とシャッター音が響く。その光と音はしばらく止まらない。「もう少し前へ！」「顔も見せてください！」カメラマンや記者からの要求にしばし応える（俺はモデルか？　ヒゲそっとけばよかった！）。そんな一瞬の錯覚の後、「で、どういうこと？」と支持者から問われてハッと我に返る。「三人の減給処分が取り消されました！」。そう答えるやいなや、どよめきがおこった。「すごい！」「勝ったやん！」……確かに、これは画期的な判決だ。憲法判断では不満は残るものの、教育現場に「不当な支配」がはびこっていることを認めてるし、なんたって「日の君」の行政処分を一部撤回させたのだから、市教委のメンツ丸つぶれだ。

傍聴席に何回か足を運んだ自分が、原告席に座る決心をしたのは五年前のこと。遅ればせながら、意見陳述をし憲法判断をするように仲間とともに裁判長に訴えてきた。司法に幻想は抱いていないとは言うものの、控訴を取り止めこの判決を最終判決とし「伝家の宝刀」として振りかざし、現場での闘いを有利にしたいという気持ちもある。でも、冷静に考えれば、教育現場はそんなに単純じゃない。敵は敵で判決に関係なく権威の「印籠」をこれからますます突きつけてくるにちがいないのだ。でも、闘い続ければ、自分のスタンスを保ち職場で働くことができる。生き延びることができる。これが原告団に入って学び、そして実感してきたことだ。だからこそ、九年前の提訴からずっと原告席に座り、闘い続けることの意味の大きさを自分よりはるかに強く実感している仲間とともに、自分も最後まで闘おうと思う。僕は、みんなより一周遅れのランナーだが、走ることを止めたくはない。支持してくれる人たちの追い風に背中を押してもらいながら、最後まで気持ちよく走り切りたいと思っている。

■なぜ、子どもの思想良心の自由を認めてくれないのか

原告　永井悦子

座り続けても免職はないこと、「四点指導」は不当な支配であること、大きな成果です。でも、私の頭の中はなぜばかりでした。判決を聞き終わっても、なぜ？　なぜ？　子どもたちは救われないの？　これでは今までと同じ？　子どもたちは席を外すこともできず、大きな声で歌えと「指導」という名のいじめを受け続けるのかもしれないと思うと、怒りがこみあげました。原告の訴えとずれているかもしれませんが、一言でいえば納得がいかないかったのです。私は、裁判所に市教委の憲法違反を戒め、今後学校での国旗・国歌指導の強制をしないよう言ってほしかったんです。この判決では子どもたちには今まで以上に厳しくなるのではと背筋がぞっとしました。二男が五年生なので三月卒業式にでます。一男が卒業式の練習でいじめられた教頭が校長になっているので心配です。これまで法廷で、複数の原告が自分の処分のことだけでなく、目の前の子どもたちの侵害の状況を訴え、私も我が子のことを訴えたにもかかわらずです。憲法は国民一人一人に平等に保障されるべきものです。子どもの権利条約も批准している国でありながら、子どもを外す意味がわからなくて、私としては複雑な心境です。判決後、私は本人が訴える方がはっきりするので、自分の中二の子に法廷で証言しないかと声をかけています。あんまり乗り気ではありませんが、「自分の言葉で言わないとわかってくれないよ」と言うと、「いいよ、オーケー」といいました。夫にも了解をえなくてはなりませんので、まだまだこの先わかりませんが、何らかの形で子どもに対する侵害状況を訴えようと思っています。

一方判決は、意外なほど私の周りの人の反響がありました。あまり関心のなかった夫がいろんな新聞を持って帰ったり、傍聴はなん人かと関心を寄せてくれました。また、友人から「新聞記事になってたけど判決はどう読めるの？」と聞かれたり、元同僚から、「テレビ見たよ、でてたね」とか言われ、意外に関心の大きさを思いました。

厳重注意を受けて三、四か月たったころ、竹森さんから「来てみない？」と誘われてココロ会議にも何度か行って、ココロ裁判の傍聴にも行き、今こうして原告でいます。私は、一度座って終わりにし忘れたかったけど、竹森さんとの出会いで私の中の火がぼっと燃えだした感じです。自分以上に自分の気持ちをわかってくれる人が竹森さんだから。自分の言いたいことを代弁してくれるのは弁護士ではなく竹森さんしかいません。弁護士では、学校や子どものことをわかってもらえるでしょうか。私たち原告がたくさんいて、しかもみんなが控訴したのは、竹森さんの好リードがあってのこと、厳しくもあり、あったかくて、やさしい、面倒見のよい竹森さんあっての裁判です。うちの子は、竹森さんのことを、ボスと呼びます。一男は、夏休みにいった傍聴席で、感極まった竹森さんの涙声をきいて、どうして泣いたのかいつまでも疑問をもっています。二男はリーダーとよびます。子どもはよく見てます。私も初めて竹森さんの涙を見ました。いつもみんなのことを考えて気を配ってまとめてくださる竹森さんは、いつも強気だけど、一番繊細で優しい人です。もし弁護士だったら、自分のこと、学校のこと、北九州市の教育行政についてわかってもらう努力なんて、今の私たちには余裕はありませんから、裁判をする気力を失ったでしょう。

2　また仕切りなおして高裁へ——補助参加人も仲間に（二〇〇五年〜〇六年）

〔二〇〇五年〕
7・11　控訴理由書提出。
10・26　控訴審第一回弁論　一審原告ら冒頭陳述、控訴理由書陳述）。
〔二〇〇六年〕
2・26　第二回弁論　補助参加申立（崔善愛さん陳述、子どもの参加人問題。
4・28　政府、教育基本法改正案を閣議決定、国会提出。
5・15　第三回弁論　請求の趣旨追加。

控訴理由書提出——そろそろ第二ラウンドへの助走といきましょう！——二〇〇五年七月一一日

■控訴理由書を提出しました

判決後、双方控訴ということになり、控訴審で私たちは一審原告、教育委員会側は一審被告ということになった（一部勝訴なので、私たちも控訴人であったり被控訴人であったりするので）。控訴審に臨む私たちは一八名。判決から少し一休みしたら、なんだかまたまた走り出す元気が湧いてきたから不思議。この夏休みに、原告団での会議を持ったりして、新鮮な気持ちでこの裁判に臨めるような気がしてきた。どうぞ、みなさんも末永くおつきあいください。

さて、法的には控訴後五〇日以内という控訴理由書を、何とか夏休み前に仕上げることができ、被告とほぼ同時に提出した。以下はその目次。

一、はじめに――戦後公教育〈民主教育〉に何をもとめてきたのか「四点指導」は、自ら考え、自らを律する責任ある人格を育て尊重する「指導」なのか
二　一審被告主張を退けた原審判決
　――一審被告市教委四点指導は学校長への「不当な支配」、そして減給処分取消
　1．戦後教育法制の理念と戦後教育判例にのっとった判断
　2．学習指導要領の国旗国歌条項に法的拘束性はない
　3．一審被告市教委による「四点指導」のための監督は、学校長への「不当な支配」
　　――教育基本法一〇条一項に反するとの明確な判断
　4．「信用失墜行為はなかった」と断定
　5．減給処分の取消――行政の処分権の濫用に歯止め
　6．小括
三　二〇年に及ぶ「指導」と言う名の「支配」構造に隠された、自ら考え自らを律する人格の尊重とし

2「客観法レヴェル」の問題
3信教の自由の保障は少数者の権利保障
3. 小括――教育公務員としての不服従=人権保障義務と校長の職務命令権の欺瞞性
四 憲法の天皇条項と「国歌」の意味
五 懲戒処分に付随する被侵害利益について
1. 公務員の懲戒処分とは何か
2. 見せしめ・弾圧としての懲戒処分
六 原告らいの損害について
七 一審被告市教委は行政処分の挙証責任を果たすこと
1. 一審被告市教委教育長はじめ指導部、学務部職員の証言の必要性
2. 一審被告各校長の証言の必要性
3. 求釈明
八 請求の趣旨の拡張及び請求原因の追加
九 おわりに――真摯な批判と話し合いのできる場の保障を

■第一回弁論までの経緯

市教委は、主張し続けてきたことがことごとく否定された原判決にかなり不服だったのだろうが、控訴理由書にもまた同様のことばかりを言い続けている。

国旗国歌条項の法的効力があるということを学習指導要領の大綱的基準判例全文を書証としたり、信用失墜行為や全体の奉仕者たるにふさわしくない行為ということを「政治的中立性」とかいう古めかしい言葉などで語っている。そして減給処分の取消について、「不起立行為の悪質性」として原告らの行為が「政治的意見表明」だとか「式進行妨害行為」との根も葉もない主張を続けている。また、判決結果に直接関係ないとしながらも、「不当な支配」と判示された「四点指導」についても、「各学校でのバラツキや混乱を防ぐため」との言い訳……。わけわかんない！　最後に「代理人らは控訴審から本件を受任することとなったため、現時点では事件記録の精査検討に必ずしも充分な時間がとれていないことから今後補充する部分があることを予めお断りしておく」といった哀しい弁解も。どこまで行政権力にあぐらをかき続けるのかと思わされるが、私たちは「争いのための争い」に裁判というエネルギーを費やしているのではないのだから。控訴理由書の「おわりに」で書いたように、教育長自らが真摯な話し合いの場に登場して、人権というものを見直す責務を果たさねば……だ。

手続き的なことだが、一審においてもココロ裁判は二つの事件の並行審理だったが、二〇〇〇年提訴の横山・永井事案について同じ民事一部での審理を決定された。また、裁判が進行する間の処分などの追加（請求の趣旨の拡張）もしている。要するに、一九八七年の厳重注意から現時点二〇〇五年までの処分をすべて請求しているのだ。ココロ裁判は過去の事件ではない。現在進行形の裁判であることを確認したいと思う。

■新たな決意で控訴審へ！

控訴理由書という骨組みに、これからまた一人一人の原告が肉付けをしていこうということで、「夏休みの宿題」と称して、八月二六日に原告一同が集合して、それぞれ判決へのツッコミや原審で言い足りなかったことを出し合った。

一つは、校長の裁量権の問題。原判決「各校長が発した職務命令の内容も被告市教委による四点指導の内容とは必ずしも一致せず、各校長によって様々であることからすれば、本件職務命令が単に市教委の指導に従って裁量の余地なく機械的に出されたものとまでは言うことができず、各校長が本件職務命令を発した動機に市教委の指導があることを考慮してもなお、本件職務命令は、最終的には校長の判断として出されたものといえる」とし、「各校長もその指導が法的拘束力を持つものであるとまでは認識していなかったと考えられる」として、すべての憲法判断を校長裁量で帳消しにしてしまったことへの反論・立証。ここは原告らがどこまで職場の目の前の校長と向き合い、その責任と権限についてせめぎ合うことができるかというところに行き着く重要な点である。校長の権限を大きくするのも狭めるのも、今となっては私たち自身の「抵抗」の力以外にはありえず、法律だけで変えられるものではない。そんなせめぎ合いを通じながら、法廷闘争を維持してきたと思う。今後もこの判決をもって、校長へ「あなたは、あなたの判断で違憲な職務命令を出しますか?」と、現場でも法廷でも問うていきたいと思っている。

二つ目は、「君が代」を歌えないという原告らの思いが思想良心でありつつ、起立して歌うという行為が単なる外形的行為で、思想良心とは直接結びつかないとする判断への反論である。おそらく「逃げ」とバランスの判決ではあるが、卒業式・入学式での四〇秒間の「起立斉唱行為」を切り取って、人権侵害ではないとすることの大きな矛盾を覆していかなければならない。ずっと言い続けてきた「立ったか、座ったか」だけが争点ではないとの私たちの論を、再度、「四点指導」から二〇年経過した今の教育現場での人権状況が象徴していることを一つ一つ証明していきたい。

大きくこの二点について、各原告がそれぞれの現場報告をし、すり合わせることで、新たな課題が見えてきた。乞うご期待！

■控訴審第一回はどんな展開に？

思いは募るが、控訴審の壁は厚いとされていることも重々承知のつもり。しかし、ここまできて裁判所の「見ざる、聞かざる、言わざる」路線は受け入れることはできない。事件の重大さを理解してもらうことを、また一から始めたいと思う。弁論は一審同様遅い時刻に設定してもらい、午後四時。四、五〇分の弁論時間の確保を予定はしているが、当日の攻防でもある。当日は、控訴理由書の説明と原告のいくつかの冒頭陳述ができればいいなと思っている。

教育長との話し合いの設定、求釈明への回答、審理併合や追加拡張の問題など、課題は山積みだが、一つ一つまた坂道を息切れしないように昇っていこうと思う。多くの支援者がこの裁判を見守っていることを、初回法廷で見せてあげなければと思います。どうぞ、お忙しい中とは存じますが裁判所へ足をお運び下さい。

■補助参加人を募集します！　ココロ裁判に参加しませんか？

ここまで長期にわたる裁判に、さまざまな立場の方々が思いを寄せてくださっている。控訴審を契機に、直接この裁判に参加したいという方を募ることにした。現在すでに、同様の「君が代」処分を受けた教員をはじめ、これまで「着席」はできなかったけど不当な職務命令に異議のある教員、北九州市内在住の保護者や子どもたちなど、また市内ではないけれどもこのような処分がまかり通ることは他の都道府県での教育現場にも影響を及ぼすことも必至であるし、自らの意志として許せない処分であるとして各地の市民としての参加も寄せられている。どうぞ、みなさん！　傍聴だけではつまらないという方、ぜひ、このココロ裁判に参加してみませんか？　原告にとっても心強い参加人となります！

《補助参加人とは？》

●民事訴訟法第四二条【補助参加】「訴訟の結果について利害関係を有する第三者は、当事者の一方を補助するため、その訴訟に参加することができる」。

ま、言ってしまえば、北九州市教育委員会の「君が代」強制や処分がおかしい！って思っている人は利害があるからだれでも補助参加できるのだ。具体的には、市内の教員、保護者、子どもはもちろん、その他地域住民とか、この裁判の判決如何で自分の「君が代」は歌えないという思想良心の自由が保障されないという人……だれでも！

●民事訴訟法第四三条【補助参加の申出】「補助参加の申出は、参加の趣旨及び理由を明らかにして、補助参加により訴訟行為をすべき裁判所にしなければならない。補助参加の申出は、補助参加人としてすることができる訴訟行為とともにすることができる」。

とりあえず、弁論の時に「補助参加人になります」ってことを裁判所に伝えればその時点でもう、補助参加人。なぜ、参加するかの理由を言うこともできる。逆に、途中で止めることも独自にできるってことです。

●民事訴訟法第四四条【補助参加についての異議など】「当事者が補助参加について異議を述べたときは、裁判所は、補助参加の許否について、決定で裁判をする。この場合補助参加人は、参加の理由を疎明しなければならない（略）」。

北九州市教育委員会がこの補助参加になにがしか異議を言ってきたら、裁判所は判断をしなくてはならなくなって、参加人は理由を述べたりできるのだ。その結果が出るまでは、ずっと補助参加人のまま。

●民事訴訟法第四五条【補助参加人の訴訟行為】「補助参加人は、訴訟について、攻撃又は防御の方法の提出、異議の申立て、上訴の提起、再審の訴えの提起その他一切の訴訟行為をすることができる（略）」。

補助参加といっても、原告と変わらないような訴訟行為、主張・立証ができる。

控訴審第一回弁論――原審を越えるたたかいを！――二〇〇五年一〇月一七日

■準備万端の福岡高裁第一民事部？

高裁の第一印象は「準備万端！」という感じ。事前の書記官の対応はもちろん、裁判長も同様事前に準備書面を読み込み、何を整理しなければならないかをチェックし、私たち原告らの意見陳述への対応に現れた、全身にアンテナを張りつつも余裕の振る舞いって感じだった。私たちが原審から本人訴訟で築いてきた「なれ合い」を許さないことへの対応（反応）といえる。権威を振りかざすだけではない、弱者救済を念頭に置いた「配慮」の訴訟指揮は、本来あるべき姿であるが、裁判へのハードルを少しは低くすると思う。そういう意味で、高裁民事一部の訴訟指揮は合格点だ。

まず、これまでの提出書面を確認。一九九六年の提訴と、二〇〇〇年提訴の横山・永井事案の併合はこれまで通りできないが、今後も同じ法廷で同時並行審理を行っていくこと、請求の趣旨の拡張について賠償請求に処分取消を拡張するのは法的にできないので研究して出し直すこと、追加された処分取消の人事委員会不服申立の期日などを書面で提出することといったことなどが、裁判長よりてきぱきと進められた。

提訴後も出し続けられる職務命令についての「請求の趣旨の拡張」については研究課題となったが、係争中も同じ指導・命令を出し続ける教育委員会の姿勢を問うべきもので、この理不尽さを裁判所に知らしめるためにも、請求の趣旨を追加して争っていくしかないと考えている。

■一審原告の高裁への思いを一人一人陳述

必要事項の確認後、裁判所は予定された一審原告らの陳述について促し、被告代理人に対して「何かご意見がありますか。時間内ですから、まあ、いいでしょう?」と問うと、新しい弁護士は黙って頷くだけであった。

以下、これまでとは違う「大人の対応」。「感動」の原告スピーチを掲載する。

佐藤光昭「小学校教員の佐藤です。学校長から職務命令が出された、それに従わなかったので処分が出されたという判断ではなく、市教委の強い指導によって強制を生むこと、強制になっていること、そうした事実をしっかり見て判断して欲しいと思っています。

私が最初に処分された当時のPTA会長の山口誠さんは『校長先生が決めた式次第なのだから全員に歌ってもらわなければおかしい』と松川校長に詰め寄りました。ここにAさんからの手紙があります。彼女は五年までは富野小学校にいたのですが、六年になるとき徳力小学校に転校し『君が代』の時に座っていて教頭から大声で『立ちなさい』と怒鳴られたのです。『……ただ立てと言った。どうしてだろう。納得できるはずがないだろうに。私はみんなの前で怒鳴られて恥ずかしかった。みんなの視線が嫌だった。恐かった。悲しかった。悔しかった。でも、自分の意志を行動を恥ずかしいとは思わなかった。貫きたかった』。途中省略しますが、最後に『私は先生になりたかった。でも、徳力へ来てそうは思わなくなった。中学に行っても、あれがAかという目で見られ続け、中学の思い出など教えるほどもないと思う。相撲やオリンピックで国歌が流れるたびにあの体育館での出来事が蘇る。もうだれも繰り返して欲しくない』。私は今『だれも繰り返させてはいけない』という思いでここに立っています」。

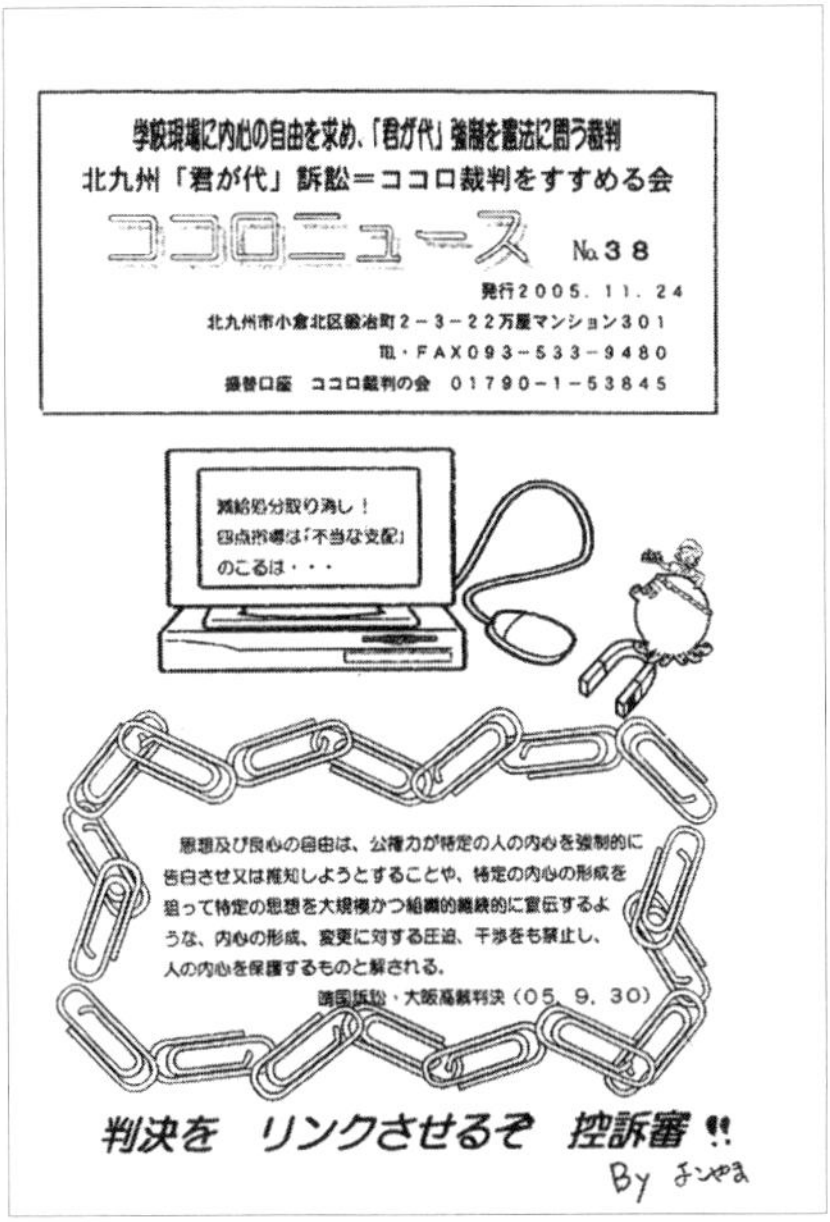

友延博子「小学校の教員をしている友延です。私は過去二回職務命令違反で戒告処分を受けました。その命令とは『国歌斉唱時には起立し、心を

込めて歌うこと』という、心の中にまで土足で踏み込むものでした。一審ではこれを委員会の『不当な支配』と断じました。しかし、現場の校長は、こんな職務命令を教育委員会からの絶対的なお達しとして私たちに発し続けているのです。この職務命令に象徴されるように、今の北九州市の学校は、委員会の敷いた脱線することを許されないレールの上を必死に突っ走っています。

十数年前の学校は行事の持ち方などで議論になると、校長が『子どもたちのことを一番に考えて決めていけばいい』と自信をもって発言していました。しかし、今の私の学校の校長は『私に聞かれても困る。委員会の方針通りどこも同じようにやらなければならないのだから』とただ繰り返すだけです。子どもの実態に合わせ、教職員がみんなで意見を出し合い作り上げていく、そんな学校はもう皆無といっていいでしょう。今の校長には裁量権などなくただ委員会の僕と化しています。そして、私たち教員は、校長の僕として動かされようとしています。この控訴審は、そんな校長や私自身が自らの頭で考え、行動する『勇気と力』を取り戻していく闘いだと思っています」。

井上友晃「九五、九六年の処分から一〇年あまり経ちました。控訴審が開始される今、市教委職員がわたしに処分辞令書をおしつけて帰った翌日、秋永校長と学校で交わしたやりとりを思い出しています。『井上さん、いくら校長に裁量権があるといっても、ほんの少しだけだ。基本的に校長は教育委員会の言うことに逆らえない』『校長会での四点指導を、わたし（秋永校長）は強い拘束感のある指導、実質的には命令ととらえた。新任校長でもあり、上司の命令に従わなければわたしが処分されるかもしれない。だから教育委員会の言うようにするしかなかった』『まさか処分が出るとは思わなかった。あなたへの処分が出され、びっくりした』『式はまったく混乱などなかった。あなたのことを悪く言う声もない』。

秋永校長は苦しそうだが、はっきりとそう語った。市教委に報告書を上げたことを『自分の責任ではない』と悔いているようだった。しかし秋永校長は、九六年平野小学校入学式でわたしに、職員にそして子どもたちや親たちに『君が代』を強制した直接の加害者である。彼は人としての良心よりも、校長としての保身を大事にし、『国歌だから』『教育委員会の指導だから』と責任を他におしつけて、人の心を抉り捻り上げるような強制を平然と行った。『心を込めて君が代を歌うように』と命令したのは秋永校長である。そして彼の心を縛ったのが、市教委の指導であった。だから、あんな言い訳ができたのだ。

今、わたしはあの日のやり取りを公にしたい。校長の責任逃れを明らかにすることが市教委の校長や職員への越権・違法行為を明らかにすることに繋がる。校長の責任逃れを明らかにすることができる。いま、私の職場には『わたしは国歌を歌いません。国旗に注目しません』と自分の良心をかけて担任に訴える子どもがいます。もうこれ以上、思想・良心の自由を侵害されぬよう、自分や子どもたちを守るために、あの日学校で起きたことを法廷で明らかにしようと考えている」。

安岡正彦「日の丸・君が代の問答無用の一方的な強制に異議を唱え続けてきて二〇年が過ぎましたが、この間二回の戒告処分を受けました。駒田教育長は『ぎすぎすした時代、東京で処分が頻発しているようなことは、北九州市ではもう前の時代に終わった』と豪語します。しかし、一審において『不当な支配に当たる』と断定された『四点指導』は、現在もなお教育現場での押しつけと垂れ流しが続いており、事態は何も改善されていません。処分乱発がないのは、不起立が予想される教職員を校長裁量によって放送室などに封じ込めているからです。子ども達の歌声の小ささを叱責し、二時間ぶっ通しで『君が代』をCD伴奏で歌わせ続けた教師は、子どもの歌声が大きくて素晴らしいと絶賛されました。卒・入学式の職員会議は話し合う前からほとんどの結論は決まっています。みんなで創り上げていくという意識は消え去り、どうせ言っても、何を提案しても無駄だというあきらめが先行し、沈黙が職場を支配していきます。いったいどうしてこんな学校になってしまったのでしょうか。

労働問題研究者の熊沢誠は、働き続けていく職場に必要なものは、ゆとりと仲間と決定権だといいます。超過勤務や様々なプレッシャーから病気を抱え込んでしまう教職員、不当な管理に対して抗議してくれる職場の仲間は消え失せ、主要なことは事前に管理職サイドで決定し、簡略化される一方の職員会議。卒・入学式に発せられる『四点指導』という名の『命令』が、みんなが創造的で楽しく働き続けていける職場を崩壊させてきた一つの大きな象徴であると私はとらえています」。

原博一「ここ数年で、あっという間に北九州市全ての小中学校に『日の丸』が揚げられるようになりました。教育長のたった一言でです。そのため台風の日、学校が休みになり風雨が激しい中でも揚げているのです。こっけいですが、思考停止した管理職には当然のことなのです。『奴隷の中で最もみじめな奴隷は、自覚のない奴隷である』と、ある本で見かけた言葉を思い出しました。やがて『日の丸』だけでなく、朝晩『君が代』が流されるようになるのではないかと危惧します。

ところで、学校では憲法記念日の前後や六年生の社会科等で憲法の学習をします。三権分立の大切さや、裁判所が『憲法の番人』と言われる所以などについてです。裁判は弱い立場の者のためにこそあると思います。なぜなら、力のある人は多くの場合、自分で権利を実現できるからです。どうぞ、憲法が私たちを守ってくれていると実感するためにも、勇気のある勇気の出る判断をお願いします」。

横山浩文「小学校教員の横山です。二〇〇二年三月の卒業式の『君が代』斉唱時における私の着席行為に対し、教育委員会から、事情聴取をしたいので出向くようにとの連絡がありました。私は、自分の職場で受けたいと伝えました。なぜなら、前回の処分者に対する事情聴取が、委員会の密室で行われ、その席上で『教員をやめよ』ともとれる発言を浴びせられたり、強い反省を強いられていたからです。そういう犯罪者扱いされるような事情聴取には応じられないという思いが私にはありました。しかし、毎日のように電話があり、出向くように再三強要され、最後には、校長に職務命令を出すように指示し、何が何でも委員会に出向くようにさせました。

この一連の流れの中で、私は強く精神的苦痛を受け、普段どおりには到底仕事を続けられる状態ではありませんでした。このままでは健康を害するという恐怖感に襲われ、早くこの圧力から解放されたいという心境でした。それで、不本意ながら委員会に出向いて事情聴取を受けました。その際に、精神的苦痛を与えたり、人権侵害にあたる発言はしないという確認をとるのがやっとでした。このようなごく当たり前の確認をとらなければならないほど、委員会からの圧力は重く私にのしかかりました。一審でも明らかにされたように、委員会の現場への『不当な支配』と人権侵害はこのような形でも今なお続いています」。

■「私たちは争いのための争いを望んでいるのではない」

各陳述の後、全体的な紹介として控訴理由書の趣旨を述べた。毎回述べることがよくあるもんだとも思えるが、そのときそのときの思いは確実に新鮮であるし、裁判所に伝えたいことはかなり具体的になってきた気がする。それはたぶんずっと少数者意識を持ちつつ不当性を訴え続ける中で、主観的な傷みとしてしか受け止められないという拙さと屈辱と、それでも発信し続けることの着実な積み重ねから育まれたものだと思う。「立って歌う側」には求められないその理由を、「歌えない側」にはとことん求められてきたのだから。そんな思いが、一人一人の法廷の声にも現れるだろうし、私はそれを書面に託すしかなく、すべてではないが法廷での声に出しての陳述の意味は大きいと思う。

控訴理由は、高裁という法廷で裁判所に判断を求めるために争うことではないということを伝えたかった。現実に進行し蝕まれた学校に最低限の人権保障をもたらすため、教育委員会がなしてきたシステムを具体的に変えなければ意味がない。いくら私たちが処分を受け続けても、裁判所が違憲判断を出してもだ。できればこの高裁のテーブルで教育委員会自らが、この二〇年の「四点指導」の違憲性に気づき止めることだ。そんなことを、控訴理由書の「はじめに」に沿って陳述した。私たちは一審判決後、教育委員会へ控訴の断念を申し入れたし、好んでこの高裁へきたわけではない、裁判という高いハードルを強いられ続けていること、争いのための争いを望んでいないことを強調したつもりだ。「四点指導」二〇年の支配から卒業するために！　裁判所がどこまでこの趣旨をうけとめたか分からない。しかし、次回へ向けた進行は、特に先を急いでいるようには見えなかった。とりあえず、年内に請求の趣旨拡張問題をクリアする書面と次回期日まで双方書面の追加という段取りとなった。

■多くの傍聴をありがとうございました！

控訴審の第一回だからか、判決の波及か、法廷は八〇席の大法廷がそれなりに埋まっているように見えた。原告席から傍聴席を見ながらいつもうれしくなる。前列に西南学院の学生さんがたくさん座っていて、田中伸尚さんの岩波ブックレット（『教育現場に「心の自由」を！「君が代」強制を問う北九州の教職員』）での予習の成果か、教育委員会側の代理人と原告側の一人一人の様子を「全然、雰囲気が違うね」などとささやきながら興味深げに傍聴していたそうだ。百聞は一見に如かずである。法廷で晒される当事者たちをライブで見るほどリアルなものはないから……。

平日という出にくい時間にもかかわらず、遠来を含め各地からココロ裁判に取り憑かれた（?）、国家にまつろわない人たちの顔がたくさん集まった。本当に心強いし、楽しい。私たちは、いつ結審と切り出されるか分からない控訴審といった切迫感もないまま、マイペースだけが残った。どちらにせよ「終わらない歌」なんだから。

公判後、慌ただしく会場を移して報告集会と、田中伸尚さんの岩波ブックレット発行記念のお話、そして、各地から来てくださった方々の励ましの言葉など、いつもにも増して元気の出るものだった。

東京からいつも来てくださる北村小夜さんからは、東京の状況の報告。既に北九州の比ではない「君が代」弾圧。ここ二、三年で数多くの裁判や人事委審理が始まり、小夜さんはそれらのために飛び回っている。反天皇制運動連絡会の桜井大子さんも貴重な時間を割いて来てくれ、なかなか浸透しにくい女性天皇問題をアピールしながら、この「君が代」問題にも危機感をもって応援してくれている。大阪からは「ひらかたスミぬり裁判」（大阪府枚方市教育委員会が、教員の不起立者氏名を収集したことを個人情報保護条例違反として、またこれを思想調査であるとして憲法に問い、住民監査請求と教員の損害賠償請求を起こした裁判」を本人訴訟で闘い抜いている松田浩二さん。教員に必死でエールを送りながら、身銭を切って闘う姿は意外にひょうひょうとしていて、福岡までの傍聴に頭が下がる。全学労組代表は静岡の金原さんで、定年とともにますますフットワーク軽く飛んで来て頂いた。

まだまだお元気な方々が……。高齢にもかかわらず益永スミ子さんは「たたかうのはやっぱり、楽しいもんな」とはるばる電車を乗り継いでやってきてくださり、孤立無援など微塵も感じさせない大分のプンプンおばさんこと島田雅美さんのいつもの笑顔。築城で反基地やってる渡辺ひろ子さんも、牛の世話の合間に、「国家にまつろわない人がおもしろい！」とやってきてくれた。その後の交流会が濃いものとなったことは、改めて言うまでもありません。こんな方々が法廷にいたら、そりゃあ裁判所は下手なことできませんわね!! ということで、今後とも監視と癒しの法廷ツアーへご参加、よろしくお願いします。

＊

九月末に、大阪高裁で靖国台湾訴訟への違憲判決がなされた、そう、高裁でである。また、国を問う裁判の越えられない壁を突破するための苦肉の損害賠償請求で、思想良心の自由侵害についてもまっすぐに判断された。画期的な判決だった。このような積み重ねの上に切り開かれる地平と、訴える側の思いを決してないがしろにせず、判決という「紙切れ」の中にたくさんのことを読み込んでいかなければと、改めて思わされた。ココロ裁判も高裁で再度、憲法に問うていこう！ 思想良心の自由を忘れないために……。

■傍聴感想記――元気な職場がもどってくるんでしょうか……

今回生まれて初めて裁判の傍聴をしました。

一審判決の日も傍聴に行こうかと随分迷いましたが、行政側に沿った判決が出るのではないかと予想し足が向きませんでした。ですから、「ココロ裁判」が一審で「一部勝訴」判決を勝ち取ったことをTVニュースで見た時は、本当に嬉しかったです。今回からの控訴審、やっと北九州の教育現場に差し込んだ小さな光はこの後どうなっていくのだろう、どんな裁判長に託されていくのだろう……などと考えているとじっとしていることができず、思い切って高裁まで出かけていきました。

法廷で原告一人一人それぞれの思いが語られるのを聞くうちに、いつの間にか私自身が就職してから今日までの二五年間の職場の移り変わりが重なって思い出されました。就職した当時の職員会議では、原告のみなさんが述べられたような意見を多くの職員が次々に立って述べたものでした。子どもたちの心に残る「最後の授業」をどのように作っていこうかと熱心に話し合ったものでした。しかし、委員会からの「四点指導」によるしばりがはじまると、職員会議は本当に形だけになってしまい、「言っても無駄なこと」「変わらないことを話し合うなんて時間の無駄」といった無力感やあきらめの気持を職員に植付け今日に至っています。「日の丸・君が代」の強制は教育現場から豊かな発想や自由で自主的な活動を奪っていったことは間違いありません。

勤務校では、昨年度卒業式が二部制に変えられました。第一部「卒業証書授与式」、それをいったん「閉式」と宣言した後、第二部「呼びかけ」をするようになりました。「この形にすれば卒業式は日の丸に正対して厳粛に実施できるし、呼びかけは先生たちの希望通りフロア形式で保護者や在校生と向き合える」と本末転倒の話（「四点指導」を肯定したままの方法論）が通ってしまう。多忙化の中、思考停止の教師。もうそこには、「子どもたちの最後の授業」としての卒業式の意味は存在しません。在校生や保護者、地域の人たち、職員が一緒になって卒業を祝う「呼びかけや会場設営」はただの余興、付録なのでしょう。

年が明けるとまた卒業式についての提案がなされます。重苦しく、展望のない会議に今年は誰か発言する人がいるのでしょうか。原告団の陳述集に目を通すと、原告の方たちもまた、悩み、傷つき、心を病んでいく様子が読み取れ胸が痛みました。教師の個性や創造性が生かされる学校を取り戻したい。互いに子どもの見方や教育内容についてなどを「ああでもない、こうでもない」と自分の思いを出し合って、論議していく中で高まりあい磨きあっていくのが教師の仕事ではなかったでしょうか。

職場の重圧感にあえぐ多くの教員達も、控訴審のゆくえを熱い思いで見つめています。

（高内訓子／北九州の教員）

控訴審第二回弁論――善愛さんはじめ二四人の心強い参加人が申し立て――二〇〇六年二月六日

■今回も、「迫る法廷」に！

控訴審をどうたたかうのかということと、現場での取り組みが重ね合わされていく。そしてそのことを裁判所へきっちり伝えることが、本裁判の核心だと思う。二月六日という弁論期日は、卒業式前の職員会議なども重なる時期だ。一審判決から初めての卒業式・入学式である。この一審判決をテコに学校現場での攻防や高裁という高いハードルを少しでも低くしていきたいという思いが募る。疲弊する学校現場、そして教員たちを目の前にしながらではあるが……。

昨年〔二〇〇五年〕末、前回弁論で指示のあった書面を提出（準備書面（1）「請求の趣旨の拡張と原因の追加主張」）。二〇〇〇年以後の処分についての拡張部分の詳細と補正である。原告藤堂については、地方公務員法適用がないため処分辞令書に不服があるときは人事委員会へ六〇日以内に申立ができるとの記載もなく、やむなく地方労働委員会で争ったが命令がとれなかったので本訴に及んだこと。また、学校長の状況報告書についても、地労委などでは当然のように書証として提出してくる被告が、なぜか裁判においては任意に提出を拒んできている。そこで、追加した処分についての状況報告書の開示を求める。学校長の状況報告書が開示されれば、被告の言う職務命令の文言が不確定で、学校長によって大きな違いのあることが明らかになり、職務命令が学校長の裁量の範囲としてあることを裏付けることになる。高裁でもこれらについて一つ一つ釈明を求めていきたい。そのためのジャブ的な書面だ。

■二四人の補助参加人が決定

さきに「補助参加人大募集」の呼びかけをおこなったが、現実はそうそう簡単に裁判に名前を連ねる方がいるとは考えられないし、私たちもそう簡単に「補助参加人になって下さい」とも言えない。それでも、各原告が、職場やこれまでの教員と培ってきた関係性などからお願いしたりして、以下のように確定することができた。

市内の現職教員が一〇人、市内元保護者三人、市内子ども二人、元教員一人、中間市教員六人、そして崔善愛さん、松田浩二さんら総勢二四人という錚々たるメンバーになってしまった。思いつきといえばそうなのだが、申立書を作成し裁判所へ提出する場面が近づくに連れて、呼びかけた方も呼びかけられた方も緊張感が増して、当日近辺になってからは最高潮に盛り上がることが実感できた。

一〇日前くらいに書面を出すと、予想通り書記官から「補正」を求める電話。印鑑はじめ事務的なことと、子ども（未成年）が参加人になれるかどうかの問題。とりあえずそれをクリアしたら、当日の陳述問題へ……。崔善愛さんの陳述が保障されればとの思いで「上申書」を提出すると、「善愛さん他の陳述は？」と食いつかれ、「子どもとか……」と答えると、書記官は、「それはできません」と言う。訴訟行為ができるのは、法定代理人である保護者だけであるといって譲らない。この件については、当日まで私が判断することではないとして、保留のまま法廷に臨んだ。以下、申立書の前書き。

【補助参加申立書】

下記の者らは、民事訴訟法四二条、四三条に基づき、二〇〇五（平成一七）年（行コ）第一三号戒告処分等取消控訴事件の当事者である一審原告稲田純外の側に、補助参加を申し立てます。

記

補助参加人らは、本件の結果に関して当事者一審原告らと同等の利害関係にある。

一審判決において減給処分を取消すと判示されたが、一審被告北九州市教育委員会は未だ本件職務命令の根拠となる「四点指導」調査による「君が代」強制・命令そして本件処分について、何らの検討も変更もなしていない。そしてまた、二〇〇六年三月、四月には同様に卒業式・入学式が行われる。このことは、一審原告当事者は言うまでもなく、北九州市の教員、子ども、保護者のみならず、この国の公教育を憂慮する多くの市民にとっても、その人権状況を安心して見ていられる状況ではない。補助参加人らは、貴庁による本件「君が代」強制―命令―処分についての明確な違憲・違法判断をなされるか否かによって、この国の公教育における人権状況の大きな分岐点ともなるという危機感を抱いている。

さて、子どもの陳述という懸案事項を残したまま当日を迎え、善愛さんには陳述できるかどうか本番にならないと分からない中で、遠く東京からお出で頂いた。「争う」前に善愛さんの陳述をやるかどうかといった、「入念」な打ち合わせにもロイヤルホストらしき店でおつき合い願い、法廷へと乗り込んだ。ぞくぞくっ！

■〈緊張〉と〈攻め〉と〈出逢い〉の法廷

今回も遠くから近くからたくさんの〈まつろわぬものたち〉が集まる傍聴席となった。それだけでなくこの日は、二四人分の補助参加席が原告席のすぐ側の傍聴席にずらりと準備された。実際に参加できたのは六名だったが、その空間は被告の多大なプレッシャーを与えると同時に、私たち原告の大きな心の支えとなったことは間違いない。

突然の雪模様で北九州から来る原告の方が遅れ、一〇分程度開始が遅れた。裁判長はていねいに遅刻者などの確認をしながら書面のやりとりを確認する。事前のお約束ができた事項については許容範囲で、前回出廷できなかった原告原田の陳述を認め、スマートに法廷は始まった。

■「君が代によって悲しむ人々を無視する、その人間性の破壊を、私はもっとも恐れている」

さて、いよいよ懸案の補助参加人の陳述だ。裁判長は「未成年者については、法的にも原則陳述は認められないので保護者である法定代理人が陳述するように」とのだめ押しをして参加人の陳述を促した。私は結論を少し曖昧にして応答し、とりあえず崔善愛さんの陳述を始めた。その日の法廷だけでなくすべてのことに何が重要かは順位がつけられないが、許された一時間内で崔善愛さんの陳述の機会は充分に保障すべきだと思ったから……。

二〇分強にわたる崔善愛さんの陳述、それはただ文章を読み上げるのでなく、一つ一つの言葉を振り絞るように身体と心の中からしみ出てくるものだった。傍聴席はもちろん、裁判所は拍手を制止できず、被告もうなだれたように聴いていた。事後、善愛さん自身が「相手に向かって話すということの大切さを久しぶりに思った」と感想を伝えてくれたが、その通りである。単なる聴衆ではない、自らが訴えるべき相手に向けて、自分の言葉で伝えることこそ人間性を取り戻し、育む行為ではないだろうか。そんなことまでが法廷の隅々にひびいた。

君が代によって悲しむ人々を無視する、その人間性の破壊を、私はもっとも恐れている

補助参加人　崔善愛

子どもの頃、在日であることを隠したかった。隠そうとする自分がいやだった。外で両親の話す朝鮮語を聞くとき、隠れたくなった。朝鮮人はなぜ、差別されるのか、また朝鮮人の日本人への憎しみが、どこから来るのか分からず、日本人を憎む朝鮮人の方が、醜いのではないのかと思ったことがある。大学のとき部落出身の後輩から部落差別のことで相談されたとき、初めてその差別に怒りを覚えた。それから自分が朝鮮人として差別されている意味を考え始めた。

私がはじめて天皇制に出会ったのは、最高裁判所。一九八〇年、二一歳のとき、外国人登録証の指紋押捺を拒否し、地裁、高裁で罰金一万円の有罪判決を受け、最高裁に上告したが、一九八九年昭和天皇が亡くなったとき、私の裁判は「恩赦」となり免訴された。私たちの一〇年にわたる闘いが、恩赦によって無にされた。このとき私は自分の問題として天皇制をつきつけられ、初めてその恐ろしさを知った。私は、指紋を通して、在日のこころを訴えてきたが、それは日本に住む在日が抱く日本人への憎しみをどうすればいいのかという問いかけでもあった。裁判を進めていくうちに、私自身その歴史をあまりにも知らなかったということに気づかされ、それから歴史の証言者に出会う中で、戦争の責任がきちんと問われていないということを知り、この事が成されない限り、日本は憎まれ続けるだろうと思った。一九八九年、天皇は戦争責任を問われないまま亡くなってしまい、その上、私は天皇の名によって放免、裁判は打ち切られ、謝ってほしい人に赦されるという目にあった。結局、司法は何もなさず、天皇は何が罪で何が善なのかうやむやにした。恩赦という言葉はまるで、大きな赦しで、なんとありがたいことかと思わせ、かつて奴隷のように扱った朝鮮人を恩赦にするというこの国の理屈に、私は人生最大の

「屈辱」を覚えた。この屈辱を日本人は、理解できるだろうか。日本人は、アジアの人たちからどんなに憎まれているかを知らない。

一年前、竹島（独島）問題で怒りに震える韓国に行ったとき、韓国の記者団から取材をうけ「あなたは在日として、この問題をどう思うのか」と聞かれ、私は、その質問は、在日に「あなたは日本側につくのか、韓国側につくのかと聞かれているようで、答えられない。朝鮮半島で反日を叫ぶのは簡単なことだが、日本で生きる在日が日本人を憎み続けるのは苦しいことで、人間を憎めといわれているようなものだ」と訴えた。そして日本人にも良心的に生きる人はいて、職を失うかもしれなくても「君が代」強制に反対する教師が東京都に三〇〇人近くもいると言うと、「たった三〇〇人ですか」と言われた。

七年前の長女の入学式で、開会の言葉と同時に「国歌斉唱」という司会者の力強い声、君が代が流れてきた。冷水をかけられたような想いだった。緊張感に包まれ、「厳粛な儀式」にはめられた。私は半ば放心し、無防備にすべてを眺めることしか出来なかった。幼いこどもたちは、何もわからずすべてを大人にゆだねていた。私は心の中で「ここに、アボジ（父）が居なくてよかった」と思った。かつて朝鮮半島で神社参拝を強要され、それに反抗した教会の牧師、長老が獄中で亡くなってゆくのを目のあたりにした父が、ここにいなくてよかったと思った。

東京都では、幼稚園でも君が代が徹底され始めていた。私の三歳のおいの入園式に二年前参加したとき、在園生（四、五歳）の子どもたちが、大きな声で叫ぶように「君が代」を歌うのを聞き、どん底に落とされたような気持ちになったことがある。二〇〇四年の春、長女が五年生になり、在校生として卒業式に参列する時期、私は学校に行き、校長、主幹、音楽教師三人に君が代についての申し入れをした。校長先生は、「チェさんのお気持ちはわかります」といいながら、「どこの国にも国旗国歌がありますし、お互いの国旗国歌に敬意を表すのはいいことではないでしょうか、その気持ちを子どもたちに持ってもらうために、必要なのだと思います」と話された。私は、国歌がもっと普遍的な、誰にでも受け入れられる歌だったら、よろこんで歌ったかもしれない、私の父たちが君が代によって屈辱を受けたことを思うと到底歌えないし、娘たちもその歴史を知っているので、娘たちに歌わせないでほしいと言った。そして、「先生方は、東京都教育委員会がここまでするのは、やりすぎだと思いませんか。なぜ教育委員会がここまで歌わせようとするのか、変だと思いませんか。君が代の先に戦争という文字が浮かびませんか」というと、うなづかれたが、校長先生は「私も年金をもらわなければいけないのでねえ」と苦笑した。また音楽の先生に「授業の中で『君が代』の君は誰をさしていると子どもたちに説明していますか」と聞くと、「国民をさしていると説明する」と言いながら手が震えていた。この手の震えこそが、天皇制の怖さを表している。

学校への申し入れから約半年後（二〇〇四年一二月）、とうとう娘たちの通う町田市立小学校に市教委が「君が代声量指導通知」を出した。子ども達の音楽の先生は、教育委員会の「君が代」声量指導通達を受け、「指を二本縦にして口に入る位大きく口を開けて歌いなさい」「そうしないと調査の人がくるからね」などと生徒たちに言い、君が代を歌わない娘をちらちら見たそうだ。さらに「『君が代』の『君』は誰をさしているのかな」と子どもたちに聞き、ある生徒が「天皇陛下です」と答え、先生は「そうだね、天皇の世がずっと続きますようにと心を込めてうたいましょう」と言った、と娘は話した。娘は「君が代のとき、私は座ればいいの？　立てばいいの？」と卒業式を迎える半年前からくりかえし私に聞くので、「無理しなくていいよ、立って歌わなければいいんじゃない。大人でも、あの時座っているのは、ほんとに辛いからね」。あの時の気まずさを卒業する娘に味わわせるのは酷だと思った。卒業式の日、最後列の真中で娘は「君が代」のときひとり着席した。あれほど周りの目をいつも気にしていた娘が。

思えば私の両親、そして祖父母が朝鮮半島で神社参拝を強要され、私の娘で四世代に渡って君が代に苦しめられていることになる。娘が座ったとき、クラスメートや親しい友人が、「どうして座ったの？お腹が痛かったの？」と聞いたそうだ。彼女は、君が代を歌わない理由を親しい友人に話せないと言い、それは説明してもわかってもらえない気がするからだそうだ。

「ある朝、ある小学校に警察がやってきて初めて『君が代斉唱』がなされた。整列した子どもの一人がずっとすすり泣きをしていた。そのすすり泣きを聞きながら、子どもたちはみな無言の抗議の抵抗をし、この学校ももう終わりだと思った」これは、私の父が小学生のときの、まだ分断されていない朝鮮半島での出来事。神社を一六〇〇近くも朝鮮に建て、天皇を拝ませた歴史がある。日本軍は日本語教育と創氏改名だけでなく、「神社参拝」と「君が代」を強制することで朝鮮半島の人々を苦しめた。父たちが「君が代」に苦しめられた時代から、約九〇年を経てもなお私の娘が「君が代」強制に苦しめられるとは、歴史は本当に動いているのだろうか。

日本が敗戦をむかえ、天皇は象徴となり戦争責任を問われなかった。このことによって、私は日本人の良心は壊された、と思っている。人は、人を殺してしまったことを自覚し、謝罪して初めて、その罪にむきあうことができる。ところが、日本はいまだ、多くのアジアの人々を殺したという自覚がない。戦争責任を問われるべき人が、その罪を問われないまま戦後を過ごし、今も日本人の良心は、壊されたままだ。

君が代は、個人の諸権利を問う以前の人間性の問題だと思っている。君が代によって悲しむ人々を無視するその人間性の破壊を、私はもっとも恐れている。教育委員会の人は、君が代の歴史を本当に知っているのか。知ってもなおうたわせるのか。たった六〇年前の戦争によって、人生のよろこびを奪われた人々の歴史を、痛みを知ってもなお、あえて「君が代」をうたわせたいのか。それとも、その歴史を知らないのであれば、もう一度、学校に戻って学びなおしていただきたい。

私は、君が代がうたえないと悩む先生がたの良心に励まされ、そんな人の良心に支えられてこれまで日本で生きてきたように思う。このような先生方が、アジアの怒りをどんなに沈めているだろうか。だからこそ、君が代に悲しむ人々をおもう先生がたの良心をこれ以上、傷つけないでほしい。

補助参加人　永井清張

■子どもたちの陳述

その後、子どもたちの陳述についての判断を一定程度、法定代理人である原告永井さんへ判断を委ねた。納得できないことも含めて、自分が替わりに陳述すると永井さんは言った。参加人本人である永井治君が、その席でしっかりと裁判所の方を真っ直ぐに見つめる中、永井さんは子どもたちの中立の理由を読み上げた。わが子を思う涙を抑えながら……。

みんなが幸せに暮らせるように

「君が代」は歌いたい人は歌って、歌いたくない人は歌わないでいいいと思います。「だめですか?」（裁判長に向かって）だめだったらその理由を聞きたいです。僕は三月の卒業式では歌いません。お兄ちゃんが六年生のとき、学校で「君が代」を歌えと強制されて苦しんでいるのを見て、僕は悲しかったです。みんなが幸せに生きていけるように、日本の平和を考えています。みんなと暮らしているんだから、一人一人の気持ちと考えを大切にして、みんなが幸せに暮らせるようにするために僕は参加しました。

自分の考えを持ち、それを行動で現したい

補助参加人　永井治

犠牲者はもう僕だけで終わらせたいです。僕は、「君が代」を歌うことは反対です。小学生や中学生に歌わせなくていいです。僕がS小学校の五、六年生のときに、H校長先生とM教頭先生は僕たちみんなに「君が代」を歌わせようとしました。M教頭先生は、僕たちに「大きな口を開けて」、大きな声で「君が代」を歌うように何度も言いました。H校長先生は目を鋭くして、すごい顔で「ちゃんと歌いなさい」と話しました。「君が代を歌わせるということは、由緒正しき日本の国の曲を強調させることだ」とも言い、また競争心を作りたいみたいに「前の六年生も歌っていたんだからあなたたちも歌いなさい」とも言いました。

このとき、僕にプレッシャーを与え、「君が代」を歌うように圧力をかけた教頭先生は今は校長先生です。弟が三月の卒業式の練習のときに、また同じことをされたら可愛そうです。弟の担任の先生が、五、六年生の僕の担任の先生のように校長先生に操られないように願っています。僕は、H校長先生、M教頭先生、そして仕方なくと言っても担任の先生、親切な気持ちだとしても友だちからもプレッ

シャーを与えられて、歌う振りで口をパクパクさせたことをはありました。でも、「君が代」は一度も歌ったことはありません。今、中学三年生になっていろいろな先生から心に残る話を聞きます。ある先生が、「あなたたちは自分のことに自信を持ちなさい。ノーと思っているのに、多数のイエスと言っている人の方に行かないようにしよう。一人の人間として意見を持とう」という話をしてくださったのです。僕は、一人の人間として、自分の考えを持ちたい、そしてそれを行動で現したいと思って参加することにしました。

このような陳述の場面を目の当たりに受けた裁判所は果たして何かを受け止めただろうか。私は、子どもの陳述についての異議を特に大声では主張しなかった（時間がなかったためもあるが、裁判所が今日はこれ以上は受け入れきれないというパニック状態だったから……）。子ども（未成年者であれ当事者）が陳述することが法的に制限されようはずはなく（処分など法的行為とは違う）、法廷での発言が禁止されるようであれば、未成年者が一個の人格として認められる余地は全くなくなってしまうのだから。ココロ裁判は突き詰めればこのことを司法に問うている。きっと裁判所もこのことを意識しての判断であり核心に触れる部分であったに違いない。この場はとりあえず、裁判所も子どもたちの視線を受け止めたということで保留、今後、補助参加が認められるのかどうかも含めた攻防へとつなげていきたい。

■検証の申立と被告への求釈明

補助参加については、被告は「異議を出します、後日詳細に書面にて」とのことだった。ここでやっと今後の進行についてであるが、一審原告ら及び補助参加人らは、さらに民事訴訟法第二三二条に基づき、卒業式入学式の実際の場面について現場検証を申し立てた。本件「四点指導」が行き過ぎた指導であり子どもの思想良心の自由を侵害するのみならず、歌唱への嫌悪感などが生じ苦痛を伴うものとなっていること、原告らの「黙って座る」行為が何ら式の進行など何ら影響もなく、信用失墜行為ではなく、懲戒処分に当たるような行為ではないことを目の当たりに立証するためである。

北九州市での卒業式・入学式の様子を見れば、その内容が一審被告の言う指導が「常識的かつ自然なもの」ではあり得ず、被告主張の子どもたちへの国旗国歌への正しい認識を持たせるような場となっていないことは火を見るよりも明らかである。それどころか、画一的な卒業式・入学式の有り様は、その徹底した指導のために硬直化し、子どもたちの成長を損ない、思想良心の形成過程を侵害する。また、原告らの「黙って座る」行為について、被告は控訴理由書において「国歌斉唱時の不起立ないし退席行為は、国歌尊重の態度とはいえず、一般人をして、むしろこれを反する印象を与える所作であり、式典の厳粛さを損なうのみならず、教育効果を減殺するものである。しかも、児童生徒に広く国旗国歌を尊重する態度を指導すべき教員がこのような所作をとること自体、もはや単なる不作為とはいえず、式進行を妨害するに等しい悪影響を児童、生徒に与え、保護者、来賓者を含む出席者全員にも不信の念を抱かせるものである」とする。しかしながら、一審判決において既に信用失墜行為については、一審被告は立証することができず採用されなかったものであり、このような事実はないことを改めて主張すること自体失当である。あらためて、現場検証によって一審原告らの着席行為が何らそのような式進行を妨害するようなものではないことを証明するというのが趣旨である。

申立はその場で却下されたが、上記したように一審で採用されなかった「信用失墜」という理由について、被告が控訴審で再度争うのか否か、争うのであれば被告の方からその立証をなすべきであるとの釘を刺すことはできた。原告ら準備書面への〈詳細な〉反論を、被告が二か月程度で出すことで、次回弁論続行となった。

＊

二月一六日付で被告の異議が書面で出されたというので、裁判所まで受け取りに行ったが、それは以下の内容のたった一〇行のしろものだった。

「いずれの参加申出人においても本訴判決の既判力の拡張を受ける者ではないばかりか、本件訴訟における判決主文中及び理由中の判断が自らの法律上の地位について前提問題となることもなく、本訴訟の結果について何ら法律上の利害関係を有していない……」。

愕然とし、笑いがこみ上げたが、何度経験しても相手の異議や反論というのは嫌なモノだ。しかし、二四人のそれぞれの立場は違い、隔離が関係に応じた詳細な書面が出されるかと思いきや、これでは裁判所も判断のしようがないだろう。ま、却下されるもよし、即時抗告の準備だけはしておこうっと！

控訴審第三回弁論――裁判長「原告に不利というわけではありません」？――二〇〇六年五月一五日

■補助参加申立はひとまず休戦！

前回二四名の強力な補助参加人を得て思い切り盛り上がった法廷だったが、被告も裁判所もそれがマッコト気にくわなかったよう。被告は即座に異議、しょうもない理由書を提出、それを受けて即、裁判所も中身のない却下決定を下し、参加人らは即、高裁への抗告許可申立と最高裁への特別抗告申立をなした。

抗告許可申立は却下決定した高裁へ再度申し立てるものなので、あらためて判断を見直すことなど期待しにくいのだが、それにしても申立てた一週間後には却下通知が届いたのには愕然とした（しかも連休の合間！）。日頃、それほど迅速な事務対応をしているとは思えない裁判所だが、私たちの膨大な申立書を読みもせずに却下したような気配が感じられた。要するに、連休明けの今回弁論時に、参加人の資格がなくなり訴訟参加できないようにとの裁判所の「配慮」であったとしか思えない（怒）。

私たちの補助参加は、決して形式的な参加ではなく、職務命令を受け続ける市内の教員、子どもや親、処分を受けた教員もいる。ココロ裁判に参加したくても諸事情によりできない人たちがたくさんいるのだ。被告のあからさまな「異議」と裁判所の迅速な「却下決定」に、彼らこそ形式的判断であることが暴露された。判例的にも補助参加はもっと広く認められるべきだと確信しており、まだまだ最高裁の逆転判断に大きな期待をしているが、ひとまず参加人の訴訟参加についてはお休み状態にしておくことになる。

■今年春の校長の職務命令について請求趣旨の追加

二〇年近く前に処分が出始めた頃は、私たち自身、校長の職務命令を特定しその違法性を追及するといった術も力も持たなかったが、年を重ねる毎に、校長交渉はじめ職員会議などで、子どもの人権や保護者への配慮など、さまざまな角度からその違法行為を問えるようにはなり、一定の力関係は築いてきた。とはいえ、市教委「四点指導」によって支配され硬直した校長の職務命令は本質的には何ら変わらないのも事実。そこで今回の請求の趣旨の追加は、高裁であるからこその申立であり、一審判決での「不当な支配（四点指導）」を受けた校長の職務命令が違憲違法であることを、今年春の卒入学式での校長の違法行為として訴えを追加し、違法性の高まりを訴える趣旨があった。

原告らのほぼ全員が訴えの追加をしたのだが、この請求の趣旨の追加についても、裁判所はとーーっても嫌がっているふうで、「行政事件訴訟法に基づき行政処分取消訴訟に損害賠償請求は追加できない」といった判断を示したが、一方で「高裁でこのような追加請求を審理することが必要なのかどうか」との見解も見せ、新たな申立を増やすことに懸念をもっていることが見え見えだった。処分が出るから仕方ないんですけど……。

三月末に出された被告書面や控訴理由書は、あまりに稚拙な法知識で戦後教育法制をわきまえない内容、かつ一審判決を踏まえておらず、これで本当に「勝てる」と思っているのかと腹立たしいもの。しかし、そんな書面でも「勝たせてしまう」裁判所がある限り、徹底して批判し追い詰めるものを準備するしかない。今回はジャブ程度のつもりで、一審判決を踏まえた主張や、なぜ「不当な支配」である「四点指導」を二〇年も継続するのかなどを、被告へ問うていった。今回提出した準備書面（3）にそって、被告主張を追い詰める陳述を二〇分ほど行ったが、被告代理人はじめ市教委職員も目を白黒させるばかりで、何の応答もないままだった。意味わかってんのかな……？　本来、被告も敗訴部分（減給一か月、三か月処分）の正当性を主張立証すべきところだが、これといった切り札もなく、原審と同じようなことばかり述べているのだから、彼らに勝ち目はないかと思われる。しかし、裁判所は積極的には被告へ主張立証を促さず、原告らに向かって「行政訴訟ですから被告の立証責任はありますので、被告が立証しないことは原告にとって不利と言うことはありません」とだけ述べた。別件の永井・横山事件や拡張した請求に関する校長の状況報告書の開示に

毎回の弁論後、美酒に酔いながら交流した

ついても消極的な態度で、これ以上判断することを増やしたくない、できるだけ早期結審で事務的に処理したいという「お役所的」態度が見え隠れしていた。

今回、一時間弱の弁論が「のれんに腕押し」状態で、傍聴のみなさんにも分かりにくいものとなったかもしれない。原審でもこういったやりとりを何回も繰り返しつつ、また新たな手段をもって迫っていくという積み重ねだった。控訴審でも、次回もう一度きっちりと裁判所へ釈明権の行使を求めたり、被告の立証を求めていくための準備をしていきたいと強く思う。

■たのしい交流会、そして……

何だかんだ言っても、終わった後の交流会が盛り上がるかどうかというのが決定的な要因！　何の？　いえ、これからのココロ裁判の行く末に決まっています。今回は補助参加申立効果で、枚方の松田浩二さんや元保護者の近藤光代さんが傍聴してくれたり、常連となった大坂靖国の高橋靖さん、神奈川の西脇秀晴さん、大分の島田雅美さんなどまたしても多彩な顔ぶれ。

それにつけても、「初めての傍聴者」がいるというのはとてもうれしいことだ。今回はとりわけ、原告らの息子くらいの年代の方々の傍聴が多く、交流会でのおばさんパワーに圧倒されつつもその解放感に酔いしれる面々がそこにはおりました。これまでほとんど縁のなかった大学院生です。戦後「民主」教育とやらの中で、「日の丸・君が代」漬けだったかもしれない彼らと、ココロ裁判の法廷で出会えたことはこの上ない喜びです。これからも、ココロ裁判の場が、さまざまなまつろわない人たちや迷惑をかけたい人たちの解放と出会いの場としてあり続けることができるように、控訴審ではありますがしつこくたたかいを積み重ねていきたいものだと心から思いました。

■ついに「不起立教職員調査」をやめた枚方市教委

態度を養う？

昨年〔二〇〇五年〕一〇月一七日の「ココロ裁判」控訴審第一回の傍聴に来て以来だ。新幹線のシートは相変わらず身体に合わない。あのときは「小泉首相靖国参拝」のニュースが車中のテロップで繰り返し流されていた。ほんまにおかしな国だ。あれはココロにもよくない。そして今は「我が国と郷土を愛する……態度を養う」ことが法制化されようとしている。「我が国を愛する態度を養う」というのは、かんたんに言えば「君が代」の前奏が聞こえてきたら「起立して斉唱する態度を養う」ということなのだろう。わかりやすい。そしてこう言うのだ。「あなたが内心で何を思ってもそれは自由だからね」。そんなアホな。でも、それが通用する国なのだ。

残念ながら陳述できず

「ココロ裁判」控訴審第三回の傍聴記は、前途ある若者にまかせるとして、さほど前途のない私は枚方の報告をさせていただくことになりました。今回、補助参加人のひとりとして法廷で陳述できればよかったのだけれど、残念ながらそれはかなわなかった。福岡高裁が「抗告許可の申立て」をあっさりと却下してしまったからだ。しかし、まだ最高裁への特別抗告が残っている。もしも最高裁から吉報が届いたら、そのときはまた補助参加人として舞い戻ってくることにしよう。しかし、補助参加はもっと柔軟に認められてよいものだと思う。被告も裁判所も、もっと大きな度量で法廷を豊かにする態度を養ってもらいたいものだ。

ついに枚方市教委は「調査」をやめました

陳述する予定だった枚方の現状について、ココロニュースの紙面を借りて報告したい。「スミぬり裁判」（住民訴訟）の第一回控訴審が五月三一日に大阪高裁であった。「スミぬり裁判」とは、二〇〇二年の卒・入学式から枚方市教委が始めた「不起立教職員調査」の違法性を問い、その調査に使った市の経費の賠償を前教育長に求める（求めるのは被告市長ですが）住民訴訟だ。「スミぬり」の由来は、情報公開された「不起立調査一覧表」の「不起立教職員氏名と起立しなかった理由」が真っ黒にスミぬりされていたことからとっている。昨年九月八日の大阪地裁判決は「不起立調査」の違法性を判断せずに棄却した。

私たちの訴えの核心にあるのは、「起立しなかった理由や名前」という思想・信条に関する個人情報の収集を個人情報保護条例に違反して枚方市教委がおこなったというものだが、これについては、もはや被告は反論する意欲すら失っているありさまだ。ほかにも憲法違反、教基法一〇条違反、地教行法違反、枚方市教委規則違反など、違法行為が目白押しになっている。やはり「君が代」斉唱を強制するには法を犯す以外にないということだろう。

ところが、控訴理由書を提出した三月二二日頃から異変は始まった。いつもならこの時期に「卒業式の起立状況調査（通知）」というものが出される。それがなかった。情報公開請求のためにこまめに確認しても、とうとう三月中に通知は出されなかった。四月になれば人事異動があるから事実上、卒業式の「調査」はやりにくくなる。おかしい。入学式ではいくらなんでもやるだろうと思ったが、どっこい四月下旬になっても、やはり通知は出されなかった。「やれ」と催促するわけにはいかないが、ちょっと心配になる。

教育長は「しない」と言った

五月二日に市教委に行ったとき、顔を合わせた教育長にじかに聞いてみた。「今年はまだ起立状況調査の通知が出ていないようですが、しないんですか？」。すると高野勝教育長は即座にこう答えたのだ。「しません。わかっているから。あんたらの言っているような目的でやっているんじゃないから。わかっているから」。そう言い残して教育長は逃げるようにゴールデンウィークの休暇に出かけていった。何が「わかっている」のかはわからないが、とにかく教育長が今年は「不起立教職員調査」をする意志がないということだけは、はっきりわかった。そうなれば、あとは市教委が今年の卒業式と入学式で「起立しなかった教職員」の存在を確認しているかどうかだけが問題となる。説明すると次のようなことです。

被控訴人（被告）は、一審の初めから（本件調査を）「起立しない教職員の行為は福無上の問題があり、市教委の服務監督権限の行使として必要な調査」だと主張し続けてきた。事実、この四年間、飽きもせずに毎年、卒業式、入学式ごとに「不起立教職員調査」を行ってきたのである。そしてその背景には、それ以前から出されている「卒業式、入学式の国旗掲揚・国歌斉唱に関する七点指示」というものがある。

枚方市教委は、まず「七点指示」を出し、それの実施状況調査を式の事前、事後に徹底して行う。そこで各学校から式の実施状況や、不起立教職員がいた場合に「再度、起立の指示をした」かどうかの確認を行い、それに基づいて「不起立教職員調査」という個人調査を行なうのが通例となっている。今年ももちろん「七点指示」は出され、今までと全く同じように実施状況調査も行なわれた。そして五月二六日に情報公開によって手に入れた実施調査の集計表によると、今年もいくつかの小中学校で、卒業式、入学式ともに不起立教職員がいたことが確認されていた。するとどういうことになるのだろうか？

服務上の問題はどこに消えたのか？

今年は着席していても「服務上の問題」はないということなのだろうか。服務上の問題であるならば、市教委は好むと好まざるとにかかわらず「不起立教職員調査」をしなければならない。服務監督権限の行使を、そのときどきの気まぐれでやられたのではたまらない。

今年、「不起立教職員調査」をしなかったということは、服務上の問題が発生しなかったということを意味している。そうなると二〇〇二年以来の不起立行為もまた、ほんとうは服務上の問題などなかったのではないかという疑問が生まれてくるのである。だったらほんとうは何の調査だったのか？「わかっているから」。教育長のこの言葉が「思想調査」と重なって聞こえるのは私だけだろうか。一審から言い続けてきた被告の主張は、ここにきてその前提を欠くことになり、重大な疑義が生じているといえるのだ。

一回結審は回避した

大阪高裁民事六部の書記官からは、さんざん一回結審に備えるように「アドバイス」されてきた。事実、一回結審はごくありふれた風景になっている。そしてその場合は、まず一審の判決がそのまま維持されることになるのだろう。

約三〇分の控訴審第一回口頭弁論が五月三一日に行なわれた。私たち二四人の控訴人は、控訴理由の補足意見陳述と、今年「不起立教職員調査」をしなかった問題、五月二五日に被控訴人から届いた答弁書に対する反論の必要、教育長、元校長などの証拠調べ（証人採用）の必要などを陳述し、裁判官に対して弁論の継続を要請した。裁判官がそれに対する被控訴人の防御方法（反論）を訊くと、被控訴人は「必要ない」と答えた。つまり直ちに結審してくれという意味だ。裁判官が合議するために数分間の休廷が挟まれた。そして再開された法廷で次のことが決められた。①控訴人らが反論するためにあと一回の弁論（七月二六日）を行う。反論はまとめた書面（最終書面）にすること。②新たな証拠調べはしない。③今回出された書証は受理。④反論書面は検討する時間が必要なので、七月二一日の夕方までに必ず提出すること。とにもかくにも一回結審は回避することができた。何よりも最終書面を提出することができるというのが私たちにとってはありがたい。新たな証拠調べは採用されないが、主張は完成度を上げることができる。それで十分だ。

近づく最高裁

枚方市教委が「不起立教職員調査」をやめた理由はいろいろあるだろう。しかし、その中心に私たちの「スミぬり裁判」があることだけは間違いない。いつまで持つかは別として。

私たちは、被控訴人（事実上、市教委）をことごとく論破してきたと、手前味噌だが思っている。そして事実として「不起立教職員調査」はなくなった。あとは住民訴訟のマイナーな一類型（違法に財産の管理を怠る事実）として、私たちの請求が認められるかどうかという「宿題」を残すのみとなった。これはむしろ最高裁に突きつけたいテーマといってもいいかもしれない。二〇〇三年六月二五日に提訴したのだから、わずか三年。私たちは「ココロ裁判」よりもずっと後から始めて、先に結審することになってしまった。控訴審恐るべし。新幹線より早いかも。またお会いしましょう。

（松田浩二／ひらかた「君が代」訴訟＝スミぬり裁判をすすめる会）

3　文書提出命令を勝ち取る——負けるはずのない控訴審弁論（二〇〇六年～〇八年）

［二〇〇六年］

7・24　第四回弁論　各原告から校長の「不当な支配」主張。文書提出命令中立。

9・21　予防訴訟東京地裁判決。都教委を相手取り、「国歌斉唱義務不存在確認等」を請求。都教委の通達、および校長の職務命令などは違法であると確認。

10・20　君が代カセット搬出戒告処分取消請求、北海道人事委が、戒告処分取消を裁決。

11・6　第五回弁論　東京地裁全面勝訴判決を主張。

12・15　教育基本法改正案可決。第二条「教育の目標」の一つに、「伝統と文化を尊重し、それらをはぐくんできた我が国と郷土を愛するとともに、他国を尊重し、国際社会の平和と発展に寄与する態度を養うこと」が入る。

［二〇〇七年］

2・5　第六回弁論　被告は文書提出命令に従うこと／教育基本法「改正」の意味

2・27　君が代ピアノ伴奏拒否訴訟最高裁判決。音楽専科教員への職務命令の違法性を認めず、上告棄却。

5・9　最高裁文書提出命令抗告棄却決定。

5・28　第七回弁論　準備書面（9）陳述。裁判所、被告へ文書開示を指示。

10・1　第八回弁論　七月末までに開示された処分手続き文書を徹底批判。

11・30日「スミぬり裁判（教員編）」大阪高裁判決（確定）。
［二〇〇八年］
1・17　神奈川県個人情報保護審議会・答申、不起立教員名の県教委への報告を「不適当」とする。
1・21　第九回弁論　個人情報保護条例違反に関する判例など　原告陳述。
5・12　第一〇回弁論　裁判所、原告らの敵性証人申請を強行却下。
9・12　第一一回弁論　裁判所への釈明命令申立などするも終結へ、結審。

控訴審第四回弁論――六〇分間、目一杯攻めまくった結果、弁論続行――二〇〇六年七月二四日

■だめ押し！「四点指導」の不当な支配の事実を陳述

前回弁論のリベンジ（前回で何か特別ダメージがあったというわけでもないのだが……不満が残った！）のため、被告と裁判所に対して完膚無きまでに攻めたいという欲望が沸々と燃え、短い準備期間だったが、当日法廷で六〇分の弁論を目一杯攻める体制で臨んだ。結論から言うと、被告にも裁判所にもしゃべらせなかった気がします。

準備書面（5）を陳述。以下は、陳述書として提出した書面の一部を口頭で述べたものを、さらに要約したもの。

牟田口カオル「九二年度のこと。私が小倉北養護学校当時担任していたSは、排泄のコントロールが難し

く頻繁にトイレへ行く必要がありました。また、Sは不快な雰囲気を感知するとその場から逃れようとしてトイレサインを送る傾向もありました。卒業式のリハーサルのときも何度かSのトイレサインがあり、私は介助のため数回会場を出ました。卒業式の前日になり、夜の八時、自宅に電話がありました。かけてきたのは小学部主任教諭で、校長からの伝言でした。『本番では、その手は通用しないと、校長が言っている』と。この言葉は、リハーサルのときのようなトイレ介助を、卒業式本番ではするなという意味です。排泄のサインがあっても『君が代』斉唱のときには無視して、会場にいて起立せよ、さもなくば処分する、という意味になります。この言葉を聞いた瞬間、市教委の『四点指導』の恐ろしさにぞっとしました。言葉で要求を伝えることのできない子どもの場合、身体的・情緒的欲求を、さまざまなサインから読み取り対応すべきことが人権を支える上で極めて重要であるということは、養護学校においては極めて基本的な事なのです。ところが校長は、『四点指導』の完全実施の方を、子どもの人権より優先させてしまったのです。後に校長が記載した状況報告書には、わざわざ、『全員体育館に入ること』を『職務命令』として確認したと特筆しており、『四点指導どおりにしました』との報告が記されています。この校長の言動に見られるように、校長の主体的判断はありません。人権より優先しなければと校長に思わせる『四点指導』。極めて深刻な人権侵害をも引き起こす『四点指導』。『四点指導』は、『指導』と言う言葉をかぶせているが、強制力を伴わないゆるやかなものではなく、極めて強い強制性をもって学校現場を支配しています」。

山根弘美「私が文書訓告、戒告を受けた当時に勤務していた清見小学校の岩谷校長のこと。一九九七年二月二六日に卒業式の職員会議が行われましたが、そこで校長は職務命令を出すことはありませんでした。その後の三月四日に教育センターでの校長会議に参加し、翌五日の職員朝会で突然、岩谷校長は、初めて職務命令を発しました。四月の入学式の時でも、翌年一九九八年の卒業式の時でも同様でした。卒業式や入学式を論議する職員会議では、命令を発せず、その数日後に行われる校長会議に出席した後、唐突に職務命令を発したのです。つまり、岩谷校長は「教育の本来の目標に沿うよう学校の状況を考慮した」のではなく、教育委員会の指導を受けたから職務命令を出したのです。原審で証言したように、岩谷校長は校長会議における卒業式や入学式に関する教育委員会の指導を一言一句漏らさずメモをし、実行していました。一九九八年三月二四日の職員会議で岩谷校長は、そのメモを取りだし校長会議の様子を説明しました。まず、指導部が出てきて『四点指導』を説明。次に、学務部が口頭で指導部の意義を踏まえて、職務命令を出し、異常事態は速やかに報告すること、さらに職務命令の出し方や状況報告書に必要な用件、現認態勢を取ることなどをこと細かく指導をしたと言うことでした。このことからも分かるように、教育委員会は指導部、学務部が役割を分担しながら、責任の所在を誤魔化しながら、校長を手足に使って学校現場の教育内容に介入しているのです。岩谷校長はよく職員会議の中で、『私たちは、教育委員会の一員だから、文部省や教育委員会からおりてきたことには従わなければならない』『あなたも教育委員会の一員なんですから、言われたことには従わなければならない』とか、『私は委員会の指示を受けながらやっているんで……。私にそんなこと言われてもですね。私、決めきりません。何か問題があればですね、教育委員会に言っていただく』というように、あくまでも教育委員会の意向に添った学校運営をしているのです。他の校長も同様です。ですから、本件職務命令は、教育委員会の指導＝『不当な支配』に服して発せられたものなのです。このことを明らかにするためにも、是非、岩谷校長を証人に認定していただきたいと思います」。

友延博子「卒業式での私の事務分掌は卒業生の保護者受付でした。私が遅れている保護者の受付を行っていると、同僚があわてやってきて『校長がすぐに式場に入るようにあなたを呼んでいる』と言われ、仕事の途中であるにもかかわらず強制的に入場させられました。開式後校長は、『国歌斉唱』の号令と同時に教頭を私の側へやり、体育館二階の放送室まで聞こえたという大声で『起立してください。これは職務命令です』と二回も命令させるという見せしめ的な現認方法をとらせたのです。一瞬のことでしたが、教頭の大声に驚いた児童や保護者の視線がつきささるように感じられました。さらに『君が代』のピアノ伴奏者には、私が座ることを想定し、『友延への指導が終わるまで伴奏を始めないように』と事前に伝えていたこともわかり、そこまでしていたのかと愕然としました。式後の反省会で、現認方法がやりすぎであったという声がいくつもあがりました。校長に、途中で受付の仕事を放棄させてまで入場させた理由を聞くと、四点指導に『原則として職員は全員参列』という指導があるからだと言いました。そして児童、保護者の前で見せしめ的な過剰な現認方法をとらせたのも、校長会での『起立拒否という不測の事態がある場合には確実に現認できるように、管理職で事前に十分な打ち合わせをしておくように』という指導を忠実に行ったからなのです。卒業式当日の朝、加藤教頭が私の側へ来て『友延さん、わしは、今日は朝から胃が痛いよ』と冗談まじりに言っていたのを思い出します。原判決では『受付係や放送係という職務があるものについてもできるだけ、他の職員と同じように式に参列させたいという判断からなされたもの』としています。しかし、校長や教頭にとって市教委の『四点指導』は絶対的な強制力を持つものであり、自分の学校の職員や子どもの人権を守ることより何より大切であるということです」。

原田敬二「一九九六年三月は六年生を受け持っていましたが、『障害』児学級に足の不自由なK君がいました。一クラスしかなかったので、一年生からずっとクラスの仲間が一緒で、遠足の時は子どもたちが車いすを押して行っていました。卒業式の職員会議のときに、K君も同級生と同じように自分の足（松葉杖）で校長先生の前に行って卒業証書をもらえるように、ステージの壇上を使わないでフロアでできないかと提案しました。新任であった校長はそれに同意し、『そういう方向でみなさんも協力してください』とまで言いました。このことを子どもたちに報告すると、みんな『やったー』と言って喜んだし、K君の保護者もすごく喜んでお礼を言っていました。

ところが、教育委員会での校長会議があった次の日、突然校長は、ステージを使ってすると言い出しました。校長は、事情がよく分からない父親の方を呼んでステージで卒業証書をもらうことを説得していました。その後の職員会議や校長交渉をしたけれど、教育委員会からプレッシャーがあったせいか、何の理由もなく『例年通りステージでやります』としか言いませんでした。子どもたちにこの事を言うと、『何で？』『校長先生の言っている理由がわからん』『K君もお母さんもあんなに喜んでいたのに』などの発言が続きました。そして、一人が『この耳で校長先生から直接聞きたい』と言うと、『僕も』『私も』と続き、結局みんなで校長室に行くことになりました。数人の子どもが緊張しながらも思い切って発言し、校長に詰め寄りましたが、校長は職員に答えたことと同じような理由にならないようなことを答えていました。子どもたちも納得できるわけがなく、絶望感いっぱいで教室に帰りました。

ただ、新年度になって、このことは職員や保護者や子どもたちを失望させたということで二度とこういうことがないように謝ってくれということを言って、新年度が始まるにあたって校長に謝罪だけはさせました。こんな保護者や障害のある子どもたちをはじめクラスの子どもたちみんなを失望させてまで、いったんは校長が一人の人間として認めたことを覆し、教育委員会の決めた『四点指導』どおりにしかできないのかと怒りや情けなさを感じた一件でした」。

■文書提出命令の申立をする

一審でもさんざん争ったこの文書提出命令（処分手続きに係る一切の文書）だが、一審の後半になってやっと市教委が学校長の状況報告書を提出したのは、裁判所による提出命令を勝ち取ったからに他ならない。しかし市教委は、提出命令にもかかわらず、私たちが求めていた文書の一部分（「校長の状況報告書」）を提出したに過ぎず、事情聴取記録、教育委員会議事録、決裁文書などは非開示のまま。高裁においては新たに追加した請求（新たな処分）に関しての文書提出を求めているが、これも市教委は任意には出さないので、申立をなしたというわけだ。原審のように裁判所が提出命令を出すか、あるいは市教委が任意に出してくるか、期日前には市教委の返答が返ってくるだろう。もし、市教委も出さず裁判所も命令を出さなければ、その決定に対して即時抗告を申し立てるしかないと考えている。ただ、一つ面白いのは、今回の弁論直前に被告が出してきた書証の中に、永井さんの校長の状況報告書が出されていたことだ。この一貫性のなさが、被告のいい加減さを暴露するものなのだ。

また、私たちは求釈明申立も行なった。再三、求めてきた内容だが、今回は裁判所の釈明命令まで引き出し、被告に釈明を迫り、それがなされない場合には異議申立をしたいと考えている。必要最低限の釈明のできない被告の姿を法廷でさらしていき、次のステップへつなげたい。

■行政事件訴訟法二二条に基づく訴訟参加申立

補助参加申立は前回までにすべて（最高裁まで）却下されてしまった。このことに対するリベンジとして、中立をした。前回の補助参加は民訴法に基づくもので、教員、保護者、地域外の方などさまざまなスタンスでココロ裁判に関わっている多くの中立人を並べたのだが、すべて一律に却下されてしまった。じゃあ、一体誰が訴訟参加できるのかと思わせる却下決定。少なくとも原告らと同様に懲戒処分を受けながらも、裁判闘争に加われずにいる教員が、なぜ参加できないのかという思いから、今回の申立となった。二名の参加人＝被申立人（なぜ被申立人かは説明しません）のうち、一人は人事委員会審理を終了し不当な裁決を手にしたまま、法廷にもちこめないままにいる、ういの組合員だ。もう一人は、厳重注意、文書訓告、戒告と処分を受けながらも全く不服申立をできず、職場でも思いを伝えられる関係もないまま、悶々と病気休職の状態であったりしていたが、やっと今回の参加となった方。補助参加は、被告さえ異議を申し立てなければその権利は維持される性質のものだが、被告は今回も当然のように異議を述べている。どこまでも、私たちの訴訟への参加を認めず、裁判を受ける権利すら妨害しようという姿勢に憤りを覚える。だから私たちは、どこまでも訴えを起こすことのリスクの前にひるむことはできないのだ。私たちは以上述べた書面や陳述をもって、被告を、そして裁判所を圧倒した。気づいたら一時間近くが経過していた。これでも、裁判所が進行についてて立証計画など特になければ結審というような素振りを見せたときのために、被告の立証を求めるための敵性証人のみを上げ連ねた証拠申出書（証人申請）をいつでも出せるように準備している。しかし、裁判所も先の進行まで見通す気力を失ったのか（?）、とりあえずお互いの主張に対する認否・反論を促して、期日を指定し、「弁論続行します」と言うのが精一杯という感じで終わってしまった。原告一同、「ほっ」として、次回期日を決めたが、これも被告の都合でかなり期間をおくことができた。

■被告は主張も披露せず

市教委側は、弁論直前に出された横山・永井事件についての被告準備書面と書証について、法廷では一言も触れることもなかったので、私たちも次回までにきっちり反論すればよいだろうと思う。その書面というのは、これまで被告が決して進んで出してこなかった校長の状況報告書や、永井さんが当時「着席」していた様子を「写真」にして添付し、提出するという卑劣極まるもの。しかしこれは、二〇〇二年の春、永井さんが放送の仕事のために、二階の放送室のドアの外にパイプ椅子を出して座っていた様子を、わざわざ教育委員会が職員を使って、あたかも「検証」写真のようにねつ造したものだ。式の最中に黙っていれば誰にも気づかれないような行為を、階下の来賓席などどこからでも見えるかのように図式までしてことさらに示している。こういった行為こそが、「四点指導」に拘束された校長の意識・言動なのだ。そしてそれが、市教委の行き過ぎた指導の結果であることを、市教委自らが暴露してくれたようなものである。それにしても、控訴審になって出てくる主張や書証がこの程度なのだから、土俵に乗ってこない相手とどう闘うのかっていうのも、なかなか大変（?）なもの。

■交流会でも発散?

今回は夏休みということも少しは影響したかもしれないが、心なしか傍聴者が多かった。この期に及んで傍聴が増えることは、本当にうれしいやらありがたいやら。池田年宏さんは、大分中津市で果敢に自転車操業（ピースサイクルマン）として闘う教員だが、裁判傍聴は初めてだったようだ。大分からわざわざありがとうございました。権藤八千代さんは、福岡市の教員だが、私たち原告何人かの、学生時代の知人でもある。身近にいながらもなかなか交流できないままだが、ときどき傍聴してくださっている。ありがとうございます。法廷の後の交流会は、傍聴者ほとんどが参加してくださったかの勢いで始まり、法廷で叫べなかったことなどを語り合い、いつものように盛り上がってしまいました（東京の北村小夜さん、神奈川の西脇秀晴さん、大阪靖国訴訟の高橋靖さん、高槻労働者ネットの長谷川洋子さん、大分の島田雅美さんなどなど、遠方から地元から……ありがとうございました！）。宴会、これが本番って感じですね。ああ、それにつけても最高裁に行ったら宴会できなくなる……。控訴審がんばろう！

■傍聴感想記——できることから始めればよい

七月二四日、かねてから「一度傍聴してみたい」と思っていた「ココロ裁判」。裁判所の法廷に入るのも初めてでした。いかめしそうな裁判官が黒いマントを身にまとい、木槌を「カンカン！」と打ち鳴らして「これより裁判を始める！　被告人は前へ！」な〜んて畏まって言うのかと思いきや、「原告は○○についてはどうしますか?」などとやさしく話しかけている。違う。私が持っていたイメージとは違う。う〜ん、これは明らかに刑事ドラマの裁判のシーンに影響されすぎか、遠山の金さんの世界から抜け出しきれていないか、どちらかである。それとも「ココロ裁判」が本人訴訟であり、だんだんと「庶民の法廷」に染め上げていった結果かもしれない。何はともあれ、「第四回弁論」は進んでいったのでありました。ういの皆さんの普段とは少し違う表情と、次々と繰り広げられる陳述に圧倒されました。「強制などしていない」などとは言わせないぞ、という迫力を感じました。

私は大分県で教職員をしています。とっても不真面目なので将来が心配です。「日の丸」「君が代」についての交渉をもう何年も続けていますが、「大喪の礼」あたりから雲行きが急に怪しくなり、「国旗・国歌」法以降は暗雲が垂れ込めています。若い頃は「きっとなんとかなるはずだ」と思っていたのですが、わが子が小学校に入学する時期になるとあせってきました。「状況は悪くなる一方だ」と。受け持ちの子どもたちのため、というよりもわが子の入・卒業式をはじめとする学校生活への不安の方が大きくなってきました。わが子が通う学校だけが「日の丸」「君が代」の強制をしない、などという事態は到底考えにくいので、どうにかして広く大きなうねりができないものか、と他人事のように「望んで」いました。

「抵抗すること」が目的ではなく、「個人の信条を守ること」が目的なのだ、と「ココロ裁判」を知って思うようになりました。「例えばその状況に対して自分はどうするのか」「できることから始めればよい」のだ、と。わが子の入学式の時に着席すれば良いし、歌わなければ良い。もっとも去年の入学式は、不起立の私と連れ合いに対して、同じ保護者席の斜め前のお母さんが私たちに起立を促すジェスチュアをしてくれ、ちょっと面食らいました。「余計な世話を焼くんじゃねえよ！」と、ココロの中でつぶやいて、そのお母さんにはにっこりとうなずきました。

「NO」という意思表示を行わなければ、おのずと賛成の数に入れられてしまいます。先日も「青少年健全育成会議」という地域の寄り合い（学校からも数名参加）があったのですが、その場で一人のお母さんが、「学校で『国歌』を教えないのはよくない。きちんと教えて歌えるようにならないと、ワールドカップの時なんかも困る」というような勇ましいことを言っていました。おいおい、勘弁してよ……と思い、「きちんと意味を教えるのはいいでしょう。平和教育でしっかりと『君』は『天皇』のことだと教えて、子どもに考えさせてほしい。ただし、うちの子は歌うように強制はしないようにお願いしたい」と。すかさずお年寄りから「『国歌』が歌えんようなら北朝鮮に行かな」という暴言。あちゃ〜！　なんのこっちゃ。

前途は多難です。それにしても、地域の中で相手の面子をつぶさずに説得するなんちゅうのはむずかしいですな。が、自分にできる場でできることをやっていこうと思う今日この頃です（いっぺん、あの母ちゃんとお年寄りとはじっくりと話す機会を持たないといけませんな）。何はともあれ、第四回弁論の五〇一法廷での傍聴は貴重な体験でした。いろんなことを考えました。ココロ裁判よ、ありがとう。これからもがんばりましょう。

（池田年宏／大分県中津市教員）

控訴審第五回弁論――仕切らない裁判所？　答えない市教委！――二〇〇六年一一月六日

■タイムリーな弁論期日

前回弁論からゆっくり休んでの一一月六日という弁論期日は、私たちにとってタイムリーな日程となった。天から降ってきたような九月二一日の東京地裁違憲判決の後、北海道からも人事委処分取消の裁決の知らせが降ってきた。私たちが二〇年主張してきたことに対して、東京地裁と北海道人事委が、ほぼ丸ごと認めるような判断をなしたわけだから、これを使わない手はない。

東京地裁判決は、「国旗国歌法が施行されている現行法下において、生徒に日本人としての自覚を養い、国を愛する心を育てるとともに、国旗・国歌に対する正しい認識を持たせ、それらを尊重する態度を育てるのは重要なことである。しかし、国旗、国歌に対し、宗教上の信仰に準じた世界観や主義、主張から、国旗掲揚や国歌斉唱に反対する教職員、国歌のピアノ伴奏をしたくない教職員がいることもまた現実である。このような場合に、懲戒処分をしてまで起立させ、斉唱させることは、いわば少数者の思想良心の自由を侵害し、行き過ぎた措置である。国旗、国歌は、国民に強制するのではなく、自然のうちに定着させるというのが国旗国歌法の制度趣旨であり、学習指導要領の理念と考えられ、都教育長通達や各校長による職務命令は違法であると判断した」。

北海道人事委採決は、「卒業式などの学校行事の場において、子ども、教職員に対して、日の丸拝礼や君が代の斉唱、演奏を強制することは、子ども、教職員の思想良心の自由を侵害すること、子どもに対して意見表明の機会を与えず、事前に学習する機会を確保しないままに日の丸掲揚、君が代斉唱を実施したことは、子どもの権利条約一二条（意見表明権）に反すること、学習指導要領の国旗掲揚・国歌斉唱指導条項は、大綱的基準ではなく、法的拘束力が認められないこと、卒業式などの学校行事の内容などの編成を含む教育課程の編成は、全教職員の総意により教育的配慮に基づいて決定されるべきこと、君が代演奏を決定した校長の判断には手続上重大な瑕疵があったなどを認めた上で、中立人は、教育者としての信念に基づきカセットを搬出したこと、中立人が本件行動に至ったことについて学校長にも一端の責任があること、教職員の共通理解のないままに学校長が一方的に君が代演奏を実施しないことを確認した北教組支部と教育局間の確認に反するものであることなどを理由に、本件懲戒処分には裁量権の逸脱があったとしてこれを取り消した」。以下、これらの違憲判決の趣旨などを、ココロ裁判の争点や係争過程などと照らしながら、主張した。

■あらためて（一〇〇回目か！）被告の立証を求めたが……

準備書面にそってたっぷりと私たちの主張を展開したあと、この憲法判断をなした東京地裁判決を受け止めて、裁判長はどう反応してくれるのかとやや期待に胸を膨らませてその顔を見上げた。が……。「では、次回期日を……」との裁判長の言葉にずっこけそうになるのをこらえて、「教育委員会がこの主張をうけて、反論や立証をするかどうか求めてもらいたいんですが」と言うと、裁判長は私たちの方に向かってにこっと笑みを浮かべて「なんだかしそうにもない雰囲気ですね」とのたまった。私が原告席の椅子から滑り落ちるのを何とか食い止めてくれたのは、その後続々と続いた他の原告らの発言だった（泣）。稲田さんの発言を皮切りに、油谷さん、安岡さん、山根さん、牟田口さんと、それぞれの校長がいかに市教委の「四点指導」による強い不当な支配を受け続けてきたのかを、改めて自分の言葉で訴えた。法廷に入る前に軽く打ち合わせはしていたが、一〇年の裁判闘争がある意味実を結んだ、シナリオのない法廷劇（感動！）。

これらの発言について、裁判所は何ら制止することもなく淡々と最後まで聞いていたが、発言がおわった後、再び「では、次回期日を」と、のたまう。被告市教委は、うんともすんとも言わないままかなあと思っていたとき、やっと代理人弁護士が口を開いたかと思いきや、「わたくしどもの提出した意見書などは受け取っておられるのでしょうか」。期日前に提出された内容スカスカの書面を受理しているかどうか確認したいと言うのだ。すでに裁判所も受領を確認しているにもかかわらずである。高裁から交替した弁護士二人であるが、「仕事をしてる」っていうことをどうしてもアピールしたかったのだろうか。しかも、その書面をふまえてこちらが主張しているのにだ。裁判長も苦笑するしかない。もう、知りません！というようなことで、今回も原告言いっぱなしで弁論終了。そして裁判所は、次回弁論期日を設定するという最低限度の「お仕事」をした。原告らとしては、被告が立証しないことを想定して、敵性証人の申請書を手元にまで準備しての弁論であったけれども、裁判長の様子からそれを出さないまま持ち帰ったのだった。

■日和見司法と行政の狭間で

冒頭、タイムリーな弁論期日だったと書いた。確かにそうである。その後、国会では教育基本法の「改正」を最重要課題（?）とするという安倍政権によって、衆院での強行採決がなされた。後は、参院での可決を待つのみと情勢は動いている……のかどうかよくわからないが、とにかく、日和見司法と行政にとってはそうだろう。次回期日、来年〔二〇〇七年〕の二月六日までに、そういう意味での情勢は変化するに違いない。そのとき、果たして裁判所がどういう審理指揮をなすことができるのか。それほど大きな期待は望めそうもない。私たちはこれまでどおりの主張を続けるだけ。国家の歯車となることが自らのお仕事であり、自ら進んでそう成り下がる人たちを前に、その歯車を狂わせることくらいが私たちのたたかいだ。真っ当だと少しでも思える判断を奪い取るために、また次回も言い続けるしかない。ぜひ、懲りずに傍聴をよろしくお願いします。

＊

今回も遠くから、近くから、そして初めての傍聴支援のみなさんに来ていただきました。まだまだココロ原告の勢い衰えずといった空気を法廷で感じ取ってくださったみなさんの傍聴記に、また私たちも勇気百倍！……とは全面的には言えない学校現場の状況でもあり、この国の現状でもあります。それでも、この法廷での集まりが一人でも同じ空気を吸って、明日からまたまつろわぬものとしてそれぞれの現場へ帰っていけることがなによりです！　みなさん、本当にありがとうございました。

■傍聴感想記——ぜひとも、証人尋問の獲得を！

一一月六日の「ココロ裁判」福岡高裁口頭弁論を久しぶりに傍聴しました。福岡地裁判決のとき以来の傍聴でした（高裁段階の審理については、学労ネット・高槻の仲間が二度傍聴に行っていますので、原告ががんばっておられる様子を聞き、休憩時間訴訟をやっています私たちは元気づけられてきました）。

高裁段階の裁判は地裁段階と違い、比較的短期日で終了する傾向にあるので、「ココロ裁判」がその壁をどのようにして突破しようとされているのかとても関心がありました。今回の弁論は、東京地裁の「君が代」違憲判決と北海道人事委員会処分取消裁決の画期的意義を非常に的確にまとめあげられ、展開されました（「準備書面（7）」）。このふたつの判決（裁決）をテコに「ココロ裁判」において「一審被告の立証は欠かせず慎重な事実審理のためにその採用は欠かせないものである」と証人採用・事実審理を迫られる原告団の攻勢的裁判戦術は見事！でした。裁判はこのまま安定的に継続するものと確信しました。

原告の方々が、福岡地裁判決で北九州教育委員会の行政「指導」が「教育基本法一〇条（教育は、不当な支配に服することなく……）」違反であるとしつつも、校長に裁量権が存在したとして原告の主張を認めなかったことを批判し、卒業式・入学式で校長は全く裁量権を持たず、市教委の顔色を伺い、市教委の指導に汲々と従うのみであったことを事実をもって主張されていました。その事実に立ち、証人尋問がぜひとも必要であることを力説されている姿は、私たちの休憩裁判で証人尋問を要求してきたこれまでの経過と重なりました。

私たちの裁判はようやく被告側が証人申請をせざるを得ないところまで追い込むことに成功し、今後次のような展開になります。来年一月一五日に被告大阪府側の大阪府教育委員会教職員課課長補佐、被告高槻市側の校長二名の尋問、二月一四日に被告校長三名の尋問と続きます。この過程で被告高槻市側の教職員課長も証人に引っ張り出したいと思っています。ここまで行けば証人尋問で半ば勝ったも同然になります。最近、被告の陳述書がやっと到着しましたので、これから尋問戦術の原告検討会を始めます。

「ココロ裁判」の傍聴を続けて来て、北九州市のみなさんに強く影響され、高槻でも弁護士なしの本人訴訟をやりたいと考えて裁判に踏み切り、今の段階まできましたが、今後、「ココロ裁判」が証人尋問・事実審理を獲得されますよう、高槻の地から連帯のエールを送ります。

（松岡勲／学校労働者ネットワーク・高槻）

控訴審第六回弁論――被告、文書提出命令に従わず抗告！――二〇〇七年二月五日

■裁判所より文書提出命令出る

一月一八日、裁判所より電話で「決定が出ましたので取りに来てもらえますか」ということでそそくさと出かけていくと、それは前回法廷では全く触れられなかった「補助参加申立」と「文書提出命令申立」に対する決定だった。

「補助参加」については二度目のチャレンジで、何だか法的には曖昧な感じなのだが、どうも目がないなあという感触だったし、こちらも駄目元のところがあったので、「却下」は覚悟で受け取った。しかし、文書提出命令については、一審でも出されているものなので大きな期待と小さな不安を抱えながらの受け取り。結果は、その間といったところで、一審通りの決定。つまり、私たちが求めてきた処分手続きに係る四点の文書のうち、「事情聴取記録」は必要ないとの判断、「校長の状況報告書」「処分のための決裁文書」「委員会議事録」については提出命令がなされた。当然のこととはいえ、高裁に至ってもこれらの提出命令を明確に勝ち取ったことは、この裁判の行く末にとって大変大きな影響と効果をもたらすものだと確信している。この処分手続きに係る文書などは、被告としては最低限の立証文書として裁判の冒頭から提出すべきものであるにもかかわらず、一審においても「校長の状況報告書」すら一切提出しないままに弁論を進めてきた結果、一審終盤になって裁判所の提出命令にそって「状況報告書」のみ出してきたという経緯がある。そのことで、一審での一部勝訴を勝ち取ったと言っても過言ではないと思う。ということで、高裁が今回の決定をなした

のも当然で、これらの文書を任意に提出しない被告の方こそ「異例」なわけだ。しかも、自ら提出しないことで裁判を引き延ばし、結果自分たちを不利にしているわけだから、何ともしがたい被告の無能さ。当然のこととはいえ、決定自体を引き延ばしているかのように見えた高裁裁判長もきっちり命令を下したわけだから、こんなうれしいことはない。

■被告、文書提出命令に対して抗告

……っと、喜んでいるのもつかの間、弁論前に提出されるであろう校長の状況報告書を裁判所でコピーしようと思っていたら、決定から一〇日ほど経っていただろうか。高裁から「特別送達」が郵便で届けられ、何事かと思いきや、被告の高裁への「特別抗告許可立」と最高裁への「特別抗告」だったのだ。被告の抗告理由は「文書提出命令は、裁判所の命令により証拠の提出を強いるものであることから、その必要性は厳格に判断されなければならない。本件では、対象懲戒処分の理由となる事実経過（原告の非違行為、職務命令の内容等）には概ね争いがなく、基本的に、あとは法的評価の問題が残るだけなのであるから、証拠調べの必要性は認められない」したがって、文書提出の必要はないというこれまで通りの一切の処分に係る文書は開示しないという姿勢のみで、何ら理由になっていない。

本当にまさかと思った。一審で出してきた「校長の状況報告」すら出さずに「抗告」するという厚顔無恥な対応は、いったいどういう開き直りなのか呆れてしまう。高裁の決定にケンカを売ってもまだ勝てるという「強気」があるのだろうか。無理を通せばなんでも通る、いったん出したものは引っ込められないという、これまでの被告の一貫した姿勢を見せつけるだけのことなのだろうか。私たちとしては、そういった法律をなし崩しにした暴挙を許さないということが重要であり、行政としての最低限度の法律主義を護らせるためにやってきたのだ。決してこんなバカげた「抗告」を認めさせるわけにはいかない。ちなみに被告の言い分は、処分手続きに関する文書はすべて自己使用文書だそう。

「不当な支配」が校長も追い込んだ

前回弁論が教育基本法の「改正」直前、今回は直後ということで、本事件が特に改正教育基本法に左右されるものでもないとはいえ、やはりこの問題に触れないままにはいかない。力量の範囲で、戦後教育基本法が根付かないまま悪者にされ、「改正」されたことの問題点などを一定主張することに力点を置いた。また被告の抗告という事態についても、弁論で抗議めいた主張をしておいた。今回、一審では一切採用されていない敵性証人を原告側から申請していた。その一人に予定していた校長・永田賢治が、昨年自殺という悲劇で亡くなった。このことについて、準備書面に続いて、原告稲田が以下のような陳述を行った。

「今回提出した証拠申出書で、当初永田賢治（一審原告稲田の塔野小のときの校長）証人の採用を求めていた。しかし、昨年末の永田校長本人の自殺によって、永田証人の申請を取り下げざるを得なくなったことに関し、以下陳述したい。

一審において私が証言したように、永田校長は『君が代』については、私が何を言っても全く答えず、ただひたすら、教育委員会に報告するとしか言わなかった。しかし、修学旅行の行き先を長崎に変更したり、卒業式の呼びかけを壇上に上がって行うことを認めたり、また、『卒業式の主人公は君たちだ』

と卒業生に語ったりするなど、子どもや私を含めた職員の意向を大切にし、子どもに関する様々な問題に対しても普通に相談できる校長だった。だからこそ、『君が代』だけには異常なほどのまさに『不当な支配』が貫かれていたことが明らかであった。そのことを、この法廷で証言して欲しかったが、今彼はいない。

彼が自殺に追い込まれた経緯は、以下の通りである。昨年末、いじめ問題がマスコミに取り上げられ教育界が揺れる中、北九州市教委は、全国に先駆けて『いじめ総点検』と称し、突然全戸家庭訪問の実施を決めた。これは、現場の現実や実態を全く省みず、現場の教員の考えをも全く吸い上げない机上の論理から生まれたものであった。それは、とにかく形として話を聞いて報告させることで世間の批判をかわすというという責任逃れの体裁だけを考えた政策であったとしか思えない。しかもそれは突然、決定事項として現場に下ろされ、まさしく『不当な支配』そのものであった。その北九州市で、いじめ問題を金銭トラブルとしてしか報告していなかったとして、皿倉小学校の問題がマスコミの槍玉に上がったのである。そのことに焦った大庭清明現教育長は、永田校長に全ての責任を押し付け、一人で記者会見に臨ませ、自らはマスコミ上で『永田校長にはいじめととらえる感性がない』などと断罪した。追い込まれた校長は、次の日に自ら命を絶ったのである。しかし、永田校長は、子どもの問題に当然のごとく誠実に取り組み、その報告を教育委員会にも逐一挙げていたことが後に判明する。

本裁判でも、教育委員会はこの間一貫して『君が代』斉唱時、校長の責任において職務命令を出したと主張し、自らが強制してきた事実『不当な支配』を認めようとしていない。皿倉小学校のいじめ問題でも、すべてを永田校長の責任にした。今回の事件は、『不当な支配』が、まさしく教育委員会の自己保身のために貫かれた結果であるといえる。『君が代』強制以来の『不当な支配』は、ここまで人を追い込んだのである。『君が代』強制という『不当な支配』が、校長の学校運営すべてにまで広がり、貫かれてきた一つの結果だと考え、本裁判の本質にかかわるものであるとともに、無念と怒りを感じていることをここに陳述しておく。以上」。

■今後の進行などで原告が詰め寄る！

文書提出命令に従わない被告の姿勢に対して、手続き違反で処分撤回された事例や文書訓告であろうと、事情聴取などの文書をきちんと記録として開示している他府県の例などを示して、追及した。裁判所はこの原告の主張について、「何度でも主張してください」とのコメントをして処分手続き文書問題に関心を示したようだ。それでも被告は、法廷においてはうんともすんとも答えようともしない。この期に及んで文書を提出しないといった開き直りに対して、原告の何人かが怒りの発言をした。そういった発言に対しても裁判所は最後まで耳を傾けていた。それに反して、最後に被告代理人が「書面の綴り方が違っています」と言いかけたとき、裁判所は「そういうことは後でいいです」と一蹴。次回期日についても、抗告に対する決定が出た後を想定して、裁判所はまる三か月を開けた日程を用意していた。ということで、次回はもう初夏！

＊

今回も初めての傍聴の若い人たちが来てくれました。裁判所そのものに足を踏み入れることが初めてというみなさんの感想を受け止めながら、そしてさらに過去の事件としての係争ではなく今の現場のそのままにこだわっていくものとして、この裁判を進めていかなければと思っています。これからもどうぞよろしくお願いします。

控訴審第七回弁論――最高裁を味方につけたココロ裁判!?――二〇〇七年五月二八日

■最高裁が市教委の抗告に棄却決定

あまりに当然の決定とはいえ、最高裁が市教委の抗告に棄却決定（五月九日付）。うれしくて、一人、部屋で小躍りした。前回弁論が二月五日、その直前に出された高裁からの文書提出命令に対して、被告は最高裁への抗告をなしたわけで、その決定が出るまでの間を見越しての間隔の空いた今回の弁論日設定だった。長いインターバルだったが、最高裁からの決定はその三週間前になされた。送達受取人である私のところへ、いつも郵便局からご大層な「特別送達」が届く。その日も同じ。最高裁からの二通の特別送達に受け取りのサインをして、バリバリと封を開ける……、と、そこに「棄却する」の文字が見えた。

「やった!!」。内容を見るまでもなく、被告北九州市教委の抗告を「棄却」して、「原審の決定を妥当」とした決定だ。厳めしく届いてきたこれまでの数々の「特別送達」のほとんどは、私たち訴える側に冷たいものばかりであった。しかし、今回は違った。高裁の決定にケンカを売って最高裁に異議申立した被告市教委のあまりのでたらめさを、さすがの最高裁も相手にしなかった。当たり前と言えば当たり前！　でも、その当たり前をもぎ取るのにどれだけの時間と労力とが費やされたことだろうか。

■裁判所、被告へ勧告！

控訴審も完全に原告ペースとなってきたことが、裁判長の対応ににじみ出ている。弁論の冒頭、前回休みだった原告稲葉さんに、「前回弁論を陳述でいいですね」と声をかける。戸惑う稲葉さんに対して、「要するに、一人ものけ者にしないってことです」「ちょっと言葉が悪かったですかね」などと笑いながら気さくで余裕の対応だ。さらに、裁判長は「原告側は口頭での陳述がありますか」と読み上げを促し、上記準備書面を二〇分程度で説明と被告への追及をかねて陳述した。

その後、裁判長はおもむろに被告代理人弁護士に向かって「文書はいつ出されるんですか」「もう、期限はとっくに過ぎていますよ」と強い語調で迫った（およっ！　強気じゃん、裁判長！）。被告市教委は、いつもの担当主幹や係長すら顔を見せず、一人の若い職員のみが後ろの被告席にぽつんと座っており、二人の弁護士が対応していた。五月九日付の最高裁の決定を受けてなお、当日までにやっと原本を準備はしてきたものの、その時点で裁判所には届いていなかったのである。さらに、今回の提出命令は高裁段階での請求した二〇〇〇年以降のものだけであり、一審での命令にも従っていないものである。そこで原告らは、被告に対して一審での命令にも従ってすべての原告の処分手続き文書を出すように主張したのである。これについても、裁判長は強く提出を促したところ、被告代理人はまたしてもこれを拒み、「今回提出したのは、一部提出することで、これらの文書が争点とは何ら関係ないことを立証するために出したのであって、すべてを出すかどうかは今後検討する」と、この期に及んでまで理由にならない弁解をしたのだった。これにまた裁判長がプチッと切れて、「提出するように裁判所からも勧告します」と、毅然と言い放ったのである。このときの私たち原告の胸の空くような気持ちを察していただけるだろうか。事前の打ち合わせで、書面のみでなくしつこく一人一人の言葉で文書の開示を求めようと準備していたが、そんな必要はまったくなかった。裁判所は私たちの書面をしっかりと読み、その場で被告へ文書の提出を迫り、原告らからの言葉を待つまでもないという対応であった。

■本当にぼろぼろの市教委主張

というわけで、一時間の弁論時間を使い切るまでもなく、裁判所は次回期日を設定。八月末の提案について、原告側の差し支えのため一〇月までに伸びてしまったが、これについても裁判所は特に嫌な顔もせず、逆にその間に被告が書面を開示すること、しないのであればその理由などを明らかにすることの方を重要視したようだ。原告が前回提出した敵性証人の申請に対しての判断もなされる予定であったが、被告の文書の提出いかんによっては、裁判所の判断も変わってくるということで、特に触れられることもなかった。

つまるところ、最高裁までケンカを売って提出を拒んできたその文書とは？　書面で主張しているように、これまでのとりわけ「君が代」がらみの処分で撤回された事例があるが、その理由はすべて処分手続きの瑕疵である。処分に何らの正当性などあるはずもなく、慎重な検討もなされないまま、ただ文部科学省か、教育委員会かの圧力をそのままに受けて、とにかく「処分ありき」の対応がこういったずさんな手続きを生み出す。そして、それが争われたとき初めて暴露されるのだ。私たちはその過程にあまりに時間がかかってしまったが、それも現状のさまざまな状況を見ればやむを得ない。しかし、崩れ落ちるときには意外と脆いものかもしれない。最高裁まで味方につけてしまったココロ裁判。まだまだねちっこく攻めていこう！っと！

控訴審第八回弁論――開示文書を徹底して弾劾！――二〇〇七年一〇月一日

■ようやく開示された文書だが……

前回、裁判所より「文書開示の勧告」を言い渡された市教委は、その場では「検討する」との曖昧な返答だったが、酷暑の最中の七月三一日、処分手続きに係るほぼ全ての文書を開示した。私は即座に受け取ったものの、分量だけは膨大なその書面を手にしてあまり魅力的なものとは思えなかった。十数年以上求め続けてきた文書とはいえ、はやる気持ちを抑えきれずにむさぼり読むというものではなかった。ざざっと目を通して、「不存在」の教育委員会議事録が三件あることだけを確認し、しばらく机の上に積んだままだったそれらの文書を、涼しくなってからようやく開いた。そして、その形式的かつずさんな処分手続きをそのまま体現した内容のない文書に、逐一チェックを入れ今回の準備書面とした。

■原告側主張を延々と弁論！

いつものように書面の説明を終えて時計の針を見れば、すでに四〇分が経過していた。その後、原告本人からの開示文書に対する率直な怒りなどの陳述を予定したのでやや焦ったが、裁判所も特に何も咎めることなく陳述に入った。冒頭、原告の梶川さんが口火を切り、処分から一〇数年経過して初めて開示された処分手続き文書を目の当たりにして、ずさんな手続きとしか言えないと語った。梶川さんの処分に関して一九九七年の戒告処分の決定された教育委員会議事録は存在せず、一九九四年戒告処分については、「原案可決」とのみで何ら議事が記載されていないのである。ここまで開示を拒否され続けやっと出てきた文書があまりに内容のないものであることを述べた。続いて、原告牟田口カオルさんが、今回書証として提出した「カオル裁判」で証言をした小石原主幹の調書をもとに以下の通り陳述した。

「今回市教委が開示した文書、処分起案の文の冒頭に『学校では学習指導要領に則り……』とあります。市教委は『学習指導要領』という前に、憲法や教育基本法といった教育の根本にある法を踏まえているのだろうかとはなはだ疑問に思います。今回提出した書証三三二号証について説明します。

私は、一九九四年と九六年（平成六、八年）『君が代』不起立で戒告処分を受けているわけですが、そのとき処分を担当していたのは学務部の小石原主幹でした。同じ時期の九四年、私はその小石原主幹より別件で（これは憲法九条に関わる事件で）文書訓告の処分を受けています。その件で一九九五年から二〇〇二年まで、足掛け八年間、小石原主幹を含む市教委を被告として裁判に取り組んできました。書証三三二号証は、その裁判の中で小石原主幹が証言した内容です。証言の中で次のような部分があります。教育基本法に書いてある、教育の『目的』を問われたとき、小石原主幹は返答につまっていました。それで、こう問い直しました。

問い『趣旨で結構ですから、何のために教育するのか、ということですから』。
答え『……申し訳ありません、詳しく覚えておりません』。
問い『詳しくでなくて結構です、大体どんなものですか』。
答え『……すみません、忘れました』。

問い『平和的な国家及び社会の形成者を育てるんだというふうに書いてあるんですけど思いだせませんか』。

答え『まあその何とも申せません』。

問い『思い出せませんか』。

答え『……』。（省略）

問い『あまり、日々これが自分の職業の目的だというふうにお考えになっていたわけではないんですね』。

答え『いえ、そうではありませんけれども、私は法律専攻ではありませんし、教育委員会も三年間しか在籍しておりませんでしたので、細かいところはよく覚えておりません』。

以上、調書の引用です。教職員の処分に関わった職員の、法というもの、教育というものに対する認識の程度を表しています。ちなみに、この小石原主幹は、憲法についても『反対論のある条項（例えば憲法九条）については、それを擁護することは政治的行為となる』という主旨の証言をしています。憲法に定められた憲法擁護義務や、政治的行為とは何かを規定した人事院規則も、認識していませんでした。『君が代』処分は、きわめて教育基本法や憲法に規定されている理念に関わる問題であるのに、それらを理解も認識もしていない、まともな法の精神を持ち合わせない職員によって処分が起案されていることに大きな疑問をもちます。

さらに、そのような起案を受けて、ろくな審議もなさずに決裁に関与した、教育委員会の職員達も問題です。一部会議議事録が不存在であるということですが、そこにはどんな内容がふくまれていたのと、懐疑的にならざるを得ません。開示されなかった『不存在』とされた部分こそ、教育基本法や憲法に反する考えや、誤った認識などが含まれているかもしれません。文書不存在の理由と、当時の決裁までのありかたを明らかにするため、小石原主幹を含む教育委員会の証人調べを強く望みます」。

東京での裁判と連帯の意志をこめて、支援者と共に街頭でアピール

牟田口さんの陳述が終わると、傍聴席から自然と同意の拍手が湧いたこともあったのか、裁判長の何かを刺激したのか、ここまで我慢強く黙って原告側の陳述を聞いていた裁判長から「待った」がかかった。裁判長は、「事前に陳述の予定を言ってもらってなかったので、本日はここまでにしてください、弁論を続行しますので」と苛立ちを微妙に見せつつも丁寧に言った。予定していた原告が陳述をしようとしたが、「次回期日を年内に入れますので」として制止。しかしながら、裁判所の予定していた年内期日は、被告市教委の弁護士都合により「差し支え」となり、結局次回弁論は年明けとなった。

これが、四か月ぶりに開かれたこの日の一時間の弁論のすべての顛末である。遠くから、近くから、また初めて傍聴してくださった方々も何人もいらしたりしたが、なんのことはないこれだけである。裁判所は、「もう少し早めに書面も出してもらって。陳述の予定などを事前に言ってください」というようなことだけを念を押して、特に進行については触れなかった。

特にやりとりもなかったが、私の方から一言今回開示された文書について「原本を照合してもらいたい」ということだけを裁判所に要望した。裁判所はあまり良い顔をしなかった。そして、被告市教委からも改めて出されていた準備書面や書証があったのだが、これについても全く触れる間もなかったので、次回にこれに反論することになるだろう。「手続き文書の不存在」が、この期に及んでどこまで裁判所の逆鱗に触れたかどうか分からないが、私たちはこの「不存在」を絶対にこのまま許すわけにはいかないとの確信を強めた。

この日は、東京の被処分者・根津公子さんや河原井純子さんを解雇させない闘いに連帯して、弁論後裁判所の近辺の街頭でアピール行動も行った。久しぶりの街頭行動で、提訴時の横断幕などを広げて傍聴者の方々の多大な協力を得て、楽しく行うことができた。法廷も街頭も私たちにとっては同様に「路上」で発信することと共通している。しかし、街頭で自分たちの言葉を伝えることの意味は遙かに法廷以上の意味を持つ。それは、私たちは裁判所の判断に何かを委ねているわけではないからだ。このことを改めて実感するこの日の弁論であり、街頭行動だった。では、また来年！　よろしくお願いします。

控訴審第九回弁論――またまた目一杯言わせてもらいました！――二〇〇八年一月二一日

■「弁論続行」を受けてまたまた続行！

前回の「弁論続行」という裁判所の言葉をそのまま受け止め、尻切れトンボだった原告の陳述を続けることにし、私たちは今回の弁論に臨むことを決めていた。ところがまたしてもこの間、ココロ裁判の勝利を裏付けてくれるような二つの大きな判断がなされた。神奈川県の個人情報保護審査会答申と大阪枚方の教員による「スミぬり裁判」の高裁判決である。神奈川の答申は、「(個人情報保護条例第六条)思想信条を原則取扱禁止とする事項として掲げたのは、内面の思想そのものまで統制しようとした過去の苦い経験を踏まえたものであり、条例第六条において原則取扱禁止とする思想信条とは、支持政党名、政治団体名、政治理念、政治活動の経歴、政治的信条等その人の政治的信念及び個人の人格形成の核心をなす人生観、世界観が発露した情報がこれに当たるものである」とし、大阪高裁判決は、「市教委の調査は『君が代』に対して否定的見解を持つのかどうか、またその見解の具体的内容がどのようなものかを把握するために行われたと推認される」とした上で、教育課程事務管理執行権限や教職員に対する服務管理権限を理由に調査が許されるとした市側に対して、もしそれが認められるなら「教職員に関する限り、市教委がいかなる個人情報も収集等することが可能となり、いわゆる『思想調査』が無制限に容認されることとなりかねない」としたことを準備書面(11)において詳述した。

北九州市教委のていたらくな応訴姿勢と高裁裁判長の悠長な指揮の合間に、全国で闘う仲間からの「お宝」によってココロ裁判は着実に勝訴へとコマを進めている(かな?)。そして、今回も一時間目一杯の弁論時間を、原告たちのものとする法廷闘争が繰り広げられた。

■一切の文書開示をしない被告へ向けた原告らの陳述

稲田純「思想・信条とは、経験や学び、人との出会いによって培われた考え方であり、私の場合は、父親の戦争体験、被差別部落、在日韓国朝鮮人、沖縄の人たちその他、この社会の中で苦しめられてきた人たちとの出会いの中で、自ら考え培ってきたものです。その思いの中で着席せざるを得なかったことを、一審被告北九州市教委は一審準備書面（１）において「独自な思想」に基づくものであると決め付けました。今、市教委は今回出された準備書面（５）などで単なる服務上の違反として処分したという問題にすり替えようとしていますが、この裁判の一番最初に提出した準備書面でそのうそを自ら証明しています。私の考え方が問題にされたという事実を話したいと思います。私が新任として赴任した医生丘小では卒業式の『君が代』斉唱について職員会議でたった一言反対意見を言っただけで、それまでやさしく接してくれていた教頭が突然態度を翻し、次の日から話しかけても無視をするという冷たい対応が続きました。学校で意見をいうとはこういうことなのかと初めて思ったことを思い出します。

また、次の千代小では、『君が代』についての意見を言うと『あんたは教育委員会のいうことには何でも反対する』と高橋善幸校長から怒鳴りつけられました。わたしは絶句した。教育委員会の言うことに何でも反対して教員がやっていけるでしょうか。さらに、熊西小では、平田章校長は、私が職員会議で当時の熊西小の運動会で行っていた『日の丸』行進についての意見を発言した後、私が出席していない運営委員会の席上で『あの人は反対運動をやっている人だから』と何か特別な人間と印象付けるような発言をしたのです。これらの事実はみな重なります。市教委やその意を受けた校長は、私の考えや生き方を問題にしたのです。そしてそのことは、この間の裁判長による文書提出命令によって出されてきた処分に至る起案文書、乙第二四号証の一や乙第三二号証の一でも『国歌に反対の意思表示を示す教職員』という言葉で書かれてあることから、明らかです。本日、市教委から出された被告ら準備書面（6）p2において『しかし、本件処分は、原告らの「意思」如何を問題にしているのではなく』と書いてありますが、文字通り矛盾しています。

しかし、市教委は近代国家の成立の根本にかかわる思想や信条のことを問題視していながら、そのことを慎重に審議した形跡など全くないどころか、そのことについて教育委員会会議をもったという会議録さえ不存在なのです。行政文書の不存在は社会通念では会議がなされていないということと同然です。またわずかに会議がもたれた場合も、およそ憲法や教育基本法に照らした論議がなされたという形跡は全くありません。信じられないことです。それどころか市教委は、不起立だったということだけで、毎年このような、人数どころか、氏名ならびにその理由、はては過去のストライキの処分などの経歴まで含めた調査を行い、それをずっと保管して行政として利用していたのです。今回、大阪高裁で明白に個人情報保護条例に違反すると判断され判決が確定した思想信条に係る個人情報をです。これは完全なる個人情報保護条例違反であり、思想の弾圧そのものではないでしょうか。

わたしの述べる思想・信条とはもちろん、独善的なものではありません。しかし、一審の西原証言でも述べられたとおり、思想・信条は大切です。なぜならば一人の人間の人格形成かかわるからです。そして、育ってくる過程はみな違います。だから、同じ考え方ということはありえません。しかし、思想・信条が大切だからといって、それを押し付けることは教員として許されないし、していません。私が過去受け持った子たちが大人になってうちを訪ねてくることがあります。先生のような考え方はまだ世間では通用しないと言う子もいます。公共の意識が大切で国歌は大切だという子もいます。反対にいや強制はおかしいという子もいます。喧々諤々の話が、朝まで続いたこともあります。でも、未だに交流はあり、いつもお互いに暖かいものは流れています。考え方の違いは必ずしも断絶には繋がりません。むしろ、それぞれが自分なりに培ってきた考え方の違いの背景を話し合うそのことでお互いを認め合うことができるのです。そしてそれこそが民主主義と呼ばれる近代憲法が最も大切にしてきた根幹の原理であるはずです。しかし、教育委員会は処分を行うことで断絶を選び、そこにある思想の自由を抹殺しようとしたのです。ここで北九州の処分行政を受け、処分を繰り返し、教員を免職に追い込もうとしている東京都教委の教育委員の言葉を改めて紹介します（二〇〇四年四月八日教育委員会会議録から）。

鳥海巌・教育委員『がん細胞は徹底的につぶす』『それから、今度は国旗・国歌問題でも言われたのですけれども、いいじゃないかと、わずかの人が例えそのときに立たなくても、あるいは国歌をうたわなくてもいいじゃないのという説が論説の中にございますけれども、これは改革というものに本当に取り組んだことのない人の言う言葉だと私は思います。企業でもそうです。改革派と言われる人が初め一〇％くらいでしょう。そういう方が出てきて企業を改革していく。そのうちに三〇％ぐらいの応援団が出てくる。ところがやはりわずかの少数派がおって、それはやはり改革が行われない方がいいわけですからあくまでも反対する。だけれども、これは徹底的につぶしませんと後で禍根が残ります。特に半世紀の間巣食ってきているがんですから、その痕跡を残しておけば、必ずこれは自然増殖をしていくということだと思うのです。反対勢力にとってみれば、それを願ってもないということで待っているわけですから』。ここに現れているものは北九州市教委の行ってきているものと同様です。これは歴史的にはファシズムと呼ばれるものだと私は学校教育の中で学んできた記憶があります。そして戦後否定されたものであることも。思想・信条は、何人もこれを犯してはいけないのです。認め合い、話し合うことこそ必要なのです。行政にあっては特にそのことが求められるのではないでしょうか。わたしたちはただ静かに着席しただけなのです。何人も傷つけてはいません。その行為が信用失墜行為でないことはすでに原審で判決されたとおりであります。とすれば、市教委はその考え方を処分したのです。その処分は間違っています。そして、間違いは正されるべきです」。

井上友晃「一九九六年（平八・七・一教職員課森永が起案）懲戒処分に関して、委員会の会議録がない。このことが一番納得できない。この年の入学式、わたしは遅れて式場に入った。着席ではない行動ゆえに処分決定を前に教育委員会議でいろいろと審議されたのではないか、秋永校長からの状況報告書はすでに開示されており、会議録も当然開示されるにちがいないと勝手に思っていた。不存在とはどういうことなのか。処分決定までの経過をきちんと明らかにしてほしい。『もともと会議録はない』ですませるつもりなのか。他の年度の会議録がある以上、『九六年度分は表に出せないから片付けた』ではないかと勝手に思ってしまう。

乙二九号証以下の議案や資料では、わたしは『国歌斉唱時に体育館を出た者』とされており、市教委事務局からは『退場行為』を命令違反とする戒告処分案が出されている。開示された議案書の『本人に対する事実確認』の表には、わたしが『退場行為』を認めたとされていた。認めた覚えは一切ない。事実は違う。誰がいつわたしに確かめたのか。校長の状況報告書にも国歌斉唱時に体育館を出たという記述はない。何をもとに、この表を作ったのか。不本意でならない。

事情聴取や処分辞令書を持ってきた市教委主幹らに『式開始後に遅れてそうっと入ったのであって、国歌斉唱時に席を突然立ち、式参加者の面前で退場していくようなことはしていない』と、わたしは何度も話した。一審でも原告証人として証言したとおりだ。わたしの証言調書を証拠採用してほしい。遅れてそうっと式場に入っただけでどうして戒告処分になったのか、委員会会議でどんなふうにわたしの行為が伝えられ、どんなやりとりがなされたのか。『議事録不存在』の一言で済ませられては、たまらない。処分でどれだけ見せしめにされたことか。事情聴取と称してどれだけ非難されたことか。市教委主幹らに『教育公務員がすべきことではない』と幾度となく自己否定させられようとしたことを忘れない。一審で証言したように、開式前わたしは体育館の外にいた。体育館へと続く渡り廊下で、係りの教員に引率され体育館に向かう新一年生とすれちがい、彼らがが入場していくのを見ていた。そして『君が代』が終わってから、こっそりと重いドアを開けて中へ入ったにすぎない」。

■「今さら何を……」の被告書面及び書証

高裁段階に至ってなお市教委は、全ての処分手続き文書の提出に追い込まれ、挙げ句の果てに不存在が暴露され、その説明もなさないまま開き直り、一九八五年以前の証拠（四点調査票、ＰＴＡ副会長とかやらの投書文書八四年）や一九八六年以降の原告らの全ての「不起立」個人情報を一覧表を提出するという支離滅裂の対応を未だ続ける。大切な委員会会議録は不存在で、二〇年以上前の「思想調査」そのもののいたらない文書ばかりを隠し持ち、この期に及んで出してくる市教委。錯乱してるとしか思えないが現実。こんな「錯乱行政」がまかり通るご時世かと思いきや、今度は弁論の最後に前回も指摘した「梶川さん」の原告名が「梶原さん」になっていることを指摘すると、裁判長もうんざりした顔で「前回も言われましたよね、帰ってからパソコン入力し直してください」と。ここは法廷かよ～。

ということで、次回も弁論続行。今回は、全学労組のみなさんの応援もありで、原告らの陳述も改めて新鮮な響きをもたらしました。傍聴のみなさん、本当に心からお礼申し上げます。次回弁論もまた、何が起こるか分かりませんがよろしく傍聴お願いします！

控訴審第一〇回弁論――裁判長「原告の証人申請を必要なしとして却下」――二〇〇八年五月一二日

■被告主張への反論と、さらなる釈明を求める原告準備書面

高裁にきてここ二、三回、原告側が主張するばかりで（被告も一応は書面を出しているが）、裁判長は「続行」を告げるのみという、ややマンネリ化（?）した弁論を展開していたので、今回は準備書面なしで口頭での弁論だけで、被告への釈明を迫っていこうかなどと原告会議で話し合っていた。しかし、改めて被告書面を読んでいると、どうしても反論しておかねばという怒りが湧いてきて、いつものように準備書面（12）を提出。大上段に構えたテーマでをちょこっとだけ主張した。また、後半は被告への釈明や認否を求めるものにした。

■裁判長、意を決す?

少し早口で原告準備書面を読み上げ、できるだけ口頭で被告や裁判長へ迫り、審理を一歩前に向かわせたいと、残りの時間の余裕を持たせたつもりだった。がしかし、裁判長はその弁論が終わるやいなや、「原告の証人申請は必要ないと判断しましたので、却下します」と早口で述べる。今日の主張とは全く関係なく、なんの脈絡もなく出された判断のようで、原告一同唖然！　頭を切り換え、「まだ被告は原告らの釈明に何も応えていないのでは」とか「理由を言ってください」と切り返そうとするが、「そういったことも踏まえ

て判断しましたので、必要はありません」と振り払うように言い、その後、独り言のように「もう、ずいぶん時間も経過していますから……」とかぶつぶつ。

原告が「被告の反論は出されるのですか」と促すと、裁判長は被告に対してやや語気を強めて「一か月後にだしてください」と勧告。原告らに対しても「いつも前日じゃ遅いです。書面を早めにだしてください」と、あたかも書面提出が遅いから審理が滞っているようなおっしゃりかた！　う〜ん、そういうのってとばっちりじゃないかよ〜とか、ココロの中でつぶやきながら、「はい！」と大きな声で素直な返事をした私。とにかく「証人申請を却下」して、次の段階に結審に向けて邁進するぞぅという意欲が満々の裁判長だが、とりあえず、次回期日は九月初めとなった。

■さて、この窮地をどう乗り切るか？

とりわけ初めての傍聴者は、何が起こったのだろうという疑問が大きかったと思う。私は「いつかは終わる」なんて、間の抜けたことを口走ってしまったが。毎回、いつかは終わることを念頭に置きつつ緊張した弁論を継続してきた訳で、次回この裁判長の決意を改めてぐらつかせる弁論を準備するしかない。まだまだ敵性証人！　原告側の立証もある。みなさん、ここからです、ココロ裁判は！　よろしく傍聴をおねがいしまあす！

控訴審第一一回弁論――今回で結審となりました――二〇〇八年九月八日

■ぎりぎりまで弁論前の攻防

前回、裁判長が「原告証人申請を却下します」とだけ言い残して逃げ去っていった様子から察するに、終結は近いというのは予想の範囲。しかしながら、その裁判長の「終結への意気込み」ともう一度せめぎ合ってみようというのが、今回弁論の目的ではあった。

前回弁論後、裁判所は被告へは一か月以内、原告へは七月末までに書面の提出を求めていた。原告らは教育委員会議事録の不存在について、裁判所によるさらなる釈明を求めるための「釈明命令申立書」のみを提出し、今回弁論が近づく頃、証人採用を求める上申書と再度の敵性証人申請書を提出。被告からも、これに即反応して意見書や「不存在」文書への弁明的書証の提出がなされた。これが弁論一週間ほど前の攻防。

その後さらに、準備書面（13）と新たな原告側証人申請を持って裁判所へ行き、書記官の前で「いきなり次回判決言い渡し日は……なんてことあるのかな」なんてことを呟いてみたがどうも歯切れが悪い。「陳述は何人で何分くらいですか」など、とりあえず言いたいことは聞きますという配慮は十分だが、どうもそれ以上の楽観的な展望はその顔色からは見いだせない（笑）。そんな直前のやりとりを終えて、当日を迎えた。

■いつものように弁論しました！

当日弁論開始前、法廷前でいつもの事前打ち合わせをしていると、前回同様廷吏が数名早くから待機していた。これも終結の前兆ではあった。いつものように簡単にその日の流れなどを説明していたつもりだが、既に開始時刻を過ぎていたらしく、書記官が「裁判長が入廷されましたのでどうぞ法廷に……」というような感じで私たちを呼びに来た。ぞろぞろと原告席、傍聴席へと入っていくと、裁判長も席について被告も待っていた。そのこと自体はそれほど珍しいこととは感じなかったが、緊張した裁判所の方が先に入って待機していたのか。原告らにしてみれば、いつものようにずるずると出欠を確認して、「起立」も「礼」もなく、いつの間にか法廷は開始するというだらだらさであった。

まず、予定された原告二名の意見陳述をした。これも、何か特別に陳述をしなければならないといった脈略があるわけではないと言ってしまえばそうだ。「今回も陳述ありますか」みたいな書記官からの事前の問いに「あ、あります」という感じ。もちろん控訴審に入って、文書不存在についてなど、原告の意見陳述を改めてやっていこうということではあったが、結果的には、安岡さんと藤堂さんが最後の陳述をすることとなってしまった。でも、最後まで原告の現場での生の思いを伝えることができてよかった！　よかった！

■最後の弁論となった書面の陳述

原告の陳述に続いて、私の方から準備書面（13）を読み上げるともなく、言いたいことを一五分程度述べた。控訴審に至ってまでも、原審を上回る被告の応訴姿勢の不誠実さ、ずさんさ、混乱について、我ながら次々と口をついて出てくる出てくると思いつつの弁論をすることができた。頭のどこかでこの法廷が最後になるのではないかという予感が、きっとさらに私の口から言葉を発させたのであろう。裁判長はここでもじっと我慢の子であった！　以下は準備書面（13）の抜粋。

はじめに

先日八月二〇日、全国学校労働者組合連絡会（以下、全学労組）という全国の独立系学校労働者の組合の連絡会（加盟一九組合）で、北九州市教育委員会との話し合いを持つ機会があった。本件原告らの所属する北九州がっこうユニオン・ういはその加盟団体である。一〇年前にも本件に係る内容で全国の仲間が、北九州市教委の異例な処分への抗議を込めて申し入れを行ったが、その際対応した当時田代清一郎市教委学務部主幹は、全学労組の「累積処分の違法」についての見解への問いに対して、「積み重なれば懲戒免職もあり得る」と述べた。しかしながらその後、原審判決は減給処分を取り消し、この累積処分の違法は弾劾された。

そして今回、全学労組は、控訴審において明らかになった通常ではあり得ない処分手続きに係る処分決定のための教育委員会議事録の「不存在」について問うこととなった。対応した市教委労務担当田中課長は、「議事録の不存在ということを聞いて、『あれ』と思った」と率直な意見を述べた。当然である。行政に携わる者として、処分を決定した議事録が、しかもこの期に及んで「不存在」であることをあり得ないことと捉えることこそが当たり前である。法に問う以前の非常識な行政行為である。

田中課長は、係争中であるとして明確な回答は避け、裁判所の釈明命令の判断を待つしかないと公的見解を避けた。このような常識以前の「失策」について、「裁判所の決定を待つしかない」との判断は、行政の独立性など露ほどもないことを暴露しているに他ならない。処分されるべきは果たしてどちらなのか。

その後八月二九日、同じ全学労組加盟の大阪教育合同労組の組合員が係争する新任採用免職処分に対する判決が、大阪高裁でなされた。一審判決を完全に覆した控訴人の完全逆転勝訴だった。大阪市教育委員会の不当な処分を明確に弾劾した判決がなされたのだ。司法の独立性が明確に示された判決であった。一人の人間の免職とはその人生を大きく揺るがす問題である。あり得ない免職処分に必死で抗った結果、教員としての当然の適格性を認められた本人は、改めて学校現場に「希望」を見いだそうとしただろう。

一人の人生を左右すること、それだけではない。こういった判決が今のどす黒く淀んだ空気の中で窒息寸前の教職員だけでなく、教職を目指そうとするもの、そして子どもへと大きな希望を与えるに違いない。本件に関しても、一〇年前の担当主幹が「積み重なれば懲戒免職もあり得る」と述べたその言葉から、本件処分が一人の免職に繋がる可能性はゼロではなかったはずだ。本件審理がどれだけ公正になされるかは、一人だけの人生ではなくこの国の公教育の「生き死に」が関わることであり、これからの教職員のみながらずそこで学ぶ子どもたちの「希望」がまさに関わっているのである。

一．控訴審における被告主張の破綻と混乱

（1）本件職務命令の特定を明確にすること

（2）本件処分理由を明確にすること

二．個人情報保護条例違反

おわりに

行政庁としての最低限の処分の挙証責任を果たさず、当事者としての責任ある答弁や見解を公的な場で明らかにすることもなく、場当たり的な主張を持ち出してきた控訴審での市教委の対応は、「文書の不存在」という重大な局面を暴露してもなおその説明や謝りもなく、開きなおったまま審理を終え、司法判断にぶら下がろうとしているだけである。

この混乱した主張や文書の不存在といった現状の解決できる方法は、本件処分及び本件職務命令をなした当事者による本法廷での証言以外にはありえない。教育長はじめ責任ある当事者を裁判所職権をもってでも呼び出して尋問をなすことを求める。

■裁判長はもう少し向き合ってほしい

裁判長はとにかく「忍」の一字で私の言いたい放題の陳述を終えるのを待ち、どういうタイミングで「終結」を切り出すかだけを考えていたかのように、まず、被告に向かって「原告側証人申請についての意見は、事前に提出のものでいいですか」と早口で問うた。それはほぼ被告の返答など何ら期待しない形式的な確認であることがあからさまで、被告弁護士は、原告らの主張に対して呆然とした表情のままで、裁判長への応答もなにもしなかった。というか、裁判長は返事を待つこともなくもう既に次に告げなければならない一言へと体制を整えていた。

「では、次回判決言い渡しは……一二月……日……」。

当然のごとく原告席からも傍聴席からも「なんでー」みたいなどよめきと抗議の声が上がっていたため、原告席の私でさえ判決日時を聞き取れないまま、裁判長はそそくさとひっこんだ。せめぎ合う予定の弁論だったがゆえに、もう少し裁判長に向き合って欲しかったなと思いつつ、とりあえず書記官に日時・時刻を確認し法廷を出た。

半分は予想されていたので力尽くせずの感もあったが、私としては怒りという感情ではなかった。裁判長には、せめて両当事者に「これで終結する方向でよいか」といった程度の確認がなされ、最終書面などを提出するかどうか確認するぐらいのゆとりが欲しかった。今回の結審は審理指揮のゆとりが見られなかったが、それはこれまでの一回すべてにということではなく、当初は十分余裕をもって原告の主張に耳を傾け、こちらが「原審で述べていますが……」と言うと、「何度でも主張してください」とまで述べた裁判長である。

今回の終結判断はやむを得ないと思われた。いつかは終わりが来るという当然の「係争」において、何をもって「勝敗」や「終結」とするのかは常に自分たちが問われざるを得ない。被告の釈明、立証を最後まで追求した結果、どこまでそのことがなし得たのかに評価は分かれるであろう。

■緊張感のない判決になるかも！

ついついこれまでの弁論などをふり返ろうとしている自分がいたが、それは判決の日までお預けとしよう。ただ、気持ちとしては良い意味での「終わった感」が強く、あまりにも判決内容そのものが気にならない。それはなぜか？　すでにココロ原告団が市教委にも裁判所にも圧勝しているからに他ならない。

とりあえず、法廷での弁論は終了しました！　長い間、法廷に足を運んでくださった多くの傍聴支援者のみなさまには本当に心から感謝の気持ちでいっぱいです！

ココロ裁判しか裁判を知らない方、裁判を良く知っている方、原審からずっと傍聴してくれた方、控訴審になって初めて傍聴してくれた方、遠くから近くから、たくさんの方が法廷を訪れてくださいました。それぞれの関わりはさまざまでも、ココロ裁判の傍聴で感じられる共通した感想は、「緊張感がない！」ということでした。それだけでも私は裁判所へ通い続けてきた甲斐が充分あったというものです。

みなさん、緊張感のない判決になるかもしれませんが、どうぞ懲りずにおいでてくださいませ、そして裁判所を笑ってあげてください。これまで本当にありがとうございました！

■岡村達雄さん追悼

二〇〇八年七月八日、岡村達雄さんが亡くなられた。六七歳、これからもまだまだ教えを頂きたい方だった。以下、控訴審判決の前に亡くなった岡村さんへの追悼の文章を、あるニュースレターに書いたものを転載する。

戦後公教育の支配構造を抉り続けてきた人

北九州がっこうユニオン・うい　竹森真紀

最期にお会いしたのは二〇〇五年四月二六日、三年前のココロ裁判の一審判決の日だった。

その日、減給処分取消の判決を受けて「一部勝訴」という垂れ幕を掲げ、報告集会でもそのことを強調した私だった。もちろん私たち原告にとって「全面棄却」でない判決は、先の明るくない闘いの中にいてこれを「勝訴」と言いつのって何が悪いと開き直っていた面があったかもしれない。そのようなまだ判決公判自体の興奮も醒めやらぬ報告集会の場で、判決文の内容をその場で即座に吟味し、直感だけでなくその判決の「危険性」のようなことを指摘したのは岡村さんだった。具体的に何をどう指摘されたのかについて正確に記すことができないが、教育基本法の「改正」が目論まれている頃の岡村さんにとっての大きな問題意識としてあった教育基本法一条ないしは一〇条に関わる判断の部分のことであったと思う。

私自身は必死で「一部勝訴」の盛り上がりを維持しようとしていたが、この半端な判決は他の原告の気持ちをも揺さぶっていたのは確かだった。「なぜ、減給処分だけが取り消されるのか」、「職務命令の違憲性には一切踏み込んでいないではないか」といった悔しさもない交ぜになっていたはずだ。そのような場で、岡村さんがいつものあの暗い厳しい表情と沈痛とも言えるような物言いで、悲観的「判決評価」を会場でなしたのだった。私はそのとき全く聞く耳を持たなかったことを覚えている。だからこそその詳細を記すことができないのだ。それまで、長きにわたり敬意をもって彼の「論」や「評価」に必死で耳を傾け続けてきた私だったが、このときばかりは学校という現場と向き合い、法廷という場で裁判所とかけ合ってここまで勝ち取った成果をそう簡単に批判して欲しくないという傲慢さが先に立った。そんな私の傲慢さに対して岡村さんは、自分自身の発言を「過ち」と捉えられ、直後に私に対して「謝罪」とも思えるメールをくださったのだった。

私はこのやりとりで改めて岡村さんという学者を信頼し、もう一度このココロ裁判の法廷で証人なり鑑定書の作成をお願いしようと考えていた。もちろん、この一審判決のためにも体調のお悪いなか、ぎりぎりまで悩み苦労して鑑定書を作成していただいにもかかわらずだ。そしてこの一年後に教育基本法は「改正」され、二〇〇四年五月に発行された岡村さんの『教育基本法法「改正」とは何か』に尽くされた「改正」反対の論拠についての論評すら、「過去」のものとならざるを得なかったのだ。

そのような状況を経てもなお、ココロ裁判のみならず他の「君が代」処分取消関連の訴訟に多大な尽力をもって鑑定書作成なども精力的に力を注いでいた。しかし、その頃の岡村さんの病状はかなり進行していたのだと容易に推測される。早めに大学を退き「違う形で闘いを続けていきたい」といった葉書をもらったのもその頃だ。「教員処分」というものにこだわり、戦後の公教育を徹底して「再編」「変革」するための「視座」を追求してきた最後の仕事として、「戦後教員処分体制と占領期教育改革——教職適格審査と教員レッド・パージを通した教員処分体制の戦後的確立」（二〇〇七年三月三一日発行）と題した論文を送って頂いた。この研究の途中経過にあったはずだ。「占領期教育改革」期になされた教員レッドパージの経験者からの聞き取りなどを行い、現在の「不適格教員」ないしは「教員評価」問題を抉るための研究をまだまだ継続する途中であったに違いない。なぜならそのおわりにこう記している。

「さらに、戦後公教育の支配構造を剔抉するという研究の視点からいえば、戦後教員処分体制の解明はそのための基礎作業の一つである。したがって、今回の共同研究の成果を踏まえながら、講和条約以降の教員処分体制を構造と特質の解明を通して、戦後公教育体制の全体解明への方途が啓開できるように考えている。そうした意味で、この共同研究が、今後の戦後公教育体制解明への貴重な布石の一つを形成し得たことを確認しておきたい」。

私は、この研究の「結果」をも待ち望んでいた。

私はアカデミックな世界などとは縁もなく疎く、自分で本を読んで学習する力もないが、心底、信頼した「学者」の本当に数少ないお一人であることは間違いない。いや、岡村さんのような「学者」は、私にとって後にも先にも他にはいないだろう。長崎大学で教員生活をされていたころ、私は福岡で教育大学を経て教員をしていた。その頃の著書『現代公教育論』が大きな支えとなってこのような道を進んできた。そして、京都「君が代」訴訟との出会いのなかで、直接的にさまざまな示唆と研究の成果を頂いてきた。しかし、岡村さんの真髄といえる身の置き所は、この国では、常に「排除」され「異端」のなかで闘うものたちの側にあったに他ならない。岡村さんが、ここに存在しなくなった今、私たちのようなものの居場所がまた一つ狭められてしまったのか。いや、やはり悔やんでいてはいられない。岡村さんが残してくれたものは、その狭められそうな居場所以上に大きいはずだ。

どんなときも冷静でぶれることのない岡村さんが「残してくれたもの」を、もう一度丹念に掘り起こすべく、そのような生き方をしていこうと思う。

□追伸

岡村達雄さんにはあまりにお世話になりっぱなしのまま、ちゃんとしたお礼も何も伝えることなく「お別れ」することになってしまいました。できれば、「お礼」の代わりと言ってはなんですが、控訴審判決で原審以上のものがポロリと出てきてくれれば、そのことを真っ先に岡村さんにお知らせしようと思います。いや、「まだまだそんな判決じゃ物足りない、危なっかしい判決じゃないか」とお叱りを受けるだけかも知れませんが……。

■傍聴感想記――奇をてらうことなく緻密な弁論を継続

長かったですねえ。九六年提訴以来、一三年間闘い続けてこられたことに、先ず敬意を表します。裁判の迅速化傾向の中で、控訴審でも一一回の弁論を開かせ審理を続けさせてきたこの一点においても、ココロ裁判はすでに勝利したといえましょう。

弁護士をつけない本人訴訟で闘ってきたココロ裁判は、「弁護士をつけない」ことに奇をてらうこと無く、緻密に弁論を積み重ねてきたからこそ、これほどの長期裁判を闘い抜くことができたのだと思います。

裁判の内容にしても、君が代不起立に対する「減給処分は、重きに失し無効」という司法判断を、始めて引き出した一審判決でした。この判決は、後に東京等で乱発されてきた君が代処分の不当性を先駆的に明らかにしたものでした。

司法反動の嵐の中、控訴審判決は予断を許しませんが、裁判所に被告に対し文書提出命令を出させる等裁判闘争としては、圧倒的に勝利してきたと思います。このココロ裁判控訴審判決が、世に与える影響は大きいものがあると思います。

一審判決に続いて、「減給処分は、無効」の勝利判決を期待して控訴審判決日には駆けつけたいと思います。

（筒井修／福岡地区合同労働組合代表執行委員・Tシャツ訴訟原告）

■傍聴感想記――勝利を信じて

〝土台（一審判決）の上に自由を奪い返す三年の闘い〟に敬意を表します

　傍聴席を見回して一人残らず起立するまで促し続けるN裁判長、起立しない傍聴者に退廷を命じるM裁判長。「傍聴者にまで余計な指図をするな」と思いながら、心証を悪くして判決に影響するのでは……と、東京地裁・高裁で卑屈な傍聴を続けている身にしてみれば、「時間です」「裁判長がお待ちです」とばかり係官に促されて原告・傍聴者がぞろぞろ入廷するさまは、判決とは次元が違うが羨ましい。羨ましがるのではなく、そこに至る経過を学ばなければなるまいが羨ましい。

○八・九・八、ちょっと惰性気味な続行を疑わず久しぶりに傍聴したところ、だいぶ法廷の雰囲気が違う。始めのころ、丁寧に扱っているように見えた裁判長であるが、今回は二人の陳述が終わるや、聞いてやったぞという感じで「判決は一二月一五日……」と言いながら引っ込んでしまった。時刻は後で書記官に聞いて三時と分かったが。

　それにしても控訴以来一一回目の口頭弁論開廷上でのことである。ここまで引き摺った原告のエネルギーはすごい。

　あらためて「式の進行に混乱がなかったことや、原告らの教員としての適格性を疑わせる他の事情がないことを考慮すると、直接、生活に影響を及ぼす処分をすることは、社会通念上著しく妥当性を欠き、裁量権の範囲を逸脱した」という当然ではあるが状況的には画期的な一審判決を勝ち取った楽しい闘いの継続であることに大きな期待を寄せている。このところ世の中は後退りばかりしている。「日の丸・君が代」に反対していた人も国旗国歌法が通ると強制反対としかいわない。教育基本法が改悪されれば改悪された中から何ができるか模索するという始末である。このような状況下、初志を明るく当たり前に貫く姿勢には敬服のほかない。

いま、私は「戦争は教室から始まる」といって歩いている。戦前私たちを教えてくれた教師たちも、全てが戦争推進者ではなかった。しかし、疑問や抵抗を態度に示す人はいなかった。態度に表さなければ推進者の役割を果たす。だから私は軍国少女に育ち日本は戦争をした。原告らは、それを繰り返すまいと異議を申し立てている。国が進む方向を誤ろうとするときには「批判」こそ「愛国」である。

（北村小夜／元教員）

第5章◯ 高裁「死に判決」と最高裁「コピー判決」

冷たい風の吹く上告の日に、裁判所前で抗議の声を上げる原告たち

1　振り出しに戻り、またここから（二〇〇八年～〇九年）

［二〇〇八年］
12・15　ココロ裁判控訴審判決。全面逆転敗訴の不当判決（丸山裁判長）。
［二〇〇九年］
1・5　上告。
3・12　上告理由書提出。最高裁第一小法廷に係属。
9・9　東豊中高校君が代処分取消請求事件大阪高裁判決（確定）。戒告処分に関する控訴棄却。

控訴審判決――まだまだ、どこまでも、遠くまでいくんだっちゅうの！――二〇〇八年一二月一五日

■なぜか依願退職した丸山昌一裁判長

二〇〇八年一二月一五日午後三時、いつもの福岡高裁五〇一号法廷での判決言い渡しの瞬間から、すでに

五〇日程が経った。「光陰矢のごとし」というか「去る者は日々に疎し」というか、判決から上告までの二週間が年末年始を挟んだこともあり、気ぜわしさのなかで、怒りを咀嚼したり、事務作業を進めたり、冷静に判決批判をしたりと、すべてがごちゃ混ぜに進んでいった。

寒空の下、判決前のアピール

そんなとき、枚方の某さんより二〇〇九年一月一六日付の最高裁人事で「丸山裁判長が依願退職」との報せが届いた。裁判官の経歴とか、裁判官がどんな判決を出したかとか、人事異動とか、そういった情報にも全く疎いわれわれ原告団は、いつも外部の支援者からそういったありがたい情報を得てきたが、今回も然りである。判決からの日々を、これまでとおり超主観的に過ごしてきた原告団は、この「報せ」をまたしても超主観的に捉え、「え?　なんで?」とか言いつつも、われわれの抗議で「よっしゃ!　辞めさせた!」と歓喜の声をあげ、共有した。

という能天気な報告で冒頭を飾ることになったが、改めて判決当日からふり返ってみたい。

■判決前門前集会から判決言い渡しへ

判決当日午後二時、裁判所門前にはこれまで長い裁判傍聴支援をしてくださった方々が、全国（全学労組、反ヤスクニ、反天皇制、反「日の丸・君が代」を闘う方など）から、地域から（高裁になってからの支援者も多い）駆けつけ、激励のメッセージをくれた。さすがに緊張と高揚した空気が広がる中、提訴の時と同じように門前で自分の言葉を発して法廷へ入ろうと決めていた原告らも、やや上ずった声でそれぞれが思いを述べた。集会も三〇分が過ぎると、裁判所職員がしつこく整理券を配布するために集会を打ち切ろうとしたが、整理券を取ってもなお集会をやり続け、五分前にみんなで法廷へ向かった。

カメラ撮影のため、既に裁判官も入廷、被告席だけが空っぽのままで撮影が終わり、いよいよ判決言い渡し……かと思いきや、裁判長が書記官に事件番号を読み上げるよう指示した。これまでそのようことも起立も礼もなかったので、書記官もやや慌てて事件番号を読み上げる……さて、いよいよかなという瞬間をねらって、私が裁判長に向かって「すみません、主文だけでは分かりづらいので要旨を読むか、内容を説明して欲しい」というようなことを告げた。丸山裁判長は、原告席を見向きもせずに結審のときと同様、硬直した表情で、「要望はお聞きしました」とのみ言って「言い渡し」を始めた。

「一審被告北九州市教育委員会の控訴に基づき、原判決中同一審被告敗訴部分を取り消す」。この一文で充分な「敗け」が理解できた。その後に続く、数々の原告らの請求を「棄却」するという「文字」が続いた。「言葉」ではなく無機質な「文字」だけが法廷を飛び交った。説明などいらない、あまりに分かりやすい「文字」だ。私が、呟くように「不当判決」と言うと、傍聴席からもどよめくように次々と「理由を言ってくれ」「不当判決」「ナンセンス」といった声が聞こえてきた。しかし、その声は強い抗議というよりも「一体何が起こったんだ」という空気に包まれていた。裁判長は即座に引っ込み、法廷には書記官と裁判所廷吏が二、三人、原告らと、その時点で一杯になっていた傍聴者も座ったままである。やむなく私は判決文を書記官室に受け取りに行き、その後法廷に戻ってもなお、「納得いかんぞ」という人々がそのままま法廷に居座っている。
原告らは、この光景を忘れないだろう。

【判決要旨】
事件番号 平成一七年(行コ)第一三号戒告処分取消請求控訴事件
判決言い渡し日　平成二〇年一二月一五日
当事者（1）一審原告　稲田純ほか一五名
（2）一審被告　北九州市教育委員会ほか一二名
同訴訟代理人弁護士　河原一雄ほか一名
同指定代理人弁護士　桑山裕司ほか三名
裁判所　福岡高等裁判所第一民事部
裁判長裁判官　丸山昌一
裁判官　川野雅樹
裁判官　中園浩一郎

判決主文
1　一審被告北九州市教育委員会の控訴に基づき、原判決中同一審被告部分を取り消す。
2　一審原告稲田純、同石尾勝彦及び稲葉とし子の一審被告北九州市教育委員会に対する請求をいずれも棄却する。
3　一審被告原告らの本件控訴をいずれも棄却する。

4　一審原告藤堂均の当審における一審被告北九州市教育委員会に対する訴えを却下し、同北九州市に対する請求を棄却する。

5　一審原告原田敬二及び同北九州がっこうユニオン・ういの当審に対する請求をいずれも棄却する。

1　君が代は、国旗国歌法の制定前においても、国歌としての地位にあったものであり、君が代を国歌とすることが憲法前文、一条に違反するとはいえない。〔原判決引用部分〕

2　平成元年三月、文部省告示第二四号、告示第二五号により改正された「小学校学習指導要領」、「中学校学習指導要領」のうち、「入学式や卒業式などにおいては、その意義を踏まえ、国旗を掲揚するとともに、国歌を斉唱するよう指導するものとする」旨を定めた条項（国旗国歌条項）は、法規としての性質を有する学習指導要領の一部をなすものであるうえ、同条項の趣旨及び規定内容等に照らして、普通教育における機会均等の確保と全国的な一定の水準の維持という目的のために必要かつ合理的な大綱的基準を定めたものと解することができるから、法的拘束力を有する。

3　一審被告北九州市教育委員会（一審被告教育委員会）の四点指導は、その目的は合理的なものであり、その内容についても、国旗国歌条項の趣旨、儀式的行事において参列者に要請される態度等に照らすと、相応なものということができるし、その内容以外の点については、各学校の自主的な判断に委ねられていたから、国旗国歌条項の趣旨及び内容を逸脱するものとは解されない。一審被告教育委員会が平成一一年ころにかけて行った各校長に対する指導などは、当時の入学式及び卒業式の状況に照らすと、その必要があったものであり、学習指導要領の国旗国歌条項の趣旨に沿ったものであるから、不当、不合理なものとはいえない。

したがって、一審被告教育委員会の通知及び指導等をもって、教育基本法（平成一八年法律第一二〇号による改正前のもの）一〇条一項にいう「不当な支配」ということはできない。

4　各校長が北九州市立の小中養護学校の教職員に対し入学式や卒業式において君が代斉唱の際に起立してこれを斉唱するよう命じた職務命令（本件職務命令）は、君が代が過去の我が国において果たした役割に係わる教職員の歴史観ないし世界観自体を直ちに否定するものとは認められないこと、入学式や卒業式に参列者が起立して君が代を斉唱するという行為それ自体は公立の小中養護学校の教職員にとって、通常想定されるものであって、当該教職員が特定の思想を有するということを外部に表明する行為であると評価することは困難であり、特に職務上の命令等や上司の職務上の命令に従わなければならない立場にあり、本件職務命令は学習指導要領の国旗国歌条項の趣旨に適うものであり、その目的及び内容において不合理であるということはできないから、本件職務命令は憲法一九条に違反するということはできない。また、本件職務命令は同様の理由により、一二〇条一項・二項に違反するということはできない。そして、各校長は、本件職務命令をその裁量に基づいて決定したものであるから、本件職務命令を違法・無効ということはできない。

5　懲戒処分の相当性について

（1）個人一審原告らは、小中養護学校の入学式や卒業式という児童、生徒、保護者、来賓等が多く参列している行事の場において、本件職務命令に違反し、国歌斉唱の際に不起立行為を行ったものであり、厳粛かつ清新な雰囲気の中で行われるべき儀式的行事の雰囲気を乱し、保護者、来賓等に対し、学校の運営についての不安や学校教育に対する不信感を抱かせ、儀式的行事の円滑な進行に対する妨げとなるおそれを生じさせたものであるから、不起立行為によって式の進行が積極的に妨害されたことがなかったことを考慮しても、個人一審原告らの不起立行為は、本件職務命令に違反するとともに、公務員の職に対する信用を傷つける行為に当たるものであり、地方公務員法三二条及び三三条に違反し、同法（平成一一年法律一〇七号による改正以前のもの）二九条一項一号及び三号に該当する、したがって、個人一審原告らの不起立行為に対し懲戒処分をもって臨むことが不相当であるとはいえない。

（2）戒告処分については、関係個人一審原告らは、同種の職務命令違反を繰り返し、既に厳重注意、文書訓告を受けたことがあること、戒告は地方公務員法上の処分として最も軽い処分であることを考慮すると、裁量権の範囲を逸脱、濫用したものということはできない。

（3）減給処分については、関係個人一審原告らは、同種の職務命令違反を繰り返し、既に厳重注意、文書訓告を受け、さらに、複数回にわたり戒告処分を受けたことがあることなどを考慮すると、社会観念上著しく妥当性を欠くものとまでは言い難く、裁量権の範囲を逸脱、濫用したものということはできない。

6　個人一審原告らに対する本件職務命令、戒告処分、減給処分、指導は適法であり、違法なものということはできないから、個人一審原告らの損害賠償請求は理由がない。〔原判決引用部分・一部修正〕

■即、抗議のシュプレ……そして集会へ

法廷を出て、原告の石尾さんが「不当判決」の垂れ幕を掲げ、私が判決の趣旨を支援者らに怒りを持ってかいつまんで伝えた後は、集会会場までの道のりは自然の流れで、抗議のシュプレヒコールを上げながらの

デモンストレーションとなった。原告、支援者合わせて、八〇人くらいにはなっていただろうか。「高裁の不当判決を許さない！」「丸山裁判長を許さない！」と口々に叫びながら……。

厳しい表情で、不当判決の幕を掲げる

会場は一気に抗議集会、マスコミのカメラなども向けられる中、判決内容とその不当性を伝えた。その時点で「判決要旨」しか目を通してはいなかったが、今考えても全文読んでも何も「拾う」べき文言は一字一句なかった。原告団としての会議を経てはいなかったが、その時点で「上告するしかない」と述べ、その場にかけつけてくれた支援者のみなさんも自分自身の怒りとして多くの発言をいただいた。

その後、「不当判決」だからこそか、多くの人がそのまま交流会に参加して、予定以上の人数で盛り上がってしまいました！　う～ん、これぞ闘いの醍醐味です！

■「死に判決」への抗議

この不当判決に対して、原告団は以下のような抗議声明を発した。一審で長年積み重ねて獲得した地平を、一瞬のうちにゼロにされた高裁判決を目の前に言葉を発することは、相当なエネルギーを要した。教育委員会に対しても数え切れないほどの異議申し立てを発してきたが、この時点でこの「丸山判決」に向き合うため、もう一度提訴の

「司法に幻想は持たない」ところへ立つしかなかった。

一二・一五　福岡高等裁判所丸山裁判長の「死に判決」への抗議声明

「学校現場に内心の自由を求め、君が代強制を憲法に問う裁判＝ココロ裁判」は、一人ひとりの学校労働者自身が受けた侵害を自らの言葉で伝えるという本人訴訟により、三三回の弁論を積み上げたことによってこそ、原審での一部勝訴を得たと確信する。にもかかわらず、二〇〇八年一二月一五日、福岡高等裁判所第一民事部丸山昌一裁判長は、何らの根拠なく原審判決を否定するのみならず、控訴審三年一一回にわたる弁論をさえ踏みにじった判決をなした。

本判決は、裁判の弁論主義や最低限の事実認定手続きすら踏まえず、丸山裁判長が「事実＝現場」を真正面から向き合おうとしない姿勢を暴露したという一点において許し難いものである。控訴審法廷においては、裁判所の要請や提出命令にもかかわらず、被告北九州市教育委員会及び校長の一人の証言もなく、処分から二〇年が経過しようとした懲戒処分の手続き文書の「不存在」のみが晒されたのである。その上で、丸山裁判長は、原審判決で獲得した「学習指導要領の国旗国歌条項は細目的事項」「教育委員会の指導は教育基本法一〇条一項不当な支配に当たる」「原告らの信用失墜行為は立証されず無効」「減給処分は生活を脅かし裁量権の逸脱」との認定を何らの事実認定も根拠理由もなく悉く打ち砕いたのである。

被告北九州市教育委員会による本件「君が代」強制が懲戒処分として立ち現れた二〇年前、原告らの抵抗は「四〇秒間、ただ黙って座っている」というささいなことであり、そのささいな抵抗さえ処分という形で弾圧され、「不適格」のレッテルを貼り付られてきた。これに対し原告らは、学校＝行政から独立したとされる裁判所において、小さな異議申立をなし続け積み重ね、原審での一部勝訴を獲得した。

原告らが求め続けてきたのは、公教育＝学校現場における最低限の〈公共性〉である。公教育はどのような公共空間よりも、憲法の理念に根ざした人権が保障される場であるはずであり、「（国歌を）起立して、心を込めて、正しく斉唱する」ことが強制や命令、ひいては処分を振りかざしてなされる場ではないことは自明である。しかし、丸山裁判長は、被告教育委員会の「指導」を妥当・当然として、校長の職務命令を合憲とする理由に最高裁判例（ピアノ伴奏判決）のみをただ引き写しただけの判決を下した。そこには、丸山裁判長が原告から法廷で見聞きしたものは一つも含まれない、国家権力におもねた「死に判決」であった。

原告らは、提訴に当たっての趣意書にこう記した。

「憲法を遵守するかどうかは行政の裁量に属すると言わんばかりの判決を出し続ける最高裁、法と自らの良心のみに従って判決を出した裁判官を左遷し、誠実有為の青年法律家の任官を拒否する司法当局の実態を知る私たちは判決に幻想を抱いてはいない」。

裁判所に判断を委ねるのではなく、判断を迫り憲法を獲得することを求めて法廷に立ち続けてきた原告らにとって、一三年目にして改めてわずかな裁判への信頼を砕かれた。法律の専門家であり、法をもって人権を保障し行政権力をも裁くべき裁判長が、このような判決を下してでも守らねばならなかったものは何か。目に見えない幻影だけの「国家」権力に擦り寄り、不安を抱え怯えているのは、丸山裁判長自身に他ならない。そして、そのような判決よって「守られた」教育委員会、校長らが、どこまでもその思想・良心をかなぐり捨て権力にからめとられていくことで残されるものは、ココロ（＝魂）のない燃え尽きた抜け殻（＝社会）だけだ。

私たち原告らには、真正面からこの判決に不当を叫び、自らの良心や思想・信条をねじ曲げることなく、真実から目を背けずに前へ進み続けて生きようともがき続ける仲間が存在し、繋がり（＝団結）がある。そのことこそが、原告らの獲得した大きな勝訴である。

今、司法が自ら死を選んでもなお、原告らは、現場にこだわり、生きて異議申立を続けることをここに宣言し、抗議の意志とする。

二〇〇八年一二月二五日

学校現場に内心の自由を求め「君が代」強制を憲法に問う裁判原告団

原告　稲葉とし子

また、原告の一人である稲葉とし子さんは、不当判決の翌年一月末に、「自分のために」以下のような文章を記している。事あるごとに集会等の司会を担った稲葉さんは、この時点ですでに自ら教職を退いていた。この判決の日も司会という重役を果したが、今は「司会業」を生業としている。退職後も法廷へ、会議へと足を運び続けた彼女は、自分の言葉でこの日のことを記していた。

ここから

年が明けて間もない〔二〇〇九年〕一月五日の午後三時を過ぎた頃、張り詰めたように凍える寒さの中を、福岡地方裁判所を目指して私と友らはひたすら歩いた。吐く息は白く、頬の横を流れていく。その白い息を横目で追いながら、濠が視界に入る。歩道の左側にある大濠は、四月の睡蓮の植え付けの準備のためか古い葉はきれいに刈り取られ、深碧の水を湛えていた。「ああ、この濠に浮かぶ睡蓮の様々な姿を私は何度見たかしれない。でもこれが最後になるのか」。一二年の歳月、四四回に渡る裁判出廷のため、この道を通った。この睡蓮が浮かぶ濠を見ては、「もうすぐだ」と急き立てられるように、裁判所へと続く長い坂を上ったものだ。今日は裁判出廷のためではなく、裁判長への抗議のためにこの坂を上るのだ。

昨年二〇〇八年一二月一五日、ココロ裁判（学校現場に内心の自由を求め、「君が代」強制を憲法に問う裁判）控訴審判決の日。午後三時、報道陣による五分間の撮影が終ると、丸山裁判長は緊張気味の顔を前に向けたまま「判決を言い渡します」と無機質に言った。原告席から代表者の竹森真紀が手を挙げて、最後の闘いを挑む。「判決文を聞いても、私たち素人にはすぐには内容がつかめないと思うので、みんなにわかるように説明をしてください」。

私たち一八人の原告団は弁護士を立てずに本人訴訟で一二年間を闘ってきたのだった。一審の亀川判決では、教育委員会の「君が代」の強制を違憲とすることはできなかったが、生活を脅かすような「減給処分」の取り消しは勝ち取ることができた。その後の三年間も、一一回に及ぶ控訴審を私たちは自分たちの手で創り上げてきた。毎回準備書面において私たちは「君が代」強制のおかしさをあらゆる角度から真摯に論じてきた。その過程で、北九州市教育委員会が処分を行うときに必要とする状況報告書に一部誤りがあることや、不存在のものがあることが明らかになってきた。控訴審裁判が進むにつれ、だれの目からも教育委員会が不利であることは歴然としていた。私たちは、（最悪の場合、第一審と同じ判決だろう）と信じて疑わなかった。竹森真紀の声が聞こえていないかのごとく丸山裁判長は判決文を読み上げる。「……原告の訴えを棄却する。……稲田純の訴えを棄却する。……稲葉とし子の訴えを棄却する。……棄却する。……棄却する。……棄却する。……棄却する」。原告席も傍聴席も騒然となった。「棄却」が続くばかりで、何がどうして棄却になったのか？？？？……訳がわからないままに、丸山裁判長は判決文を読み上げるとそそくさと逃げるように去っていった。傍聴席から、怒号が飛ぶ。

「待て！　逃げるのか！」「ちゃんと理由を説明せんか！」「ふざけるな！」

原告らは呆然と、何をどう抗議してよいのか声を上げる術もなく座っていた。その中で、原告の一人が自らを奮い立たせるように大きな声で叫んだ。

「裁判長！　このままでいいんですか！　私たちは判決の理由がわかりません！　わかるように説明してください！」。泣いているかのようなその声は、裁判長が立ち去り閉ざされた重い二枚開きの扉にはじき返された。私たちの一二年間の闘いは何だったのだろう？　しかし、無力感に浸っている暇はなかった。私たちは、傍聴してくださった方々を集会のため次の会場まで案内しなければならなかったからだ。当初、控訴審判決後の集会はこの一二年間を一つの区切りとするための総括集会の予定であった。しかし、それは急遽抗議集会へと変わった。

福岡地方裁判所から天神方面に一五分ほど歩いたところに、教会がある。その二階の広い会場に三〇人ほどの支援者が集まってくれた。前には、原告団十数人が緊張した面持ちで対座する。長い闘いの過程で心身を壊し休職中の者がいるため、原告全員の参加はできなかったのだ。私は司会役を担当していたので、「減給処分取消」の判決が棄却されたショックよりも、この二時間の集会をどのように組み立て、沈んだ空気をどのように奮い立たせていけばよいのか考えをめぐらすのに忙しかった。

最初に、代表の竹森真紀が判決の要旨を説明した。彼女も今さっき判決文を受け取ったばかりなのに、そして中心になって準備書面を書いてきただけにショックは大きいはずであったが、冷静に分析し「不当判決」であることを自分の言葉で語った。会場に質問を求めたが声は出なかった。何局か報道機関が来ていたので、質問はないかと尋ねたが質問らしい質問は出なかった。そこで、私たちの裁判を以前から応援してくれている崔善愛さんから励ましの言葉をいただくことにした。彼女は、長い年月、父親である今は亡きチェ神父と共に指紋押捺裁判や再入国不許可取り消し訴訟などを闘ってきた。在日三世のピアニストであり、執筆活動も行っている。善愛さんは静かに語り始めた。

「私も裁判では勝ったことがないので、エールを送るということはできませんが……。自分の裁判のときもいつも思ってきました。裁判の始めに『良心に従って……』と宣誓をさせられるのですが、私は裁判長に問いたい。あなたも本当に自分の良心に従って判決を下しているのですかと」。

彼女の低いが澄んだ声は、会場にいる全ての者たちの心を揺さぶっていくのを感じた。裁判官の良心。私たちには思ってもみないことだった。私たち原告は、自分の良心に従って「君が代」を受け入れられず、不起立をして処分された。その良心の自由は憲法一九条（「思想および良心の自由は、これを侵してはならない」）によって保障されるべきものではないのかを問うために、私たちは裁判を起こしたのだった。裁判官の良心に関しては「すべて裁判官は、その良心に従ひ独立してその職権を行ひ、この憲法及び法律にのみ拘束される」（憲法七六条）とある。はたして丸山裁判長は「良心に従ひ独立して」判決を下したのか。第一審の亀川裁判長は、「君が代斉唱時の職務命令は校長裁量に委ねられており違憲とは言いがたいが、個人の生活権を脅かすような減給処分は行き過ぎであり取り消すべき」との判決を下した。これは亀川裁判長の良心であった。亀川裁判長は、小泉元首相の靖国神社参拝を違憲

不当判決に怒る原告たち

とする判決を下した人だ。彼はこの判決文を書くにあたって遺書をしたためていたと聞いた。ここに国家権力の恐ろしさがあると思う。それでも、裁判長としての良心に従って国家権力から独立して判決を出した亀川裁判長は稀有な存在なのかもしれない。新証拠も出ないまま、それどころか教育委員会の不利になるような事実が判明したにも関わらず、教育委員会側の主張を前面受け入れたような丸山判決に、裁判官の良心や独立性は感じられなかった。裁判長の良心。私たちはこの言葉に答えをもらったように感じた。この後の原告たちが今の心境を語る場面では、先程までの重苦しい雰囲気ではなく、みんな冷静に前向きにこれからの闘いへの意気込みを語ることができた。会場からも時間ぎりぎりまで意見が絶えることがなく、全面敗訴の抗議集会とは思えぬほどの明るさで集会を終えた。

司会を終えてほっと一息ついている私の前に一人の男性が近づいてきて言った。「西日本新聞の記者ですが、稲葉とし子さんですね。減給処分を取り消されてのお気持ちをお聞かせください」。この人は、私たちの裁判を最初から追い続けていると言い、他の報道関係は集会半ばで撮影や取材を終えて帰ったにも関わらず、私の声を聞くために最後まで待っていてくれたのだと言う。話は少し遡るが、集会が始まった頃一人の若い女性記者が「どういう点が不当なのですか?」と質問をした。竹森真紀が「生活権を脅かす減給処分取り消しの判決も翻された」と説明をした後だけに、会場の空気は深い疲労感に覆われた。彼女は二十代か三十代前半であろうか。戦争や差別の歴史認識もないのだろう。しかし、報道に携わるものがそれで正しい報道ができるのだろうか。それは教師にも同じことが言える。戦争に真っ先に利用されるのは報道機関と教育であることは、過去の戦争が教えている。義務的に取材に来たに過ぎない報道機関に対して失望していただけに、西日本新聞の記者の取材はうれしく、少し救われたような気持ちになった。

私たちの主張が必ずしも正しいとは言わない。しかし、間違っていないと、君が代斉唱時の不起立を介在させて国家権力に抗ってきた私たちは自信を持って言うことができる。丸山裁判長に聞きたい。「あなたは良心に従ってあの判決を出したのですか？」と。それを問いかけるために、私たちは今裁判所への坂を上る。坂を上り詰めると、裁判所や駐車場から仲間が集まってきた。先程上告の手続きを済ませてきたことを竹森真紀が全員に伝えた。今から、福岡高裁の門前で丸山裁判長への抗議行動を始める。集まった仲間の顔は、二〇日前とは打って変わって明るく輝いている。

「丸山裁判長！　聞いていますか！　私たちはあなたのまごころに訴えます！」

ここでもまた司会役の私は第一声を裁判所の窓に向けて投げつけた。門前には、監視するためであろう、裁判所の係員二人が配置されていた。次々と続く私たちの抗議の声に、裁判所の窓にはこちらを伺う影が並んでいる。「あなたがもし、良心に従わず国家権力に屈してあのような不当判決を下したのだとしたら、あなたは裁判官としての資質がありません。これからあなたによって生み出されるかもしれない冤罪者を作らないためにも、潔く辞めなさい！」。みんなそれぞれの思いをぶつけるように語った。原告団の心が一つになっていくのを感じた。二時間に渡る抗議行動の後、暮れなずむ裁判所下の路で抗議ビラを配る。相変わらず道行く人たちの反応は悪い。しかし帰路に着く裁判所の職員たちの多くがビラを取ってくれたことは嬉しく、抗議行動をやってよかったという満足感が私たちの間に広がった。控訴審に負けたことをいつまでも悔やんではいられない。新たな闘いが今ここから始まったのだ。

「上告理由書」を最高裁へ！——二〇〇九年三月一二日

私たちは、三月一二日に最高裁に対して「上告理由書」を提出した。以下、最高裁判所の裁判官たちが目にするであろう「上告理由書」の抜粋を掲載する。全文は、一〇〇頁を越える超大作。これまでの私たち自身の闘いと全国の多くのみなさんの闘いの叡智をつぎはぎさせていただきました。ありがとうございました。

はじめに——本件の本質と被上告人北九州市（以下、被上告人）の真のねらい

一九八五年文部省通知から二〇〇八年原判決に至る経緯を踏まえて

本裁判は現時点で既に一四年目である。本件の発端となった被上告人主張による一九八五年「公立小・中・高等学校における特別活動の実施状況に関する調査について（昭和六〇年八月二八日付文部省初等中等教育局長通知）」（以下、「一九八五年文部省通知」）（乙第一号証）を受けての被上告人による「卒業式・修了式における国旗掲揚と国歌斉唱の実施について（昭和六一年一二月二七日付指導第一課長通知）」（以下、被上告人「四点指導」通知）、いわゆる「四点指導」が通知されてから既に二五年目である。この全国でも異例の被上告人「四点指導」通知（子どもの「不起立」人数までも調査）

の徹底という上告人らの思想・良心の自由を弾圧し続けた違憲・違法行為は、単なる一過性の事件ではなく、二五年目を越えてなお現在まで何一つ変わらず継続している。

本件係争が異例に長期化した原因は、上告人の訴えに対して被上告人が沈黙と詭弁でしか応答してこなかったことにある。上告人らは粘り強い弁論によって本件処分の違憲・違法性を明らかにすべく努めてきたが、司法の場で未だにそれが果たせないのはなぜか。これまでの長い法廷係争において、本件処分の当事者である被上告人北九州市教育委員会教育長はじめ、本件職務命令をなしたとされる学校長すら誰一人として当事者として法廷に姿を現して、自らのなした「指導」「命令」「処分」の正当性を証言することはおろか、そのためにたった一言すらも法廷の場で発することはなかったが、この沈黙にこそ本件の本質がある。

被上告人は本件処分理由として「校長の職務命令違反」を挙げているが、その内実は、国家主義的イデオロギーの強制に抗って思想良心の自由を守ろうとした上告人に対する処罰＝弾圧に他ならない。本件が係争化して以来今日まで、校長が学校現場において職務命令をなしてまで「起立・斉唱」を求めるべき合理的・必要的根拠は一切明らかにされていない。被上告人は、「一九八五年文部省通知」という一片の紙切れに唯々諾々と従うのみならず自ら「四点指導」という異例の「指導」を徹底し、その過程において国家主義的イデオロギーが憲法に保障された思想良心の自由を侵害する可能性については何らの配慮もなさないどころか、かえってそれを強力に推し進めたのである。

さらに被上告人らは、上告人らの憲法理念に基づいた人権条項に依る主張に対しては何ら反駁できないままに、しかも処分手続きに関わる最低限の情報・文書の開示さえ拒み続けた上に、結果として手続きのあまりの杜撰さを自ら法廷で暴露しただけである。

第一においては、違憲性の強い「一九八五年文部省通知」に従った被上告人が、被上告人「四点指導」通知を徹底するために校長を「不当に支配」した結果として職務命令が出されたこと、および本件処分がその職務命令に対する違反を理由に出されたという被上告人による主張の虚偽性を、これまでの係争の経緯に即して明らかにする。その上で第二においては、いかに「一九八五年文部省通知」はじめ被上告人「四点指導」通知が違憲・違法なものであるのかについて、憲法はじめ戦後教育法や判例に基づいて改めて主張することで、本件がはらむ重大な人権上の問題を明らかにする。第三においては、上告人らが弁論を積み重ねた結果として出された一審判決が、原判決によって悉く覆されたことの不当性を、さらに、第四では、原判決が引用した最高裁判例である「ピアノ裁判」の違憲性を詳細に主張した上で、第五では、上告人らへの幾重にもわたる被侵害状況の上に原判決の皮相性を述べる。

国家権力が教育に介入するとき、国家はそれが「介入」であることにはどこまでも無自覚なのであり、そのような教育が一個人を内面から破壊してゆくことが、この国に生きる私たちの憲法及び教育基本法をはじめとした戦後教育法制の根底にある教訓ではなかったか。「憲法の番人」あるいは「人権の砦」と称される最高裁判所においてこそ、原判決による人権・憲法理念の軽視が、正当な判断によって然るべく回復されることを信じて、本上告理由書を記す。

第一　被上告人は、なぜ「校長の職務命令違反」の立証を果たせなかったのか

1　本件係争直後の被上告人の主張及び認識

2　被上告人「四点指導」通知に対する本件処分前の上告人らの認識

3　上告人らの一審弁論積み重ねと被上告人らの挙証責任放棄

終わりに――精神的自由という基本的人権の中核が破壊された社会

本件の本質は、「一九八五年文部省通知」を受けた被上告人による「四点指導」の異例性にある。仮に、これまで述べてきたような自由権を中核とする人権の侵害を導くこの異例な「四点指導」について、その都度「異例で許容すべからざること」として社会的に問題化されるような条件が存在したとすれば、本件もここまで長期化することはなかったであろう。

しかし実際には、そのような異例性は、人権侵害を是正する契機として認識されるどころか、かえって自由権を守ろうとする教職員の排除によって暴力的に「解決」されるがごとき事態こそ生じた。結果、二〇〇〇年を過ぎた段階で、東京都教育委員会によって、国旗の正面掲揚、国歌の起立・斉唱、国歌のピアノ伴奏などの被上告人「四点指導」とほぼ同内容である実施指針を徹底する「一〇・二三通達」（「入学式、卒業式等における国旗掲揚及び国歌斉唱の実施について（通達）」）が出され、その通達に基づいた校長の職務命令に違反したとして、昨春には不起立六回を数えられた教員が停職六か月の処分を受けるに至った。今や同教員は分限免職あるいは懲戒免職もあり得るかというおそるべき事態にまで至っている。一方、全国の処分のない地域について言えば、すでに国旗掲揚・国歌斉唱の徹底についての市教委ないし校長の方針に対する異議申立自身ができない、あるいはあえて意思表示しないことが常態化していると言える。

本件は、全国の教職員に対して、「日の丸・君が代」に異議申立をすれば懲戒の対象となるとの「見せしめ」的弾圧に他ならなかった。それでもこの都教委の「通知」については、東京地裁が明確な違憲判断をなし、大きな行政への歯止めとなっている。しかしながらこの地裁判決においてすら、あたかもすでに「国旗・国歌」が自然な形で「国民」に浸透してきたというがごとき根拠不明な前提が是認されている状況には、懸念を抱かざるをえない。

上告人らが縷々述べてきたように、強引に国家の意思を公教育に持ち込んだ本件は、国家による教育の不当な支配によって引き起こされた人権侵害であり、その「お先棒」を恥知らずにも担いできたのが被上告人「四点指導」通知であり、本件懲戒処分である。被上告人らは、二五年すなわち四半世紀にわたって上告人らの「ただ黙って座る」行為をことさらに取り上げて弾圧を重ねた。はたして、この「ただ黙って座る」行為が国家の秩序を破壊するような行為なのかと問いたい。

それ以上にこの長年にわたる「指導」が、公教育においてどれだけの子どもたちとその保護者、学校現場の教職員らの精神を破壊してきたかをこそ、問いたい。最低限の人権すら鈍感にも踏みにじっていく強者の論理と、それを見てぬふりして強者へと擦り寄っていく思考停止の社会の方が脅威ではないか。

二〇〇九年三月一〇日、本書面提出の二日前、被上告人市教委指導部との話し合いが持たれた際、「この二五年の教育効果はどのようにもたらされたのか」との上告人らの問いに、「今後も同様の指導を続ける」とのただひたすら思考を停止するかのように述べる被上告人らがいたことを申し添える。

■市教委への申し入れ行動

この上告理由書提出の二日前、二〇年来、市民の方々と共に行ってきた市教委への申し入れ行動を行った。ずっとかみ合わない「議論」のまま、処分は出され続けてきたし、今年もそうだった。どこまでも「思考停止」状態の市教委に、もう一度何かをぶつけ、揺さぶることができるのかを、私たちは止めることなく続けていくしかないと思う。最高裁からの「回答」を待ち続けるなかで！

2 最高裁判決という日（二〇一一年）

［二〇一一年］

1・28　予防訴訟東京高裁判決。一審判決を取消し、請求をいずれも却下。

5・30　君が代・再雇用拒否（申谷）裁判最高裁判決。再雇用拒否処分取消をもとめた上告棄却。

6・6　君が代・嘱託採用拒否（一三名）最高裁判決。損害賠償請求をもとめた上告棄却。

6・14　不起立処分取消等請求（八王子市等）最高裁判決。東京都人事委員会への取消請求却下、戒告処分取消等棄却。

6・21　不起立処分取消請求（広高教組）最高裁判決。戒告処分取消請求上告棄却。

7・7　都立板橋高校卒業式事件最高裁判決。卒業式会場におけるビラまき等が「威力業務妨害」であるとされたことが憲法違反であるとされたことを問う裁判。上告棄却。

7・14　ココロ裁判最高裁判決。

8・31　「君が代・不起立個人情報保護裁判」横浜地裁判決。不起立教員氏名収集情報の利用停止拒否決定の取消、損害賠償請求等について棄却。

［二〇一二年］

1・16　東京「君が代」裁判（第一次）最高裁判決。懲戒処分等取消請求について、戒告処分までは容認した上で、一部減給処分に関しては「裁量権の範囲を超える」として違法と判示。

1・16　根津・河原井裁判最高裁判決。二名の停職処分者に関して、「過去の処分歴に係る一連の非違行為」を勘案し、一方の処分を過重として取消し、他方の処分を容認した分断判決。
2・9　東京予防訴訟最高裁判決。上告棄却。

最高裁判決――ココロ裁判は、新たな戦後を求め、自らの日常を問う旅、まだまだ、まだまだ、とおくまでいくんだっちゅうの

――二〇一一年七月一四日

■期待のない判決と向き合う

高裁判決から二年半を経たココロ裁判の判決言い渡し期日の「通知」も、今年（二〇一一年）五月末からの「君が代処分合憲判決」ラッシュに連なるようにやってきた。しかも、大震災や原発事故後のどさくさに紛れて橋下大阪府知事がとんでもない「起立斉唱強制」条例を持ち出すといった状況において、二か月程の間に三つの小法廷から似たような判決が垂れ流されてきたのである。第一小法廷係属のココロ裁判についても、七月一四日午後三時、同時刻に東京の解雇裁判と二件まとめての「言い渡し」である。そして、その判決文はこれまでに出された判決をそのまま「引用する」というだけの三ページの紙切れであった。

平成二一年（行ツ）第一一一号

判決

当事者の表示　別紙当事者目録記載のとおり

上記当事者間の福岡高等裁判所平成一七年（行コ）第一三号戒告処分取消等請求事件について、同裁判所が平成二〇年一二月一五日に言い渡した判決に対し、上告人らから上告があった。よって、当裁判所は、次のとおり判決する。

主文

上告人北九州がっこうユニオン・ういの上告を却下する。
その余の上告人らの上告を棄却する。
上告費用は上告人らの負担とする。

理由

第一　上告人ら（上告人北九州がっこうユニオン・ういを除く。）の上告について
1　上告人ら（上告人北九州がっこうユニオン・ういを除く。）の上告理由のうち職務命令の憲法一九条違反をいう部分について
原審の適法に確定した事実関係の下において、本件職務命令が憲法一九条に違反するものでないことは、当裁判所大法廷判決（最高裁昭和二八年（オ）第一二四一号同三一年七月四日大法廷判決・民集一〇巻七号七八五頁、最高裁昭和四四年（あ）第一五〇一号同四九年一一月六日大法廷判決・刑集二八巻九号三九三頁、最高裁昭和四三年（あ）第一六一四号同五一年五月二一日大法

廷判決・刑集三〇巻五号六一五頁、最高裁昭和四四年（あ）第一二七五号同五一年五月二一日大法廷判決・刑集三〇巻五号一一七八頁）の趣旨に徴して明らかというべきである（最高裁平成二二年（オ）第九五一号同二三年六月六日第一小法廷判決・裁判所時報一五三三号三頁、最高裁平成二二年（行ツ）第五四号同二三年五月三〇日第二小法廷判決・裁判所時報一五三二号二頁、最高裁平成二二年（行ツ）第三一四号同二三年六月一四日第三小法廷判決・裁判所時報一五三三号一四頁、最高裁平成二二年（行ツ）第三七二号同二三年六月二一日第三小法廷判決・裁判所時報一五三四号登載予定参照）。所論の点に関する原審の判断は、是認することができる。論旨は採用することができない。

2　その余の上告理由について

論旨は、違憲をいうが、その実質は事実誤認又は単なる法令違反をいうものであって、民訴法三一二条一項及び二項に規定する事由のいずれにも該当しない。

第二　上告人北九州がっこうユニオン・うぃの上告理由について

上告人北九州がっこうユニオン・うぃは上告理由を記載した書面を提出しないから、同上告人の上告は、不適法として却下することとする。

よって、裁判官宮川光治の反対意見があるほか、裁判官全員一致の意見で、主文のとおり判決する。

なお、裁判官金築誠志の補足意見がある。

裁判官金築誠志の補足意見は、次のとおりである。

本件職務命令が憲法一九条に違反しないとする多数意見に賛成する立場からこれに付加する私の意

見は、多数意見の引用する最高裁平成二三年六月六日第一小法廷判決において私の補足意見として述べたとおりである。

裁判官宮川光治の反対意見は、次のとおりである。

私は、上告理由のうち職務命令の憲法一九条違反をいう部分については理由があるので、原判決を破棄して原審に差し戻すべきであると考える。その理由は、多数意見の引用する最高裁平成二三年六月六日第一小法廷判決における私の反対意見の中で述べたところと同旨である。

最高裁判所第一小法廷
裁判長裁判官　白木　勇
裁判官　宮川光治
裁判官　櫻井龍子
裁判官　金築誠志
裁判官　横田尤孝

一方で、多数意見よりも少数意見である反対意見や補足意見に力点が置かれているのも事実である。「通知」を手にした瞬間は釈然とせず、怒りともつかない「期待のない判決」にどう向き合えばいいのか思考停止したのも事実だ。

果たして最高裁へ行くべきなのか、という自問をするしかなかった私の背中を押してくれたのは、一審で陳述書を書き、二審では法廷で意見を述べてくれた崔善愛さんの「ぜひ、生で受け止めて欲しい」の一声であった。「(最高裁というところは)……いきつくところまできた、そして誰も現状を救ってはくれない、そんな絶望の中に徹底的におとしいれられますが、だからこそ、生命力がわく場所かもしれない」と。

行くしかないと決めてからは、一気に当日スケジュールへ向けて動き始めた。学期末の多忙や退職を余儀なくされた原告の多い中、結果、原告三名が行くことになった。

■最高裁からの「紙切れ」をものともせず

当日、最高裁前は東京解雇裁判〔定年退職後の都立高教職員一〇名が、不起立を理由にした再雇用取消を不当として訴えた〕と重なったおかげで一〇〇人を越える人たちが傍聴抽選に並び、見慣れた顔もぞろりと揃い、暑く、熱気に溢れていた。答えの分かった判決を聞きに行くことは屈辱的なはずだが、全くそうではなく何とも心強く、思い悩むことなどなかった。物々しいほどの警備員に連れられるようにして要塞のような最高裁法廷への入廷であったが、私たちはいつものように裁判官入廷に際しても座ったままで、そしてだれにも何も咎められもしなかった。

■裁判を一つの区切りとして

公教育に携わる私たち教職員は、子どもの前では「加害者」であり続ける。そのことは、この国の戦争戦後責任としての加害者性を伝えていくことを重ね合わせざるを得ない。文部省―教育委員会―校長からの「お達し」を「正しい」こととして、教員として子どもたちへ伝えることの加害者性を、国家を問うこととして伝えねばならない。だからこその「君が代」斉唱時の着席である。しかしながら、職務命令を拒否し、処分された瞬間、「なぜ自分が処分されなければならないのか」という思いが、一個人にとっては「被害者」意識に転化しかねない。ココロ裁判は、その加害性と被害性の狭間で揺れ続けてきた言葉を発することのできる場を生みだし、そこから自分自身に問い言葉を発し続けることで、確信を持てるようになったとも言える。そして、判決にいう「それぞれの世界観・歴史観・教育上の信念」を培うことができたとすれば、ここまで裁判をやってきてよかったのだと思う。

私たちが裁判に踏み切ったのは、「勝ち」を求めたのではなく、このままでは北九州市教委による「君が代」弾圧そのものさえなかったことになるという想いからであった。ココロ裁判は、新たな戦後を生み出す営みであり、月並みなようだが、日常の生活、現場、人との関わりにおいて、自らを問いつつ日々積み重ねるという最も困難な営みへの挑戦だった。しかしそれを追求してきたからこそ、ココロ裁判は一五年継続しえた。一五年の旅は、自分たちがどのような時代にどう生きてきたかを歴史に残す作業であったし、これから改めてその歴史を刻み伝えていかねばならない。思想・良心の自由＝精神的自由は、個人が自分自身を問い考えるところから始まり、絶望したところから

ココロニュース№52
2011年8月25日

学校現場に内心の自由を求め、「君が代」強制を憲法に問う裁判
北九州「君が代」訴訟＝ココロ裁判をすすめる会

まだまだ遠くまでいくんだっちゅうの

「日の丸・君が代をはねかえす会」結成以来、二十三年間にもおよぶ北九州での日の丸・君が代強制反対の闘いが、こんな取るに足らぬ判決で終結するわけがない。

見よ、われら原告団の心意気を。我らはかように豊かで、ナイーブで、雑多で、たくましいのだ。

十八名の原告の思いを緊急特集した。

勝負はまだまだこれからだ。

発された言葉こそが、人を動かし、そして最高裁をも揺るがしたのだろう。

一五年の歩みが最高裁を揺さぶり実質的な大法廷判決を獲得した
——七・一四　ココロ裁判最高裁判決への声明

学校現場に内心の自由を求め君が代強制を憲法に問う裁判＝「ココロ裁判」が福岡地裁に提訴して一五年目、それは三・一一東北大震災そしてフクシマ原発事故から四か月後の夏であった。その二〇一一年七月一四日、最高裁第一小法廷裁判長白木勇以下裁判官は、高裁判決を追認する「君が代起立斉唱合憲」判決をなした。予想された「棄却」の文字は、最高裁法廷で向き合った原告らのココロを、一分たりとも揺さぶるものではなかった。ココロ裁判は、一九九六年提訴時「この裁判は『君が代』強制を憲法に問う裁判である一方、三権の一角にありながら行政権力におもねる司法に対する問い詰めでもある」と謳い、最高裁に幻想を抱かないところからスタートしたのだから……。

最高裁は、ここ二か月ほどで立て続けに何件もの「君が代」起立斉唱合憲判決をなしており、同日同時刻に二件の判決を言い渡し、同じ小法廷判決は、前判決を引用するとの三ページにも満たないものであった。そして、多数意見は、「起立斉唱命令が個人の思想・良心の自由について間接的な制約となる」としながらも、公務員の公共性（慣例上の儀礼的所作や厳粛で清心な雰囲気）などに照らし「制約を許す必要性、合理性はある」とする司法判断とはほど遠い矛盾に満ちたものであった。ところが、この一連の最高裁判決には、第一小法廷のみならず第二、第三小法廷ともに補足意見や反対意見が付され、最高裁判官一四名中二名が反対意見、七名が補足意見を述べている。これは、実質的には大法廷一四名の裁判官で判断したとしても言い過ぎではなく、最高裁の判断は大きく二分されたのである。この判決状況の異例さは、果たして何を意味するのか。

第一小法廷宮川光治裁判官は、「起立斉唱する行為は教員らの歴史観で譲れない一線を越える行動で、思想・良心の核心を動揺させる」とし、「上告人らの起立斉唱しない行為は、上告人らの思想良心の核心の表出であるか、これに密接に関連しているとし、職務命令の合憲性の判断に関しては、『厳格な基準』によって審査すべきで、原判決を破棄・差し戻しするべきである」と明確に述べた。

補足意見を述べた七人の多くが、命令に従わない教員の処分などに慎重さを求めている。「思想・良心の自由」が憲法上、厳しく守られる基本的人権である上、起立を強いる行政と反発する教員との対立が子どもに悪影響を与えるのを憂慮したからだ。須藤正彦判事は、「教育は、強制でなく自由闊達に行われるのが望ましい。強制や不利益処分は可能な限り謙抑的であるべきだ」とし、教育行政に「寛容の精神」での工夫、配慮を求め、金築誠志判事は、教育環境が悪化し、生徒らに影響を及ぼす恐れを念頭に「すべての教育関係者の慎重、賢明な配慮が必要だ」との意見を述べている。このような多数意見よりも丁寧なこれらの反対、補足意見を、これだけ引き出したことは見逃してはならない。

この異例な判決状況において最高裁という硬直した場所から見えたものは、ココロ裁判が示した一人一人の良心に基づく闘いの事実に、向き合うことのできなかった裁判官たちのわずかな「良心」である。国家権力を笠に着ただけのような裁判官のココロが揺れたのだ。ココロ裁判の一五年にわたる闘いが、最高裁を揺さぶったのだ。真正面から「事実」と向き合えば、「民主憲法＝思想良心の自由」と「君が代＝天皇」に引き裂かれるしかない法の番人たちが、この二つの間で揺れたのだ。幾度となく国家＝行政と言う名の権力に裏切られ、詐られ、無視され、落胆しながらも、その落胆と向き合い続けてきたココロ裁判の小さな歩み＝歴史が最高裁を揺さぶったのだと確信する。

最高裁判決を受け、北九州市教育委員会柏木修教育長は「市の主張が認められた、妥当な判決。今後とも国旗・国歌に敬意を払い、卒業・入学式典が円滑に進められるよう努めていく（毎日新聞）」とコメントした。教育長よ、最高裁判決は「国旗・国歌に敬意を払うこと」を是認しておらず「敬意を払うこと」への警鐘を鳴らしていることを受け止め、この四半世紀にわたる子どもたち、その親たち、そして教職員らへの違憲行為を反省せよ。私たちは、最高裁を揺るがした一五年の係争と、そこに至るまでの数々の「落胆」を乗り越え、二六年目の「四点指導」の撤回をもとめて、また、市教委へ赴くだろう。

ココロ裁判はこの最高裁判決という節目を越えて、自分自身の「戦後（民主主義、民主憲法）」を求め続ける、それはもっと遠くへと歩み続ける以外にない。

最高裁判決集会——ココロ裁判は何を闘ってきたのか——二〇一一年七月一四日

判決後、「ココロ裁判は何を闘ってきたのか」と称した集会が、北村小夜さん（元教員、元軍国少女）、桜井大子さん（反天皇制運動連絡会）、京極紀子さん（「日の丸・君が代」の法制化と強制に反対する神奈川の会）、崔善愛さん（ピアニスト）という女性四人の呼びかけで開催された。その場には、遠くから傍聴に駆けつけてくれた多くの親愛なる仲間が集ってくれることとなった。このような場が持たれたこと、そのことにココロ裁判の宝がぎっしり詰まっている。このような方々を前にして、最高裁へ赴いた三人の原告は、ただただ感謝の気持ちでその時点での精一杯の思いを語った。

最高裁判決後集会で報告する原告・竹森

藤堂均さんは、長い裁判闘争の途中で自分がどこへ行くか分からなかったとき、提訴時に自分が記した趣意書を読み返しながらてやってきた。最高裁については、ココロ裁判独自の中身をすっ飛ばし覆い隠した判決で、「嘘を百ぺん言えば本当になる」というようにでたらめを続けている最高裁でしかなかったと語った。

牟田口カオルさんは、三二年の教員生活の後半は裁判、その前の半分は一人で着席するといった意思表示をしてきたが、裁判が始まって大きな船に乗り込んだようで気持ちが軽くなった、しかし、北九州市の状況は全国化してしまい、思想良心の自由が益々遠くへ行ってしまっている、だからこそ私たちももっとこれからも歩み続けなければと思うと語った。

私（竹森）は、一五年の歩みで少しは見えてきたことを、「戦後民主主義の限界と希れな望み——『加害』と『被害』の狭間で……揺れるココロと言葉を紡ぎながら」と題して話すことで、そこに集ってくださった同志と共有したいと思った。なぜココロ裁判はここまで来れたのか。第一には、日教組という既成組合から脱して独立組合を結成し全学労組という自立した労働運動の仲間と出会ったこと、そして、同じように地域でも地域ユニオンや反戦反差別を闘う人たちと出会い、繋がり、直接的な行動を起こした当時のエネルギーがここまで歩ませたことだ。そして、一人一人が学校現場にこだわって目の前の校長らと向き合い、自分の言葉で「なぜ座るのか」を語っていくことができたことだ。その言葉を、私が書面化していくことがココロ裁判だったし、一人一人が法廷でそれを言葉にすることもできた。

ノンフィクションライターの田中伸尚さんは、本人訴訟というスタイルこそ、悩んで苦しんで「座る」という人としての生き方それぞれの思想良心を獲得するために、自分の言葉で語る手法であったと的確に表現されたが、その通りだろう。また、当然のことながらココロ裁判は、一人でやってきたわけではない。そもその発端は京都「君が代訴訟」があってのことであり、多くの先達に依ってきた。また、不義理ばかりでこの場を借りて御礼と感謝を述べるしかないが、亡くなられた岡村達雄さんはじめ多くの学者の方々にも共に歩んでいただいたことは、貴重な財産であり今後へと繋げていきたい。

長い間のご支援、ココロより感謝いたします。そしてまた、一区切りを終え大きな船を下りてもなお、みなさまと共に、足跡を残しながら一歩ずつ歩んでいこうと思います。

■最高裁判決集会　ココロ裁判は何を闘ってきたのか――新たな「戦後」を追い求めて　呼びかけ文

一九八六年、はじめて、中曽根元首相が靖国神社を公式参拝した年、
日本は、大きく戦後のかじをきった。
この年、北九州教育委員会は、「こころをこめて（君が代を）うたうこと」などの四点指導を始めた。
「国歌斉唱」と同時に着席する小六の少女、
全身を震わせ「立て！」と叫ぶ校長や教頭、
ここに、ふたつのココロがあった。

「こころをこめてうたう」?
自分のココロに聞いた、
ココロは答えた。この曲は、うたえない。
数知れないひとびとの命を奪った曲なのだから。
うたえない、ことにこそ、ココロは宿っているのだ。
こころを問い、自らの言葉を探し、法廷に響かせ、
新たな「戦後」を開こう、と求めた一八人の原告……。
いま、何を想っているだろう。
日本で初めて、君が代不起立処分者が出た北九州。
あれから二五年。
地裁一部勝訴、高裁で敗訴。
そして提訴から一五年目、福岡から最高裁へ、
「ココロ裁判」はこれからも最高裁の向こう岸をみつめている。

呼びかけ人:北村小夜、京極紀子、桜井大子、チェソンエ(年齢順)

最高裁まで共に歩んでくれた崔善愛さん

■「ココロ裁判は何を闘ってきたのか」——田中伸尚さんのお話

竹森さん、牟田口カオルさん、藤堂均さん、どうもご苦労さまでした。一五年、処分元年から数えれ

ば二四年ですよね。それから、来られる予定でした永井悦子さん、昨日お父さんが亡くなられて残念ながら判決を法廷で聞くことができませんでした。彼女は途中から、一審の真ん中くらいから裁判に参加されたのですが、その時にお父さんが、「最高裁までやったらええよ」という言い方をされていたそうです。最高裁の結論、客観的に見ればどういう結論が出るのか見えていたにせよ、化け物のような最高裁、日本のある種の象徴であるところに行って肌でそれを感じると言うこともできたわけですが、残念だったなという気がします。私も靖国訴訟で何度か入りましたが、一度くらいは機会があればのぞいてもいいのではと思います。

私は「日の丸・君が代」のことについてあまり書いてはいないですけれども、ということはあまり取材もしていないのですが、ココロ裁判だけはなぜか書き過ぎるくらい書いているんです。雑誌の『世界』だとか『金曜日』、また本だけでも言及しているのが五冊くらいあるんじゃないかと思います。個人としても牟田口さん、永井さん、それから安岡正彦さんについて、個人史とか物語とかを書かせていただきました。そのせいでしょうか、いろんな方に「なんでココロ裁判ばかり書くの？　ココロ裁判ってそんなに魅力的？」とか言われました。自分でもあまり意識してなかったのですが確かにそうです。ココロ裁判に私は、どうも惚れていたんじゃないかと思うんです。それをつらつら考えてみると、いろんな意味があります。

何よりまず、人です。どういう人たちがココロ裁判に関わっているのかということは重要な要素になります。竹森さんという方は、中心的な人ですが、竹森さんを主人公にして一度も書いたことがありません。竹森さんを書くのは難しいんです。何度か試みたのですが、うまくいかないんです。彼女が、活動をやめたら書けるのかという気がしないでもないのですが、彼女が活動をやめることはあり得ないでしょう。

私はココロ裁判を担っていたほぼ全員にお話を聞いていますが、竹森さんを除けばみんな、闘士という人はそうはいないと思います。むしろすごく悩んで苦しんでいます。程度の差はあれ、悩みながらどうしても「日の丸・君が代」には、耐えられない、最後のところでは不服従を貫く。そういう人たち、そこに人の生き方としての魅力というものを感じました。

ココロ裁判に惚れていたことの一つは、訴訟の中身自体が大変に魅力的だったということです。私は一九七〇年代後半から、山口の自衛官合祀拒否訴訟にずっと寄り添うというか関わってきました。今も細々とですが、関わっています。この訴訟は、個人の自由と国家との関係、信教の自由を国家が侵害してくる、それに個人がどのようにして自由を確保していくのか、これがテーマでした。原告は高裁までは勝つのですが、一九八八年最高裁で逆転で負けてしまいます。その事件にずっと関わって、私の中に国家と個人の自由というテーマが出来上がっていきます。ココロ裁判の訴訟の核心になった思想・良心の自由の問題は、信教の自由と同じで、精神的自由の領域の問題です。この領域は、日本は非常に遅れている。その遅れている領域の中でも、とりわけ天皇観、天皇への意識に関わる個人の自由を獲得することは至難の業です。それは、自衛官合祀拒否訴訟でも痛切に味わいましたが、天皇への意識あるいは天皇観の問題でも、その自由の獲得に真っ向から挑戦していたのがココロ裁判の内容だと出会ったときに直感的に感じました。それは決して間違いではなかったと、今、改めて思います。こういう訴訟をやる人がこの国にいるんだということに大変驚き、感銘もしました。自衛官合祀拒否訴訟は、自分の連れ合いが神様にされるのは嫌だというのに合祀され、その救済を求めた事件ですが、ココロ裁判はもっと積極的に闘いを挑んでいるように私には見えました。ですから、こういう人たちがやっている訴訟にはどうしても関わりたいと思いました。それから訴訟の中でも、教職員の精神的自由が侵害されているだけではなく、子どもたちも同じように自由が侵害されるということにココロ裁判の人たちは気づきはじめ、それをきっちり言うようになりました。これも先駆的なことでした。

ココロ裁判に惚れた理由はまだあります。先ほど本人訴訟の話がありましたが、精神的自由の領域の問題、個人の思想というのは、個人個人、人それぞれによって違うわけです。そのような訴訟は、プロである弁護士に頼むのが最も効率的でしょうが、個人の思想良心の自由を獲得していくには、自分の言葉で語って、できれば裁判官を説得していくという本人訴訟というのが、自分たちに合った手法だったのだと思います。その考え方は、十分に私を惹きつけるものでした。本人訴訟というのはいくつもありますが、ココロ裁判がモデルにした京都の君が代訴訟は本人訴訟ではありませんでした。しかし君が代訴訟がお手本にしたモデルにした箕面忠魂碑訴訟は、一審では本人訴訟で、神坂哲さんという人がすべての準備書面を書き、三連勝します。でも控訴審から弁護士をつけたら負けてしまった。むろんそれは結果的にということですが。ココロ裁判のように最初から最後まで本人訴訟でやり抜くというのは本当に大変なことだと思います。この一点だけでもココロ裁判は、精神的自由を獲得するという訴訟を実に見事にやられたと思います。法廷でほぼ全員が陳述するという、これもなかなかある光景ではないのですが、それを獲得したのも、本人訴訟の成果です。私はその全部を傍聴できませんでしたが、これも鮮やかだったと思います。裁判所との力関係などを考えても、スゴイことでした。竹森さんだけでなく、原告になった一七人の力です。

もう一つは、この訴訟には「のりしろ」という遊びの部分というのがあるんです。つまり、糸を引っ張ったままの状態ではなくて、どこかにゆとりというもの、遊びが巧みに用意されている。それを象徴するのが、この長ったらしい裁判の名前——「学校現場に内心の自由を求め、君が代強制を憲法に問う裁判」をまともに言える人は言えないと思いますが——に自らココロ裁判というネーミングを与えたことです。まさに「心」という問題の核心部分を、漢字で書かないでカタカナで表記するというのも遊びの現われだと思います。ココロ裁判がすっかり定着しました。

さきほど本の紹介がありましたが、「とおくまで いくんだっちゅうの」〔陳述集のタイトル〕も、最初に接したときは、何だろうという感じがしたんです。どこまで行くの？ 宇宙の果てまで行くの？ という、思想・良心の自由を獲得するには時間とエネルギーがいるものだということに行き着いた表現なのでしょう。そこにもココロ裁判の原告の「のりしろ」を感じました。そういうゆとりがあるからこそ、このココロ裁判の原告団には、壁とか塀とかハードルとかが極めて低い。ふつう、途中から裁判に入るというのは大変なんですが、永井悦子さんのケースで言うと、竹森さんに「あんた入らんね？」と言われて、すっと入っていくというそういうハードルの低さというのがあったというのも、「のりしろ」の部分だと思います。

それでも、さきほど竹森さんの方から紹介ありましたが、長い病気をしてその果てに退職せざるをえないとか諸々の事情で退職をされた人たちがいたのを、私も前から聞いておりました。それはすべてが病気が理由とは限りませんが、一年のうちに「日の丸・君が代」を何回か強制される問題に、その人が正対をしなければならないというのは、個人としてみれば大変辛いことだと思います。大変エネルギーがいるしストレスもたまる。まして職場に一人しかいない、そして家庭のなかでもそういうことを抱えなければならないということになると、エネルギーだけでなくいろんなところで人間関係の中で、ぎしぎし確執をもたらすわけです。一年で何回も耐えていかなければならない。そのことを思うと私は、本当に胸塞がれる思いがします。これがまさに精神的自由を抑圧する、弾圧するということの一つの実相であって、怖さです。

裁判に関連していえば、裁判官はこういう一人ひとりの個人が国家権力の出先である教育委員会、あるいは校長だとかと向き合っていかなければならない、そして精神をすり減らしていくというところに想像力の射程を伸ばさなくてはならない。そういうことを言うのは無い物ねだりと言われても、裁判に幻想を抱かなくても、それを司法に求めなければならない。裁判をするということは、そんな意味がある。けれども、その自由を獲得するというのは、今の裁判では難しいというのも紛れもない事実でしょう。

これまで立て続けに出ている最高裁判決はざっと見ても、基本的には多数者の視点から考えています。思想・良心の自由の問題は、多数者の問題ではなくて、少数者の問題です。そこが考える出発点、立脚点になるはずです。ところが法廷意見（多数意見）は、全く立ち居地がちがうわけです。裁判官は意図的に外しているのか、気づかないのか判然とはしませんが、多数者の視点から問題を解決しようとしている。この一連の最高裁の判決について、奥平康弘さんが先月の終わりくらいに朝日新聞にエッセイふうの小論を書いていますが、そこでは興味深い論点を提示されています。今回の最高裁判決は、かたまってばーっと出たのも異常というか異例ではあるのですが、補足意見がたくさん出ているのもあまり例がない。しかもその補足意見が、やたら長い。法廷多数意見の二倍以上です。これは、多数意見では漏れるところがいっぱいあるから文字通り補足しているのですが、その補足意見の多さと内容に奥平さんが注目して、これは裁判官がある意味ではこういう問題を司法が尻拭いするのは、もういい加減にしてほしいと悲鳴を上げているのではないかと評しています。補足意見の多さは悲鳴の表れであり、奥平さんはそこからこうも言っています。司法の独立というのは日本ではなされていない、これまで行政追随の判決がたくさん出てきているのですが、司法の独立をも告げるシグナルではないかと。しかしこの悲鳴は、実は裁判官の悲鳴というより、私には現場からの悲鳴のように聴こえます。だからこんなにたくさん裁判所に持ち込まれているのです。ところがこんなに持ち込まれたら困る、教育の現場で解決すべきだと。また、行政が悪いから慎重にしろという意見を書いている裁判官もいますが、司法は少数者の人権に、あるいは悲鳴に、想像力の射程を伸ばす、あるいは遠くからでも耳を欹てれば、違った判断も出たはずです。また違憲判決を出せば、裁判官は悲鳴を上げなくて済むでしょう。

自衛官合祀拒否訴訟の最高裁大法廷判決は、一四対一でした。あれから二三年、日本の精神的自由の領域の問題はあまり進んでいない、変わっていません。そう言うと絶望的になるのですが……。

それはともかくとして、最高裁がなぜ違憲判決を出さないのかというほうがむしろ問題です。一つは、問題は「君が代」という天皇の時代が未来永劫に続くことを願うこの歌の性格にあるんじゃないかと思います。この部分を裁判官は超えられない、というか避けている。だから多くの裁判官は、歴史認識を語ろうとしない。「君が代」が国歌になっているということが、裁判官の思考をというものを停止させ、足を縛っているのではないか。これが最大の壁です。

もう一つは、私がここ一〇数年ずっと関わってきた文脈で言えば、今年は、「大逆事件」の判決から一〇〇年で、この事件の持つ性格と「日の丸・君が代」裁判は無縁でないように思うのです。「大逆事件」で裁判にかけられた被害者は二六人で二四人に死刑判決、一二人が処刑されたという凄まじい事件ですが、この事件には二つ性格があります。一つは国家の計画的冤罪、思想殺しの大事件であった。思想殺しというのは、無政府共産主義とか社会主義というものが、近代天皇制国家を作っていくときに邪魔になる危険な思想である、これはなんとしてでも押さえつけねばならない、そういうのが国家を支えている支配層の中にあって、そして「ウソの物語」を作り、肉体的に、また精神の自由、市民的自由をも殺してしまった。「日の丸・君が代」強制も、思想・良心、あるいは信教の自由を抹殺し続ける大事件です。「大逆事件」で司法はどうしたか。司法の独立を捨てて、徹底的に国家の側に与し、一体となって抹殺に荷担してしまった。事件は一九一〇〜一一年ですが、それはその後の治安維持法体制から戦中の思想弾圧に結びついていきます。なのに戦後の司法は、「思想殺し」への荷担も全く反省せず、問題とさえしない、まさに地続きのまま今日まで来ている、これが「君が代」の持っている天皇の問題と絡み合って裁判官たちを縛り付けている。

それから最高裁の判決の補足意見の中では、職務命令や処分は合憲だとしても、それだけでは問題は解決しないと言っている裁判官もいます。これは案外、搦め手から強制はなじまないと言っているとも読めます。ですから、大阪の橋下徹が六月に作った君が代義務条例は、強制を一段と強めて、これから大阪の現場は過酷さがどんどん増大していくだろうと予測され、思想・良心、信教の自由の獲得はどんどんしんどくなっていくでしょうが、そのような弾圧法では限界があるということです。もちろんそれには、何と言っても抗う人がいなければならないのですが。

ココロ裁判では竹森さんらは、最初から裁判なんかに全然幻想もっていないが、私たちの受けている弾圧、それに対する抵抗を、きちんと、大きく言えば歴史に残したい、歴史に留めておきたいという希望、願いを抱いていた、それが裁判に撃って出た大きな理由だと言っていた。それは、最高裁判決が敗訴したとしても、きっちり刻まれてきたと私は思う。もともと思想・良心の自由、信教の自由を獲得するというのは、ある意味では「見果てぬ夢」のような性格があると思います。その時代その時代に生きいている人たちが、終わり無き旅をするような闘いを続けなきゃなかなか獲得できない、それは洋の東西を問わずそうなんですね。信教の自由を支える政教分離原則を確立させるための闘いは、四〇年以上続いています。それでも十分に獲得できていません。ことに天皇の戦争の死者たちを祀る靖国神社の問題に関係した信教の自由では、気が遠くなるほど壁が厚い。ですからその時代時代に、終わりなき旅を続けていかざるを得ないのです。

ココロ裁判には、ご存知のように陳述集が二つ出ています。最初は先ほど触れた「とおくまで　いくんだっちゅうの」です。その次が、「まだまだとおくまで　いくんだっちゅうの」。裁判が一応終わったので、今後どうなるか分かりませんが、次の代の人たちが、「まだまだまだまだまだ遠くまで　いくんだっちゅうの」を、書いていく時が来るかも知れない。代が変わっても、ココロ裁判の人びとのようにやり続けなくてはならないのだろうと思っています。沈黙は最大の敵ですから。

あらためて一五年の闘いをやってこられたココロ裁判の方たちに、私からも御礼を言いたい。その労をねぎらいたいと思います。ごくろうさまでした。また、今日の緊急の集会のお膳立てをしてくださった皆さん、大変ありがとうございました。

ココロニュース
開廷前「起立」やめます
正当性は我にあり！初公判審戦記
やったね！初公判！
2月5日（水）午後3時半～4時
福岡地裁301号法廷
学校現場に内心の自由を求め、「君が代」強制を憲法に問う裁判
北九州「君が代」訴訟＝ココロ裁判をすすめる会
富山県立近代美術館
「天皇コラージュ」裁判
まだまだあるぞ！
No. 9 発行1999. 11. 7
No. 8 発行1998. 7. 20
市教委の処分行政
No. 7
日本人をやめれ
No. 15 発行2000. 4. 7
No. 14 発行1999. 12. 25
マスコミ総動員法ができたの？
御懐妊！！
巨大画面に「万歳」
生徒は着席、無言
No. 13 発行1999. 10. 8
「尊敬せぬ人、国籍返せ」
No. 12 発行1999. 7. 21
No. 17 発行2000. 9. 8

あとがきにかえて

一九八九年夏のことだった。日々胸に退職届を抱えながら勤めていた最後の学校で、子どもたちの「指導」に迷う私に言った教頭の言葉を今でも覚えている。

「子どもたちを自分（の「指導」）に合わせることです」。

私の中で無理矢理入れていたスイッチが切れ、すっきりと辞表を出すことができた。「支配」されることはもちろん、もっとできないことは人を「支配」することであるし、他者と出会い生きるとは、決して「支配」し、される関係であってはならないだろう。その後は、教員を辞めたことのツケを戻さねば、自分にツケを残して生きてはならないという思いで生きてきたが、まさか最高裁と向き合うことになるとは思いも及ばなかった。

あれから二〇年以上が過ぎ、「君が代」処分取消を求めた裁判（その多くは東京都教委を被告としたもの）が数々起こされ、今年一月一六日には高裁への差し戻しと「処分取消」を言い渡す判決さえなされた。だが、減給や停職は重すぎるとしながらも、同様の「不起立」処分であるに根津公子さんの停職処分については、過去の「日の丸」引き下ろしなどの行為を理由に取り消さなかった。根津さんをスケープゴートとして最高裁自身は安全なところへ逃げたのだ。現場を去った私などとは違って、根津さんは定年退職まで現場にこだわり、免職をかけてもなお「不起立」を続けた、それだけのことだ。根津さんを「異物」として追いやり、この判決を許容すれば、私たち自身が「支配」する側に追いやられていくことを胸に刻まねばならない。

読んでいただけば分かるが、ココロ裁判が歩き進めてきた道（＝運動）とは、「判決」という権力の言葉に回収されることのない他者との関わりのなかで生み出される言葉そのものであり、自分自身の生き方への責任の取り方を標すものであった。そのように選び歩んできた道は、それほど平たんではなかったが潤いのある道のりだった。この本が厳ついだけの「闘争記」ではなく、生きた人の顔が浮かび上がって見えるものであればと願う。当然ながら本作りもまた「素人」でしかない私たちが、一冊の本として歴史に残すことができたのも、生きた人との出会いによるものだし、最低限の責任を果たすことになればと願う。

ここに掲載することのできなかった裁判にまつわる書面は、準備書面だけでも五〇は超え、その中には、最終準備書面、控訴理由書、上告理由書といった膨大なものも含まれる。さらには、証拠申出書、文書提出命令申立書、補助参加申立書、ひいては膨大な証人調書や原告の本人尋問調書もある。それに加えて、ここではお名前を上げることも控えさせて頂くが、学者鑑定書や証言調書、そして全国学校労働者組合連絡会をはじめとした同志による貴重な陳述書などなど、量のみならず、お一人お一人の膨大なエネルギーを費やしたものして蓄積されている。

本来なら、こういった文書こそ多くの人の目に触れて欲しいものであるので、できればこの本をとっかかりにしてこれらの書面に関心を抱いていただけたらこんなうれしいことはない。ぜひ、ホームページ（「素敵に不適格格 http://ww2.tiki.ne.jp/~ui-maki/index.html）などを参照していただきたい。

最後に、高裁判決が出たときから「本にしないか」と声かけをしてくださり、なかなか重い腰を上げきれなかった私でしたが、一気に作業を進めてくれた社会評論社の新孝一さんがいなければ本書はありえませんでした。心から感謝します。

原告北九州がっこうユニオン・うい代表　竹森真紀

「君が代」にココロはわたさない
学校現場に内心の自由を求め、
「君が代」強制を憲法に問う裁判のあゆみ

2012年2月28日　初版第1刷発行
編　者＊北九州ココロ裁判原告団
装　幀＊後藤トシノブ
発行人＊松田健二
発行所＊株式会社社会評論社
東京都文京区本郷2-3-10
tel.03-3814-3861/fax.03-3818-2808
http://www.shahyo.com/
印刷・製本＊倉敷印刷

Printed in Japan

「日の丸・君が代」が人を殺す！

●北村小夜・天野恵一

A5判★1200円

広島県立高校校長の自殺を契機に急浮上した「日の丸・君が代」法制化。戦争の記憶に彩られ、いまなお人を死に追いやる「日の丸・君が代」の問題点と強制の実態を、対論と資料から明らかにする。

子どもの危機・教育のいま

「改正教育基本法」時代の教育体制

●佐野通夫

四六判★2200円

2006年末に施行された、「改正」教育基本法は、「教育問題」を解決するどころか、差別・選別を本質とする戦後の教育体制を完成することで、現場をますます息苦しいものにする。教育の現在を問う。

教育を破壊するのは誰だ！

【ドキュメント】東京・足立十六中学事件

●増田都子

A5判★3400円

社会科の教師が沖縄の米軍基地についてのビデオを生徒に見せて感想を書かせた。それをきっかけに、管理職、教育委員会、産経新聞、都議などから「偏向教師」として総攻撃を受けた。闘いの記録。

戦後教育の歴史構造

[教育の現在 歴史・理論・運動]第1巻

●岡村達雄編

四六判★2600円

現代教育のラジカルな分析と批評の全3巻のシリーズ第1弾。敗戦直後の教育改革から現在の教育支配に至る過程の戦後教育史の視点と問題のありかを呈示する。

現代の教育理論

[教育の現在 歴史・理論・運動]第2巻

●岡村達雄編

四六判★3200円

今日の教育をめぐる理論的かつ思想的な地平をあきらかにするシリーズ第2巻。教育と権力、学校、家族、地域社会、文化・言語、性・からだ、ナショナリズム、共生をめぐる問題の所在を追求する。

教育運動の思想と課題

[教育の現在 歴史・理論・運動]第3巻

●岡村達雄編

四六判★3500円

シリーズ最終巻として日教組・教育裁判運動などのさまざまな教育運動の現段階を分析・批評する。「日の丸・君が代」、民族教育、障害者教育などの現場からの報告と提起。詳細な年表を付す。

日本近代公教育の支配装置

教員処分体制の形成と展開をめぐって

●岡村達雄編

A5判★8700円

日本における公教育の成立と展開を教員処分をめぐる視点から分析。処分体制の形成過程、処分の実際を精緻に解明し、公教育の支配装置としての構造を明らかにする。日本近代公教育史の実証的研究。

近代公教育・装置と主体

●田中節雄

四六判★2200円

近代日本の学校教育はどのように子どもの人間形成を行なってきたのか。学校を〈生産機械〉というシステムたらしめる社会と教育の間のダイナミズムの解明から、近代公教育の批判を展開する。

表示価格は税抜きです。